FISCAL POLICY STRATEGY-THE WAY

FORWARD TO MODERNIZATION OF GREAT POWER GOVERNANCE

大国治理现代化的
财政战略

许正中 ｜ 著

人民出版社

目　录

国家战略篇

区域发展探索篇

产业与行业篇

财政税收篇

国家治理及国家发展政策篇

国际经验总结篇

国家战略篇

新时代中国发展战略再定位

　　一个国家一个民族的兴起与强盛，往往是由这个国家有远见和魄力的领袖及其团队决定的。自 2008 年国际金融危机以来，国际经济政治社会发展格局发生了根本性变革，中国从来没有哪个时期像今天这样离真正意义上的世界强国地位如此接近；中国也从来没有哪个时期像今天这样成为世界发展主引擎进而如此吸引全球的聚焦；中国也从来没有哪个时期像今天这样把国家和民族的命运牢牢掌握在自己手中。人类发展进入了百年不遇、千年难求、需要重新设计的关键时期。许多问题是人类绕不开、躲不过又输不起、很难赢、带有全局性历史性的重大难题。时势如棋局，格局在创造。继续不断做强做大的综合国力是中国面临所有机遇中的最大机遇，也是中国面临所有挑战中的最大挑战，善用、妙用之，怀柔天下，顺义世界，力能摧坚。改革的目标就是实现现代化。改革的成功，比中国历史上任何一场革命的胜利意义都大。

一、世界进入了关键性历史战略交汇点和综合断崖带

纵观历史，人类文明的进步史就是一部断代史，在当前，全球经济、国际政治和世界科学等方方面面在世纪之交几乎同时进入新的周期。人类进入了有史以来多维度拐点的交汇期，从科学发现史来看，人类经历了牛顿机械论引发的第一次科学革命和爱因斯坦相对论引发的第二次科学革命。今天，人类来到了认知科学的第三次科学革命的门槛。每次科学革命都颠覆了以前人们的思维模式和思想格式。从技术发明史来看，人类经历了蒸汽机带来的第一次技术革命，电气化带来的第二次技术革命，以及信息化带来的第三次技术革命，现在人类望见了纳米技术带来的新技术革命的曙光。每次技术革命都衍生了新的产业形态和职业种类。从国家的形态来看，最初的国家是武力高压下的部落联盟，尔后是血亲和宗教认同的民族国家，现在正向价值认同的新型国家转变，每次国家形态的改变都彻底改变了社会运行模式和个人的行为方式。从国家交往方式来看，从最初的大洋天堑的孤立发展阶段，到后来的大洋通途时代，现在大洋变成了内湖，每次交往方式的变革都彻底改变了国与国之间的争夺目标和获取内容。从人类的冲突导因来看，从土地和人口的平面争夺，再发展到资源和能源的平面冲突，核武器的发明和核战争的威力又使得军事战争大规模的国与国之间的冲突形态不得不退出历史舞台。尤其是美国"9·11"事件以后，人类的冲突形态彻底改变了，不同文明的无国界立体战争取代国家之间平面冲突，恐怖主义使得美国成为核战争最有可能的爆发地。从全球化的进程来看，人类经历了以国家为竞争单位的全球化1.0版、以跨国公司为竞争单位的全球化2.0版，现在到了个体创新引领的全球化3.0版时代，制度创新的速度和方向成

为国家能否繁荣和强大的前提，个人潜能的激发成为最大的繁荣源泉。

从主导人们行为发展的思维模式来看，人类经历了巫师随念的恐吓阶段、宗教垄断思想市场的阶段、圣人圣言主导舆论的阶段，到了科学不断激发新的思维和新思想的阶段。从中国的社会结构转变来看，经历了三皇五帝创建的封建型社会架构，到秦始皇开启刘秀完成的专制型社会架构，再到共产党人集大成的新式民主型社会。从人类社会主义实践史来看，正反两方面经验需要也能够集成羽化成崭新的社会形态。

近 500 年来，中国先后三次错失关系国家前途与命运的重大"战略机遇期"，从万国朝贺的泱泱大国沦落为任人宰割的"东亚病夫"。16 世纪，第一次错失全球化带来的全球融合的战略机遇，闭关自守埋下了落后的祸根。19 世纪，第二次错失工业革命带来的产业创新的战略机遇，中国成为列强瓜分的对象。20 世纪，第三次错失信息革命带来的社会治理变革的战略机遇，中国在国际上的竞争力萎靡不振。21 世纪，再不能错失新一轮科学革命和技术革命同时爆发所带来的经济政治伦理社会将全面变革的前所未有而又稍纵即逝的战略机遇。历史实践反复证明，只有那些积极主动抓住战略机遇、创造经营战略机遇的国家，才能获取战略红利，分享发展红利，变机遇为现实生产力，创设新制度，在国际经济社会发展中弯道超车，主导创新趋势，垂范万世。一旦坐等机遇并丧失机遇，国家发展就会遭受挫折，甚至倒退。

二、世界大格局进入了全面洗牌和重新设计的关键机遇期

横看天下，世界格局出现了自黎塞留倡导民族国家、威尔逊倡导罗

斯福实施的联合国模式以来，第三次重大的利益洗牌和制度重塑的时期，也是旧格局消融，新格局迅速孕育的大有可为的关键战略机遇期。丧失机遇将是最大的损失，忽略挑战是最大的风险！"云物大智"（云计算、物联网、大数据、智慧工程）时代的到来，使得国与国之间的物理疆界形同虚设，原来常用的竞争方式和生活模式将退出历史舞台或日渐式微。旧有世界格局迅速打破，新的世界秩序远未形成。各国都面临着新的战略定位。

美国进入了体认混沌状态，虽然冷战结束了苏美领导的两大方阵对抗时代，但美国凭借其唯一超级大国的超强实力四面出击、到处干预，美国经济"一枝独秀"的局面被迅速改变。基辛格、布热津斯基、亨廷顿等美国著名战略家均已预测美国的唯一超级大国地位仅能持续15—25年时间。

欧洲受到经济危机的重创引发了结构性的矛盾。21世纪的欧洲一体化是继续扩大还是形成欧盟俄罗斯双核共治的格局远未定局。乌克兰事件使得以罗马道统继承人自居的俄罗斯把阻遏欧盟扩大化作为国家目标，从此欧盟与俄罗斯的冲突将会是欧洲的主旋律。斯诺登事件使得美国—欧盟共同领导世界新格局成为泡影，无论如何欧盟会演化为世界重要的一极。俄罗斯会深陷资源诅咒和流动性减弱导致的社会板结的双重困境，无论其如何提振，都会迅速沦为经济二流、军事一流、政治非主流的国家。

亚洲在21世纪初叶将是最丰富多彩的地区，一方面各类冲突狼烟四起；另一方面亚洲一体化的进程悄然而起，有别于欧洲的经济一体化，亚洲有可能是基于经济文化一体化的全面一体化。其中，中日关系是关键。回顾历史，日本两次搁浅中国的现代化，一次是19世纪末的中日甲午战争，另一次是20世纪30年代发动的全面侵华战争。日本问题是中国现代化征程中绕不开、躲不过的"鸡肋式"挑战。

　　19 世纪是英国的世纪，20 世纪是美国的世纪，中国的成功崛起是一种必然，21 世纪将是中美双核驱动的世纪。据在美国进行的民意调查显示，许多被调查者认为，未来美国在世界经济领域的作用将极大地减弱。另外，随着新兴市场国家对全球经济增长的贡献不断增大，以中国为代表的新兴经济体，则成为世界经济的"另一极"。未来世界的总体发展格局可能是，除中国、美国、欧盟外，其他大国逐渐式微。今后十年，是中华民族实现全面复兴的重要时期，有可能彻底改变工业革命以来的国际格局。中国必须在世界再平衡过程中扮演重要角色。在可预见的未来，人类的贸易、科技、金融还是依赖发达市场和发展中市场的增长，是一种分享式国力。考察各国国力的时候，都要考虑其中的对方因素，以争取国际规则话语权为先导，加快中国现代化发展进程。获取国际规则话语权是中国实现大国战略的重要保障。由于缺乏国际规则制定话语权，中国面临国际制度性红利亏损。只有获取相当的国际话语权，深度参与国际事务，才能维护国家战略发展利益。

三、国家能力和国家认同是决定大国战略成败的"主引擎"

　　国家能力是国家在国际资源配置中网联资源的能力和主权追溯的能力。当今世界已经不是国家体量和规模的竞争，越来越是国家能力之间的竞争。同时，也不是国家自身资源的竞争，越来越是国家汲取和网联全球资源的竞争，是多维度支撑和多螺旋激励的结果。现今国家的能力建设越来越建立在经济、科技、军事、地缘、外交、文化、货币和制度八个维度上。而且，这八个维度都赋予了新的功能和要素。它们的同构正向激励才能支撑一个一流大国，否则的话，这个国家就会迅速堕落成二流或三流国家，甚至会被裂解或边缘化。中国要在不远的将来成为国际一流先导型大国，需要推动支撑国家能力的八个方面的全面提升，彻底实现人类科技文明、世界经济繁荣区、社会制度文明、新文化凝聚力复归这样的国家战略目标。

经济实力已经跃升为国家能力的第一表现力，经济实力已经不仅仅是由进出口、消费和投资"三驾马车"所决定的规模经济，还应当是由技术、技能和创意所决定的一个国家或地区产业的升级速度、职业的替代速度和创意的衍生速度所表现；科技作为人类进步的最革命因素和第一生产力势必继续发挥着不可替代的作用。科技作为人类社会唯一线性精进的牵引性力量，不断催生着新思想、诞生着新方法和孵化着新产业。在未来世界，科技还会继续充当经济社会发展的主导性动力"引擎"，也必然成为国与国之间竞争的阵地之一。军事力量已经不是过去国家竞争的急先锋而成为国家竞争的最后的道德力量，日益成为赢得维护重要战略机遇期而又很难亮剑的威慑力量。

货币成为国家能力建设不可或缺的重要工具和手段。货币已不再仅仅充当一般等价物，货币是社会需求的挖掘者和航向标、新产业的催化剂、其他经济要素的黏合剂。并且作为非常规力量，货币是国际事务竞争的"核武器"。美国前国务卿基辛格说过一句话：谁掌握了货币发行权，谁就掌握了全世界。美元作为国际货币后，攫取大量的铸币税收益。如果实现人民币国际化，不仅可为中国在未来国际货币体系改革中获得更多话语权，而且还将有利于中国保持经济政策的独立性和国内经济的稳定，同时也有利于从根本上解决外汇储备的安全问题；当下，国际外交格局出现了有史以来最大的认知混乱状态。"云物大智"时代的降临不仅让国与国之间的物理疆界形同虚设，而且国际事务和国内事务之间的界限也模糊起来，过去明显属于国际的事务现在国内化了；同样，过去明显属于国内的事务在处理的过程中越来越需要遵循国际规则了。即使是政治和安全问题，国内与国际也经常相互转化、相互影响。敌我界限模糊，敌对国家可能会提供资金、技术、产品、市场和教育资助，友好国家经常能"意外"地给你制造麻烦。无论大国还是小国，都需要小心翼翼地谨慎冷静估计自身实力，寻求自身国家利益动态平衡，用一个领域的合作去化解另一个领域的冲突。地缘既是战略缓冲区，更是贸易和投资合作的主要伙伴。周边环境尤其是中国周边正发生深刻而持续的演变，如何超越传统，构建各种类型的网联周边国家桥头堡，建设大地缘政治新格局，向外延伸国内影响力和向内吸附海外利益，是必须解决好的重大现实课题。

文化已经成为重要的创意产业、国际资源的黏合剂、国家认同的耦合器、国家施展软实力和巧实力的利器。文化是国家核心竞争力的重要组成部分，在很大程度上影响着国家的发展。文化已经和技术创新、产业创新融合，成为提升国家综合竞争力的关键要素；当代制度不仅作为人们行为规则的综合，更成为一个重要的产业。当今世界是一个技术进步、产业创新、社会平稳协同正向演进都需要制度支持的时代。美国通过联合国、世界银行、国际货币基金组织等机构推动国际规则的创新并施展其话语权，一方面维持其霸权地位，另一方面每年攫取超万亿美元的经济利益。

四、中国跃升国际一流强国的主要抓手

战略机遇的本质是国家发展所面临的有利态势和时机的总和。中国

已站在世界舞台的中央,在全球化竞争中发挥着越来越重要的作用。然而,在未来十年甚至是更长时期,中国要成为头等牵引型国际强国,首先要补现代化这一课,完成中国社会的多元复合转型;其次要在探索人类新制度新发展模式中与其他先发国家共同担当历史责任,还要注意避免在中国快速现代化过程中弯道超车时的剐蹭碰撞。国家战略定位的关键是抓方向和抓主动权,要探索一条顺应世界潮流引领人类方向的"中国道路"。

第一,树立中国共产党的自身自信,建立民主社会。共产党人增加道路自信、制度自信和理论自信的基础是共产党人对共产党的自身自信。无论是跨国公司,还是民营企业,无论是社会组织,还是党政机关,共产党人存在于各个领域、方方面面,代表着先进生产力,代表着最广大人民群众的利益,代表着先进文化发展方向,是中国社会的最精英团队。共产党不能乱不能散,也乱不起,散不得。要重塑共产党人在全社会的权威,重塑领袖在全党中的权威。在有长达 5000 年封建专制史的中国,没有权威难以凝聚力量,难以办成大事。权威成为推动改革平稳成功的基础和保障。中国不能走西方那样多党竞争的横向民主的发展模式,以创新的意识形态武装中国,在不断发展中解决发展的问题。

第二,建立综合改革示范特区,标杆中国梦。改革需要新支点,创新需要新突破,奋斗需要新目标,发展需要新标杆。我们可以选择一个基础条件好的地方,像改革开放初期的深圳那样进行全面的综合的改革试点。在那里集中全党的智慧,吸收有史以来可资借鉴的经验,通过要素集成、系统支持、集中爆发,创新发展模式,不断整合信息、科技、人才等高端资源,积累和创造社会财富,为实现中国梦树立标杆。中国梦可以分为两个层面:宏观上看就是国家强大、民族复兴的梦想;微观上看就是老百姓创新创业创富的梦想。

第三，实施技术技能创意驱动战略，实现创新引领。技术、技能和创意三大驱动轮，将使传统的"三驾马车"飞奔起来，21世纪已经不再是"大鱼吃小鱼"的时代，而是"快鱼吃慢鱼"的时代，产业的创新速度、职业的替代速度、创意的衍生速度将决定国家的未来和地位。科学技术的进步成为经济社会发展的第一动力；比科学技术更为重要的是治理，治理是否有效的关键在于机制；决定机制能否长期持续运行的关键在于理念创新。未来社会，科技的探索前沿无限，人的潜能技能的开发前沿无限，创意思维的衍生前沿无限。而且，教育、科技和文化的强大将是国家能否强大的关键。

第四，构建社会普遍服务体系，永葆社会活力。在中国的现代化过程中，政府的职能转变和管理模式的创新始终决定着改革的成效。新时期，政府的主要职责是提供社会普遍服务。所谓社会普遍服务，就是政府提供的服务均等化、全覆盖、可获得、可持续和公平性。其主要功能是，避免出现社会群体间的撕裂、地区间的失衡、思维和道德伦理的割裂以及现代化进程的断裂。政府的角色主要在于制定参与的政策框架、标准，提供资金支持，提供能力建设，建立对话机制，了解需求，推广创新案例，鼓励战略合作。这一切，重在制度创新，其基点为约束公权力，法不授权便无权；私权利，法不禁止便自由。其关键在于建立廉洁高效透明的正向激励的政府治理架构。

第五，高擎反腐大旗不断改革吏制，锻造精英团队。纵观王朝更迭史，腐败是主导因素，而吏制腐败又是腐败的重要原因。中国处在现代化征程的关键期，当务之急是要反腐败和反腐制并重，在反腐的过程中建立一套新制度，使得各级各类公务员不想贪不能贪也不敢贪，重点在治懒散治平庸治无能上下功夫。

总之，在未来十年乃至更长时期，全球化进入3.0版时代，中国需要从发现利用战略机遇转向创造经营战略机遇，积极主动抢占未来战略制高点，从而实现经济、科技、军事、货币、外交、文化、地缘、制度八大维度的社会治理现代化。

本文发表于《中国党政干部论坛》2014年第3期，

原文题目是《新发展呼唤中国战略再定位》

"十四五"时期国家治理视角的
财政功能再定位

党的十八届三中全会以来，中国全面深化财税体制改革进入新阶段，与推动国家治理现代化进程相适应，财政功能和职能发生了重大变化。党的十八届三中全会明确指出，"财政是国家治理的基础和重要支柱"，"必须完善立法、明确事权、改革税制、稳定税负、透明预算、提高效率，建立现代财政制度，发挥中央和地方两个积极性"①。2014年6月，中共中央政治局审议通过《深化财税体制改革总体方案》，明确了改革具体任务。党的十九大提出："加快建立现代财政制度，建立权责清晰、财力协调、区域均衡的中央和地方财政关系。建立全面规范透明、标准科学、约束有力的预算制度，全面实施绩效管理。深化税收制度改革，健全地方税体系。"②党的十九届四中全会进一步提出健全充分发挥中央和地方两个积极性体制机制，构建从中央到地方权责清晰、运

① 《习近平谈治国理政》第一卷，外文出版社2018年版，第80页。
② 《习近平谈治国理政》第三卷，外文出版社2020年版，第27页。

行顺畅、充满活力的工作体系。在党中央文件精神的引领下，按照推进国家治理现代化的战略部署，各级政府和各个部门积极贯彻落实，围绕推动现代财政制度实施改革，取得重要成果。

一、党的十八大以来全面深化财税体制改革取得的重要效果

（一）财政功能和职能从经济范畴拓展至国家治理层面，财政成为引领国家走向现代化的核心动力

"财政是国家治理的基础和重要支柱"的新论断，带来的最突出变化就是将以往作为经济范畴的财政功能职能提升到国家治理层面，放在国家治理的总棋局中定位，使其功能和作用得到全面提升和拓展。推动国家治理现代化是"目标"和"初心"，财政制度是一种"工具"，我们须建立"目标"和"工具"之间逻辑自洽的理论体系。改革开放后，党领导全体人民开启了现代化转型、民族复兴的伟大征程，财政制度自身功能和作用的演变总是引领并适应现代化转型的进程。

财政制度的本质是国家与个体（人民、公民）之间有机的、稳定的利益分配关系，之所以产生财政制度，是因为国家是人民生存发展秩序的缔造者、维护者，是一种社会共同需要，国家运行的必要耗费是财政制度产生的基础和前提，"取众人之财、办众人之事"！建立并完善市场经济体制是现代化转型必然之路，财政制度改革引领并有力保障社会主义市场经济体制改革，让中国走向现代"税收国家"。改革开放以来，一个重要的理论经验和事实是，社会主义市场经济体制从建立不断走向完善、成熟，市场在资源配置中的功能和作用不断深化，从发挥"基

础性作用"到"起决定性作用",财政制度改革一直是突破口和主线索,每一次社会主义市场经济体制关键领域的改革突破无一例外都是从财政制度改革发端。而且,从人类社会历史经验来看,现代化转型的重要目标就是确立现代"税收国家",国家和个体之间利益分配关系的主要表现形式是税收,财政制度改革让社会逐步走向现代国家。

(二) 有序推进现代税收制度改革,转变税制结构

税收制度作为现代财政制度的重要组成部分,遵循税收国家转型发展的一般规律,更加注重实现高质量发展目标,更加注重社会公平,让整个社会更加有活力,同时又提升公平正义。党的十九届四中全会通过的《中共中央关于坚持和完善中国特色社会主义制度推进国家治理体系和治理能力现代化若干重大问题的决定》明确指出,坚持和完善社会主义基本经济制度,推动经济高质量发展[①]。一方面,要求各级政府的积极性从基础设施建设转向培育消费、扩大非农就业;另一方面,推动社会主义市场经济体制走向更加完善、成熟的阶段。

中国经济站在高速增长向高质量发展转变的重大节点,推进现代税收制度改革的"牛鼻子"是转变税制结构,即提高个人所得税等直接税比重,同时大规模实施减税降费,降低增值税等流转税比重。从成熟市场经济国家的经验来看,以经济合作与发展组织(OECD)成员国为例,2018 年,流转税(货物与劳务税)、企业所得税、个人所得税、财产税的平均比重分别为 32.5%、8.9%、25.1%、5.5%。中国的同口径比重分别为 46.8%、22.6%、8.9%、3.4%。显然,中国的货物与劳务税、

---

① 《中共中央关于坚持和完善中国特色社会主义制度推进国家治理体系和治理能力现代化若干重大问题的决定》,2019 年 10 月 31 日中国共产党第十九届中央委员会第四次全体会议通过,见 http://www.gov.cn/zhengce/2019–11/05/content_5449023.htm。

企业所得税占比偏高，而个人所得税、财产税比重相对偏低。

2012 年以来，以"营业税改征增值税"（以下简称"营改增"）为主要代表的税制改革拉开序幕，到 2016 年 5 月，增值税全面替代营业税。此后，又对增值税改革进行了深化，实施降低税率、进项税额留抵退税等一系列改革。大规模减税降费改革的主要内容就是降低增值税等流转税比重，同时辅之以个人所得税改革（以下简称"个税改革"）等措施，特别是 2018 年新《个人所得税法》的实施，综合与分类相结合的制度成功落地，这不仅仅是筹集税收收入多缴税或少缴税的问题，也不是单纯的收入分配问题。作为最重要的直接税的个税改革必然会带来公民纳税意识、民主意识和法治观念的增强，由此对社会公共事务管理的参与度会提升，会更多地参与到公共治理和法治建设中来，有助于促进社会进步，推动现代国家治理，这才是个税改革最重要的意义。因此，税制结构的转变，特别是个人所得税制度的不断完善，标志着适应国家治理现代化的税制体系更加走向成熟。

（三）现代预算制度理念和制度框架基本确立

党的十八届三中全会对预算制度提出的要求是"实施全面规范、公开透明的预算制度"①。党的十九大报告表述为："建立全面规范透明、标准科学、约束有力的预算制度，全面实施绩效管理。"② 党的十九届四中全会指出"完善标准科学、规范透明、约束有力的预算制度"。现代预算制度体系要求预算管理达到全面（完整）、科学、规范、公开、透明（细化）、约束（制衡）的目标要求。

---

① 《习近平谈治国理政》第一卷，外文出版社 2018 年版，第 80 页。
② 《习近平谈治国理政》第三卷，外文出版社 2020 年版，第 27 页。

按照这个目标，至少有以下改革内容：一是依照法律法规，各级政府的全部收支行为都纳入立法机关的审议和监督范围，并实现对行政机关的问效、问责。形成立法机关审批全口径预算，财政部门统揽政府收支，政府资金分配必须经由预算安排的完整的预算制度体系。二是科学、合理地编制预算，预算编制适应并反映经济社会发展全局需要，避免预算执行过程中出现重大财政风险。三是预算的编制、执行要公开、透明，确保每一个社会成员都能够看到预算、理解预算。预算指标应更加细化、具体、明确，既要反映财政在不同领域的支出方向，也要客观反映预算用于工资、设备购置、办公经费、事业发展、基本建设等方面的支出。四是预算主体之间有约束、有制衡。从世界各国的经验来看，预算制度的约束有力是预算管理法制化、规范化的重要环节，也是衡量一国预算制度是否成熟的重要标志。

党的十八届三中全会以来的预算制度改革最主要的成果体现在2015 年正式实施了修改后的《中华人民共和国预算法》，它标志着现代预算制度理念基本确立，该法从法律上对政府全口径收支行为作了明确规范，强化预算约束，提升政府全部收支的规范、透明度，更加明确人民代表大会批准预算的法定程序，等等。与之相应的《预算法实施条例》自 2020 年 10 月 1 日起施行。按照新《预算法》要求，预算制度改革囊括了政府全口径预算管理、中期预算改革（改进年度预算控制方式）、转移支付预算管理、地方政府债务管理、强化预算执行管理和全面实施绩效管理等各个层面。按照现代预算管理的要求，相继出台了《国务院关于加强地方政府性债务管理的意见》（国发〔2014〕43 号）、《国务院关于深化预算管理制度改革的决定》（国发〔2014〕45 号）、《国务院关于改革和完善中央对地方转移支付制度的意见》（国发〔2014〕71 号）、《国务院关于实行中期财政规划管理的意见》（国发〔2015〕3 号）

等文件。2018 年中共中央办公厅印发了《关于人大预算审查监督重点向支出预算和政策拓展的指导意见》，标志人大预算审查与监督工作取得了实质进展。此外，2018 年 9 月公布的《中共中央国务院关于全面实施预算绩效管理的意见》，标志着建立全方位、全过程、全覆盖的预算绩效管理体系，明确了"花钱必问效、无效必问责"的基本原则。

（四）中央和地方财政关系得到初步厘清

在大国治理中，中央和地方关系是一个极为复杂的问题，在党的统一领导下，既要确保各地坚决执行党中央的路线、方针、政策，又要兼顾各个地区的具体情况，因地制宜，给予地方充分的自主权，这对中央和地方财政关系而言是一个重要难题。党的十八届三中全会和十九届四中全会都强调发挥各级政府"积极性"。在政府间财政关系的处理上，从党的十八届三中全会提出"建立事权和支出责任相适应的制度"[①]，到党的十九届四中全会通过的《中共中央关于坚持和完善中国特色社会主义制度推进国家治理体系和治理能力现代化若干重大问题的决定》明确"优化政府间事权和财权划分，建立权责清晰、财力协调、区域均衡的中央和地方财政关系，形成稳定的各级政府事权、支出责任和财力相适应的制度"[②]。

从法理来看，中央和地方政府应遵循"权利、责任和义务相统一"的原则，即"事""责"和"权"相匹配。政府所发挥的功能和职能须与其承担的责任相适应，同时需要相应的财政资金数量相匹配。用通俗

[①] 《习近平谈治国理政》第一卷，外文出版社 2018 年版，第 80 页。

[②] 《中共中央关于坚持和完善中国特色社会主义制度推进国家治理体系和治理能力现代化若干重大问题的决定》，2019 年 10 月 31 日中国共产党第十九届中央委员会第四次全体会议通过，见 http://www.gov.cn/zhengce/2019–11/05/content_5449023.htm。

语言讲就是"政府所要干的事要与所承担的责任相一致，为了有效把事干好，还要赋予相应数量的财政资金（财力规模）"。所以说，支出责任是决定政府为了干事、匹配财政资金规模的唯一因素，即"支出责任范围决定了政府可自由支配的财政资金规模的大小"。

中央和地方财政关系的改革必然要站在国家治理现代化的视野上去统筹安排，针对当前各级政府间财政关系存在的"不清晰、不合理"的问题和矛盾，党的十八届三中全会后主要开展三个方面的改革并取得了积极进展：一是与税制改革进程相适应，实施中央地方税权划分过渡方案。针对"营改增"后，原来归属地方的营业税成为历史，地方政府收入受到严重影响，为此国务院制定《国务院关于印发全面推开营改增试点后调整中央与地方增值税收入划分过渡方案的通知》（国发〔2016〕26号），对于弥补"营改增"后的地方政府财力缺口，在过渡意义上兼顾中央和地方的税权划分，是一项较为有效的举措。二是推进各领域事权和支出责任划分改革。2016年8月，国务院出台《国务院关于推进中央与地方财政事权和支出责任划分改革的指导意见》（国发〔2016〕49号），主要聚焦于各级政府运用财政资金提供基本公共服务的"财政事权"，明确提出，到2020年，基本完成主要领域改革，形成中央与地方财政事权和支出责任划分的清晰框架。2018年1月，国务院办公厅印发《基本公共服务领域中央与地方共同财政事权和支出责任划分改革方案》（国办发〔2018〕6号）。该文件印发之后，河北、湖北、山西等多个省区市均已出台相关文件，推动省内的基本公共服务事权和支出责任划分。此外，各个领域也出台了事权和支出责任划分的相关文件，采取清单制方式初步明确了相关划分方案。三是推进转移支付制度改革。提高一般性转移支付比重，强化转移支付制度在均衡区域财力方面的作用。2018年11月，《中共中央国务院关于建立更加有效的区域协调发展新机制的意见》明确提出："规范中央与地方共同财政事权事项的支出责任分担方式，调整完善转移支付体系，基本公共服务投入向贫困地区、薄弱环节、重点人群倾斜，增强市县财政特别是县级财政基本公共服务保障能力"，"根据地区间财力差异状况，调整完善中央对地方一般性转移支付办法，加大均衡性转移支付力度。"

二、财政制度运行仍然与现代财政制度改革目标不适应的地方

党的十八届三中全会以来，中国在建立现代财政制度方面取得了巨大进步，但对标党中央提出的改革要求和人民群众的期望，现代财政制度顶层设计、运行体制和管理手段还有待优化或加强。主要体现在以下方面。

（一）人民群众关于现代财政制度的思想意识需要启蒙

制度建构的基本价值取向是制度实施的最基础部分，建立现代财政制度需要广大人民群众有充分的现代财政思想意识与之相适应，若制度是现代的，而价值取向停留在传统阶段，制度则仍然不能充分发挥作用。

中国长期处于传统农业社会，制度建构的思想意识缺乏人本、正义、契约、理性等现代精神，甚至很多人不关注国家意识，不知道财政预算为何物。社会成员的价值观和思维模式还未实现现代化，导致人们的思想意识与标准意义上的现代财政制度存在"价值观滞差"。尽管中国已经在顺应人类社会发展和现代化转型方面提出了明确而具体

的改革目标，但是"价值观滞差"仍然不同程度地制约着制度运行向纵深改革的努力，甚至让它变得无效。建立现代财政制度必须打破这种瓶颈，启蒙人们的思想意识，使之与制度建构相适应，树立正确的价值观，把人们在参与、维护、监督制度运行中的积极性和主动性释放出来。只有这样，才能真正持久地推进和全面深化经济体制改革和财税体制改革。所以说，财政不仅在国家治理现代化中发挥基础和重要支柱作用，还要引领人民群众的国家意识和现代财政思想意识的转变，从根本上关注自身的权利和义务，主动参与到现代财政制度的建构之中。

（二）个人所得税和财产税等直接税制度亟待深化

现代国家在微观领域最直接的体现就是社会成员的财产权利制度更加完善，个人所得税和财产税是与财产权利相适应的税种，而流转税则是与消费行为直接挂钩。因此，个人所得税和财产税的比重往往成为表征现代财政制度建设成果的重要体现。

2018 年《个人所得税法》修订后开始实施，这次改革引入了综合与分类相结合税制，对工资薪金、劳务报酬、稿酬、特许权使用费四项所得综合计征，能够更好地按照个人的综合纳税能力课征税收，更加公平，在中国财税历史上具有里程碑意义。

当前中国财产税制度的主要内容是房产税和城镇土地使用税。从改革进程来看，2020 年 5 月印发的《中共中央国务院关于新时代加快完善社会主义市场经济体制的意见》明确指出："稳妥推进房地产税立法。"而在党的十八届三中全会通过的《中共中央关于全面深化改革若干重大问题的决定》中提道："加快房地产税立法并适时推进改革。"从"加快"转变到"稳妥"，虽然仅仅几个字变化，这体现出党中央、国务院对推进房地产税立法的深刻转变，在逐渐凝聚社会共识、综合考虑房地产形势和经济社会格局的巨大转变。毫无疑问，房地产税改革会持续推动，找到最佳时机，稳妥、渐进推进改革。

当前实施大规模减税降费后，各级政府的刚性支出压力更加凸显，我们要寻求税制有增有减的改革，在降低增值税等流转税负担的同时，还要通过个人所得税和财产税改革提高直接税在税制中的贡献度，稳定宏观税负。

（三）全口径预算管理仍然需要再夯实、再细化

一是财政部门在预算编制、执行、调整、调剂等过程中承担过多具体审批、复核、出具意见等技术层面的工作，在"财"的功能和工作职责上承担了预算单位的"保姆"和"兜底"角色，而在综合政策研究、宏观分析、资源统筹等"政"方面的功能和工作职责方面仍然需要强化。二是预算纠错机制亟待建立。财政部门集中行使预算编制权，容易受到各地区和各部门的影响，干扰预算管理全局，然而，现行预算在执行过程中，特别是《预算法》执法过程中，还需要继续探索建立预算纠错机制，并建立相应的约束和惩罚机制。三是仍然未形成完全意义上的全口径预算制度。虽然现行预算体系已经建立四本预算为一体的全口径预算体系，但是预算分配权仍然没有真正被财政部门完全掌握；国有资本经营预算还没实现国有企业全覆盖，且封闭运行，向一般公共预算的贡献度不够；教育、科技、农业、文化等法定挂钩支出未得到清理，影响财力的可统筹性；社会保障制度的激励性、便携性和可持续性不足。

（四）政府间财政关系的法治化、规范化水平还需提升

一是进入新时代后，地方政府积极性的内容亟待明确。经济发展

阶段不同，地方政府积极性的内涵和外延会有所差异，在改革开放以来相当长的时期内，中国处于"短缺经济"时期，基础设施建设成为发挥地方政府积极性的重要方面。然而，进入新时代后，中国的经济发展进入一个完全不同的阶段，顺应工业化和城镇化的发展趋势以及生产力空间分布格局变化，更好地以民生为导向，特别是拉动消费和保障就业，发挥地方政府积极性，这要求财税制度的各个方面都要有所变化。

二是政府间的事权和支出责任划分仍然不具体、不细化，不利于正确发挥各级政府的积极性。虽然现行制度对各个领域的中央与地方政府事权作了框架性规定，但不具体、不细化。各个领域的事权都没有制定较为细化、具体的操作方案，尚没有一部统一的、完整的界定政府间事权和支出责任的法律法规，加之在政府与市场、社会关系上处理有所不当，在实际执行中难以具体落实。现有的一些处理政府间社会救助事权和支出责任划分的指导性原则，多以文件形式出现，内容上过于笼统，缺乏足够的法律权威和约束力。

三是由于政府间事权和支出责任划分不明晰，导致地方政府在很多领域的资金投入方面严重依赖于中央政府，不利于正确发挥地方政府积极性。分税制财政体制的另一个重要基石，即是在"分事""分税"的基础上实行分级财政管理。作为一级政府财政的基本内涵，就在于它须有相对独立的收支管理权和相对独立的收支平衡权。但是，这些年来，特别是在"财权与事权相匹配"被修正为"财力与事权相匹配"之后，随着中央各项转移支付规模及其在全国财政收支规模中所占比重急剧增长和扩大，不仅地方财政可以独立组织管理的收入规模及其在地方财政收入中的占比急剧减少和缩小，而且，地方财政支出依赖中央财政的转移支付的份额。由于财力限制，地方政府尤其是部分省份县级政府在很多领域的资金投入方面始终难以提高。面对这种情形，中央政府开始给予地方政府补助，并逐步提高补助额，在有些领域形成"中央出大头，地方出小头"的支出责任分担局面，地方政府对中央政府转移支付的依赖程度不断加深。一些公共服务领域的事权被市、县两级政府属地承担，而支出责任及相关资金分配事实上由中央和省级政府承担，两者之间难以匹配，影响整个事权实施的运行效率，地方政府难以根据自身实际情况来制定适合本地区的事权管理制度。政策或措施的出台往往是由上级有关部门下发文件，基层政府执行，财力配套上跟进，使得地方财政平衡的压力非常大。这种上级政府出政策、下级政府"买单"的形式，一定程度上影响了政策在基层的落实。

　　四是由于缺乏分权法律依据，常常出现上级政府向下级政府"转嫁"事权，或者下级政府事权被上级政府承担的情况。一些中央或者省级垂直管理部门的部分支出责任甚至由市、县地方政府承担，地方政府每年安排了一定的财政补助经费，承担了上述垂直管理部门的部分支出，诸如国防、国税、海关等部门；在上级政府委托下级政府承担的事权中，虽然上级政府已安排相应专项转移支付来承担支出责任，但却要求下级政府配套相应资金。上级和下级政府共同承担事权中，上级政府承担的支出责任没有完全到位，造成下级政府承担超出其事权范围的支出责任；在某些事权领域，法定支出的存在和中央政府对地方政府某些公共服务领域的达标硬性要求也导致地方政府承担了中央事权的部分支出责任。比如，等级公路建设和农村义务教育本属县级事权，但上级政府往往将涉及乡镇范围内的国道和高速公路建设的前期征地拆迁、家庭经济困难学生教育帮扶等工作都交给乡镇政府。

三、"十四五"时期面临的经济社会的颠覆性突破

(一)疫情让未来已来,数字经济方兴未艾

当前,人类社会进入新的技术革命迭代叠加的高速发展期,数字经济技术创新让经济社会模式再颠覆,技术创新不断孕育新产业、新业态、新模式,推动着文化样式、社会形态、生活方式等全面变化,数据成为新的要素,也成为体现国家和区域竞争力的重要内容,人们可以对海量、动态、多元的数据进行快速处理,获得有价值的信息,提升公共决策能力。数字经济发展让智慧连接、信任聚力、信用感知和诚信平等成为社会经济运行的新特征,整个社会经济结构围绕治理数据化、信用感知化、社会互联化三个核心展开。其社会基础设施是智慧的,其经济形态是信用的。作为基本社会细胞的市场和社会组织普遍出现智能化趋势,各类市场和社会组织呈现数字化、网络化、智能化融合;社会成员自身也出现智能化、信用化趋势。人们处于无处不在的网络、无处不在的计算、无处不在的软件以及无处不在的数据之中,社会成员将高度关注政府信用和社会信用体系建设。新技术革命对国际政治经济贸易格局带来深刻影响,也对阶层流动、政治组织、对抗对话机制产生巨大冲击,谁能真正掌握新技术革命的战略先机,就能够在未来发展中获得领先优势。

(二)"三大驱动轮"装备"三驾马车",产业万花筒般重整

一旦后发国家超越短缺时代达到中等收入水平后,都面临着一个如何转变为高收入国家的问题,成功者可谓寥寥无几。要突破这个瓶颈,关键在于社会要有自我转型和自我演化的能力,并不是每个社会都有这

样的能力。从人类社会和经济发展的实践来看，创新和技术进步是经济发展的可靠源泉，甚至是根本的动力。中国经济要想在新的条件下取得良好的发展业绩，必须转变增长的动力机制，把传统的"三驾马车"再装备上创意、技术、技能"三大驱动轮"。创意连接了外在客体和创新成果，是一种内在的思维过程和能力。如果没有创意，就不可能有技术的产生和改进。在现代社会，创意的作用更显重要，构成了生产力发展的重要推动力量；一项对生产力起到重要作用的技术革新，从诞生到完善有一个漫长的过程，这个过程不一定是由一个主体全部完成的。学习、消化和吸收的过程，本质上也是创新。考虑到技术进步的特性，如果没有大范围的学习、吸收和改造，技术就不会完善，下一代技术也很难孕育。况且如果技术只在小范围内传播，不但很难完成它对经济发展和技术、社会进步的应有作用，而且会制造人为的垄断因素，制约社会的进步和经济的成长；技术本身不是孤立的，是依附于一定的个体而存在的。也就是说，技术必须内化为个体的技能，才能发挥出实际的效用。必须有一个具有高技能的、在社会生产中扮演重要角色的技术人员团体，这样才能充分发挥技术和创新在经济发展中的作用，而且他们所具备的各种高技能也是经济和工业发展水平的重要标志。

（三）血缘社会行将终结，业缘网缘社会正在形成

"一亩三分地"的小农经济一直是中国经济社会发展的基本模式，生产生活的基本单位是自然村和单位人，整个社会制度以劳动和土地如何更好地结合为基本导向，如同费孝通指出的"差序格局"那样，整个社会结构呈现静态、非流动的特征，社会资源配置的纽带主要以血缘关系为依托，即所谓的"熟人社会"。随着人类社会技术的不断进步，工业化社会的出现是以农业生产力的提高作为重要基础和前提，土地不再

是保障人们生活的唯一手段，而是用于工业品生产的工具和要素投入。因此，工业文明和市场机制之间有着天然的关系，扩展市场之路就是通往工业文明之路、通往富裕之路。工业文明下的生产活动具备分工化、标准化、集聚化、流程化的特点，相应的是，市场机制建立了交换、分工、价格、契约、产权、融资等不同层面的机制，市场机制的这些机制恰恰适应了工业文明的运行特征。

到了数字文明时代，社会的权力结构发生重构，人与人呈现业缘网缘关系格局，控制社会的权力从暴力、物质利益转移到信息和知识上。以知识和信息为核心的权力结构的形成与发展，最终将改变企业、国家以及国际政治权力结构。权力结构在组织管理的层面上表现为，"传统的垂直金字塔式的权力结构将被'扁平化'的管理方式所取代"。数字经济发展将大大加快去中心化进程。

（四）政府从"威权治理"转向"信用治理"

从根本上来说，政府功能和作用发挥的基础是其公信力，本质是社会成员对政府的稳定心理预期，从而对公务人员、组织、制度、政策等各方面信任。数字社会下，政府公信力的形态在悄然发生变化，政府迅速从"威权治理"向"信用治理"转变。信息不对称是制约社会成员之间交易互动效率损失的根本原因，政府的存在很大程度上矫正、治理信息不对称问题，社会成员很大程度上对政府信息产生依赖作用。而随着数字社会的到来，获取信息的渠道呈现多元化的特征，政府已经难以对数据的公开、传播直接干预，政府和社会成员对数据以及其中的含义十分透明，在这种形势下，政府不能再运用传统"威权"手段来压制和干预，而是要积极适应这种变化，引导社会成员提供真实信息。数字政府将成为数字社会下重塑政府公信力的重要前提和基础，基于各类数字信息，逐步建立起一套公开透明的数据信用评价体系，从而让数据提供方输出的结果日趋真实和可信，这将成为新时代政府有为、有位的根本要求。与之相应的是，国家竞争力的焦点从传统的石油、土地、劳动力等要素的争夺，转向人才和数据，数字主权将成为新的大国博弈的空间。

四、"十四五"时期面临全面的财政功能和治理创新

"十四五"时期，治国理念将发生从国家统治到国家管理再到国家治理的颠覆，如何破解当代资本主义国家治理中的竞争（含种族与党派分歧、冲突）与认同、代表性与治理能力、同意与效率三大困境成为国家治理现代化的"三座大山"，也成为我们设计现代财政治理体系的关键。国家治理体系和治理能力是一个国家制度和制度执行能力的集中体现，国家治理体系包括国家治理的价值追求、治理主体及其结构、具体的体制机制与法律法规安排。国家治理能力是以问题为导向，运用国家制度管理和解决社会各方面事务的实际能力与效果。有了好的国家治理体系才能真正提高治理能力（根本性），提高国家治理能力才能充分发挥国家治理体系的效能。但国家制度与实际治理效能并非完全相关。

（一）财政治理是党的治理现代化的神经系统

系统是由相互作用、相互依赖的若干组成部分结合而成的具有特定功能的有机整体。中国的国家治理体系是由众多子系统构成的复杂系统，这个系统的核心是中国共产党。在中国，财政治理的根本是保证党的正确领导，社会主义财政的取之于民、用之于民的根本属性是坚持党的领导的坚强基石。中国共产党领导是中国特色社会主义最本质的特

征。党政军民学，东西南北中，党是领导一切的。深化党中央机构改革，要着眼于健全加强党的全面领导的制度，优化党的组织机构，建立健全党对重大工作的领导体制机制，更好发挥党的职能部门作用，推进职责相近的党政机关合并设立或合署办公，优化部门职责，提高党把方向、谋大局、定政策、促改革的能力和定力，确保党的领导全覆盖，确保党的领导更加坚强有力。

如何理解国家治理体系与治理能力现代化的个性与共性？中国国家治理体系和治理能力现代化的个性主要有三个方面：一是中国国家治理体系的灵魂有特色；二是中国国家治理体系的基本单元有特色；三是中国国家制度下的决策、执行、监督有特色。当然，中国国家治理体系和治理能力现代化的共性也是有的，主要包括四个方面：一是科学化；二是法治化；三是民主化；四是绩效化。各类机构形成的机构体系是国家治理体系的第一个层面，党和国家机构职能体系构成国家治理体系的第二个层面，各类机构在履行职能过程中相互作用形成的权力体系构成国家治理体系的第三个层面。需要注意的是，党的十八大以来我们强调坚持党的领导，不是"归口领导"政府各部门，而是通过党对重大工作的领导实现党的"全面领导"；不是"包揽全局、代替各方"，而是完善"总揽全局、协调各方"的科学领导与决策体制；不是以党的组织机构职能覆盖国家机构的职能，而是理顺党政职责关系。

在党内，通过"两个维护"形成强有力的集体领导和领导核心相结合，维护党中央集中统一权威。在国家机关，通过党的领导小组、党组、党的工作委员会等体制机制实现党领导国家治理。在每一层级，通过民主集中制的政权组织原则，发挥党组织在同级各种组织中"总揽全局、协调各方"作用。在统一战线中，牢牢把握党对革命联合战线、人民民主统一战线的领导权。在社会领域，通过党建引领的政治优势（政治核心）和组织优势（领导核心）转化为治理优势。在普通群众中，通过党员、干部的先锋模范作用实现对群众和群众组织领导。在权力结构方面，通过机构改革与法律修订，实行以党领政，强化党对决策权、监督权、统筹权、协调权的集中。在权力分工方面，强化党对各地方、各部门发展方向与路径的直接确定。在意识形态领域，以习近平新时代中国特色社会主义思想武装全党、教育人民。

（二）财政治理是政府公共治理的总牵引

党的十八届三中全会确定的政府五大职能是：经济调节、市场监管、社会管理、公共服务、生态环境保护。完善政府五大基本职能是财政的基本保障，实行政府权责清单制度，理顺政府与市场、社会的关系，深入推进"放管服"改革，改善营商环境；健全宏观调控体系，完善国家重大发展战略和中长期经济社会发展规划制度；完善预算制度、建设现代中央银行制度；完善公共服务体系；推进数字政府建设，强化对信息技术在行政管理中的应用。完善联动融合、集约高效的政府负责体制。以推进国家机构职能体系优化、协同、高效为着力点，完善政府社会治理体制机制。横向上，破除部门分割、各自为政的弊端，建立信息互通、资源共享、工作联动的机制，实现社会治理资源整合、力量融合、功能聚合、手段综合。纵向上，破除头重脚轻、贯通不畅的难题，打造上层统筹有力、中层运转高效、基层做强做实的治理体系，提高快速响应、精准落地的能力。

以推进国家机构职能优化、协同、高效为着力点，优化决策、执行、组织、监督体制；健全部门协调配合机制，防止政出多门、政策效应相互抵消；深化行政执法体制改革，最大限度减少不必要的行政执法事项、整合行政执法队伍、继续探索实行跨领域跨部门综合执法、推动执法重心下移、落实行政执法责任制和责任追究制度；创新行政管理和服务方式，加快推进全国一体化政务服务平台建设，提高政府执行力和公信力。

以财政改革优化政府职责体系：优化政府组织结构。推进机构、职能、权限、程序、责任法定化，使机构设置更加科学、职能更加优化、权责更加协同。严格机构编制管理，统筹利用行政管理资源，节约行政成本。优化行政区划设置，提高中心城市和城市群综合承载和资源优化配置能力，实行扁平化管理，形成高效率组织体系。

（三）财政治理是现代经济治理的调节器

财政的经济功能重在推动经济基础与市场主体的市场化：以产权明晰和经济利益激励为基础的所有制结构；独立、自由、平等的市场主体。经济机制与市场体系的市场化：决定各种要素和行为主体配置的激励与动力，由市场而不是政府决定；生产要素和资源要素自由流动、公平获得；价格由市场决定；市场中介体系发达。政府对市场的协调机制主要依赖税收、预算、信用等经济杠杆并依法进行，从经济利益上诱导、协调和控制社会再生产各个环节，而不是直接调控和直接干预，形成协同发展的产业体系、区域协调机制、城乡协调机制，进而营造公平竞争的市场环境、透明的政策环境、便利的营商环境。

（四）财政治理是社会治理现代化的血液

财政参与社会治理就是利用财政政策工具撬动社会资源、稳定社会秩序，打造共建共治共享的社会治理格局。共建是基础，突出制度和体系建设在社会治理格局中的基础性、战略性地位；共治是关键，要求树立大社会观、大治理观，将党"总揽全局、协调各方"的政治优势同政府的资源整合优势、企业的市场竞争优势、社会组织的群众动员优势有机结合起来，打造全民参与的开放治理体系；共享是目标，要使社会治理的成效更多、更公平地惠及全体人民，不断增加人民的获得感、幸福感、安全感。

随着互联网特别是移动互联网发展，社会治理模式正在从单向管理转向双向互动，从线下转向线上线下融合，从单纯的政府监管向更加注重社会协同治理转变。

（五）财政治理是全球治理的总中枢

尽管受到复杂因素的影响，全球化趋势没有发生根本改变，"全球性危机"不会演化为"全球化危机"。面对疫情、气候变化等非传统威胁，全球各国之间的合作会更加紧密，"人类命运共同体"理念会更加深入人心。疫情以来，少数国家提出的逆全球化想法，根子并不是全球化基础发生了变化，而是对国际规则和契约精神的遵守发生变化。联合国《执行〈联合国千年宣言〉的行进图》提出了十个类型的全球性公共产品，即基本人权、对国家主权的尊重、全球公共卫生、全球安全、全球和平、跨越国界的通信与运输体系、协调跨国界的制度基础设施、知识的集中管理、全球公地的集中管理、多边谈判国际论坛的有效性。在全球化格局下，如何确保中国的核心战略利益和长远战略利益不受损失，并与其他国家的核心利益形成共容，这是我们需要谋划实现的。中国在支持其他国家参与全球化进程中，不仅授之以鱼，更要授之以渔，帮助它们确立在中国主导的全球价值链分工中的地位，同时这种能力提升会反哺中国。以中国企业、中国资本流向为基准，建立中国为主导的财政支出责任和全球公共产品体系成为必须面对的问题。

五、"十四五"时期财政治理框架创新的着力点

我国的国家治理体系和治理能力总体上是好的，是适应中国国情和发展要求的。同时也应看到，相比中国经济社会发展要求，相比人民期待，相比当今世界日趋激烈的国际竞争，相比实现国家长治久安，我国在国家治理体系和治理能力方面还存在很多不足，有很多需要改进的地方。改革是一种历史自觉、社会自觉、政党自觉，要更加深刻地认识改革开放的历史必然性、更加自觉地把握改革开放的规律性、更加坚定地肩负起深化改革开放的重大责任。继续全面深化改革的主要遵循：既要保持中国特色社会主义制度和国家治理体系的稳定性和延续性，又要抓紧制定国家治理体系和治理能力现代化急需的制度、满足人民对美好生活新期待必备的制度，推动中国特色社会主义制度不断自我完善和发展。社会生产力水平总体上显著提高，社会生产能力在很多方面进入世界前列，更加突出的问题是发展不平衡不充分。财政要满足人民的新要求：人民美好生活需要正在日益广泛，不仅对物质文化生活提出了更高要求，而且在民主、法治、公平、正义、安全、环境等方面的要求也日益增长；政府财政工作的新重点：要在继续推动发展的基础上，着力解决好发展不平衡不充分问题，大力提升发展质量和效益，更好满足人民在经济、政治、文化、社会、生态等方面日益增长的需要，更好推动人的全面发展和社会全面进步。

（一）财政制度是一切制度的基石

根据构建系统完备、科学规范、运行有效制度体系的要求，财政改革要突出坚持和完善支撑中国特色社会主义制度的根本制度、基本制

度、重要制度；着力固根基、扬优势、补短板、强弱项，下一步的全面深化改革应是把制度建设摆到更加突出的位置，继续深化各领域各方面体制机制改革：要求制度建设分量更重，改革更多面对的是深层次体制机制问题，对改革顶层设计的要求更高，对改革的系统性、整体性、协同性要求更强，相应地建章立制、构建体系的任务更重。既要保持中国特色社会主义制度和国家治理体系的稳定性和延续性，又要抓紧制定国家治理体系和治理能力现代化急需的制度、满足人民对美好生活新期待必备的制度。

（二）财政法制化是法治政府的根基

马克思指出，法治性才是政府财政的灵魂与实质，是政府财政赖以产生和存在的基本标志。

财政法制化的重点：一是全面的财政立法，税收、预算、政府间财政关系、国库、政府会计、审计、政府财务报告乃至财政绩效管理，均应基于法律。二是法规应与法律严格一致、避免冲突、统一解释。三是没有前途的"文山会海治理"应逐步转换为"预算治理"：预算准备和日程表应延长。四是中期财政规划的编制应采用"基线筹划法"取代目前的"预测法"，并确保能够有效约束与引导年度预算。五是应努力提高地方政府和各部门对"未来1—3年的可控收入和可得收入"的预见性，为此，地方税和转移支付体制需要深度改革。六是提升税收制度和税务管理的预见性：应致力确保纳税人对纳税义务有很好的预见性，而不必任由"税务局说了算"，包括什么、多少、何时、如何履行纳税义务。

（三）预算机制是财政治理的动力轴

公共预算权力是一个国家公共权力的核心部分，这种权力配置的目的不是盈利，而是实现公共目标，满足社会共同需要，因而权力主体最终必须对公众或公共权力的初始授予者负责。预算权力的这种特殊性，使得现代市场经济国家注重防止滥用预算权力的行为发生和制止浪费，由此形成了公共预算机制，预算是财政运行的核心，预算改革更是一场政府治理的革命：从管人转向管事，绩效预算的理念更贴近市场经济的要求，将对政府运行架构从简单的收支管理到全面的绩效考评，绩效预算使预算控制覆盖了整个财政过程，对现行的公共事业单位的发展模式产生冲击。从具体的指标考核到最终公共产品的质量认定，绩效预算使政府决策更为科学、民主，将对现行的政府决策体制产生冲击。政府不仅要提供公共服务，更要制定公民享受公共服务的标准——包括教育质量、医疗保健、社区服务、生活环境、公共交通、法律秩序以及福利措施等。中国特色社会主义进入新时代后的预算制度是财政治理的主动力轴，财政治理是政府治理的中枢，政府治理是推动国家治理现代化的发动机与稳定器，国家治理能力和治理体系现代化成为改革的目标。

（四）基于主权资本重构财政收入体系，强化域外治理

我们需要站在全口径财政收支视野来重构政府收入体系，将一切基于政府信用和主权的资本利得纳入收入管理体系，特别是在国家疆土之外的主权性资本利得收入、信用担保型收入和税收收入。按照稳定税负、结构优化、互相衔接、公平正义、正向激励、强化征管六个原则来统筹推进财政收入体系改革。稳定税负是确保全口径政府收入占 GDP 的比重保持稳定；结构优化是指着力提高税收收入占全部政府收入的比重，建立与现代国家相适应的政府收入体系；互相衔接是指构建以一般公共预算为主体，其他预算类型相互补充、互相调剂的全口径预算体系；公平正义是指按照量能负担原则来确定政府收入来源，更好地"取

之于民、用之于民"；正向激励是指政府收入体系的安排应该更好地发挥进入新时代后的各级政府积极性；强化征管是指政府收入体系改革必须要以征管体系作为基础和依托，提升征管效率，将征管体系建设作为推动国家治理现代化的重要抓手。

（五）财政支出市场价值化管理，激活沉睡资产，优化支出绩效

改革开放以来，政府投资积累形成了大量资产，绝大多数都发挥了积极效用，但也有一些沉淀下来，未能发挥应有功能，社会上形象地称之为"沉睡"资产。据初步匡算，中国各级政府拥有的各类"沉睡"资产可能高达数万亿元之巨。建立资产信息共享机制，提升资产效能。运用大数据、云计算、物联网、智慧工程来建立行政事业单位资产、经营性国有资产、国有建设用地等信息共享平台，消除一边是闲置资产"睡大觉"，另一边又要新建一些资产的怪圈。将各类资产的位置、功能分布、人员归属等信息形成比较完备的数据信息系统，直观、准确、快速地反映各类资产的实时动态数据，建立资产使用状况的信息发布体系，及时锁定并发布"沉睡"资产的信息，实现供需双方信息互通。同时，加大资产管理协调力度，制定完善的闲置、报废资产管理与处置办法，及时掌握各单位的闲置资产，让"沉睡"资产重新得以利用。而且，信息共享的范围不仅仅局限于政府部门内部，还要建立政府和市场之间权责明确的共享体系。比如，建立一套政府资产信息平台，并向社会开放，会极大提高资产使用效率。

（六）导入数字财政治理，优化国家治理

公共治理指公共部门解决经济社会问题的系统方法，中国目前面

临两项最重要、也最复杂棘手的治理挑战：促进高质量发展和以合理成本交付公众偏好的公共服务。两者都高度依赖良治导向的公共财政改革。这些改革比技术性改革更深刻也更有效，应给予更高程度的重视。最好的系统方法就是遵循五项良治基本原则解决问题的方法，而非一事一议的技术方案。提高公共治理能力、改进治理绩效既重要又紧迫，特别是地方层面的治理。两项压倒一切的治理目标是促进高质量发展和改进公共服务交付，可分别称为发展绩效和服务绩效。导入财政数字治理的关键是导入信息手段、市场力量和现代治理框架，借用成功的企业管理经验，重新建构现代公共治理目标任务、激励机制、公务员队伍、行政文化等层面，并且按照规定标准，活化、极化干部队伍体系，促成行政组织彻底转型，大幅提高政府效率效能、适应能力、革新能力以及治理能力。一个不完全的清单：建立财政规则、硬化预算约束，特别是对地方政府而是全政府的信息（包括财务和绩效）；确保充足的财政收入，支撑公共产品的供给，加强公共投资管理和服务交付，激励地方政府绩效，专业化制衡引入公民参与，在规制约束下对企业赋能，财政改革的目标不在于追求最佳方案，而是最适合中国国情的方案。正如 2018 年深化党和国家机构改革的"三个不再"：不再是单纯的深化行政管理体制改革，而是深化党和国家机构改革；不再是单纯的政府机构改革，而是统筹党政军群机构改革；不再是单纯的建立起完善的中国特色社会主义行政管理体制，而是构建中国特色的现代化国家治理体系。

（七）架构全球治理的全息全域财政治理体系

习近平总书记指出，"我们要树立世界眼光，更好把国内发展与对外开放统一起来，把中国发展与世新社会新时代界发展联系起来"①。"以开放促改革、促发展，是中国改革发展的成功实践。"在全球经济治理领域，中国在全球经济治理中越来越发挥重要作用，日益从被动参加转变为主动参与，甚至引领全球治理规则的形成，全球经济治理正在加入中国因素和变量，构建中国深度融合参与的理念和模式，要通过全球治理磋商及国家主导下的多元参与模式，设计出中国参与全球治理的战略路径。在数字社会下确立全球治理新秩序，并不是对现有秩序全面推倒重来，而是要根据数字社会发展的新趋势、新特点，对现有秩序进行修正和补充。实践告诉我们，要发展壮大，必须主动顺应经济全球化潮流，坚持对外开放，充分运用人类社会创造的先进科学技术成果和有益管理经验。要不断探索实践，提高把握国内国际两个大局的自觉性和能力，要抓住新一轮技术革命和产业变革的历史性机遇，转变经济发展方式，坚持创新驱动，进一步发展社会生产力、释放社会创造力。要维护世界贸易组织规则，支持开放、透明、包容、非歧视性的多边贸易体制，构建开放型世界经济。积极参与创建新的社会治理规则，提高对外开放质量和水平。

大国财政在全球事务所承担的支出责任要宽泛得多，要从整体和全局来考虑问题，这种考虑不仅仅只是站在自身国家的利益上，而是从各国利益"一荣俱荣、一损俱损"相互依赖、相互影响的关系角度来考虑，这才是体现了全球治理的基本逻辑。要改革完善全球经济治理体系，着力于新经济发展的客观要求，运用先进的理念、科学的态度、专业的方法、精细的标准提升经济治理效能，着力推进全球经济治理系统化、科学化、智能化、法治化，提高预测预警预防各类经济风险能力，增加经济治理的预见性、精准性、高效性。网络空间的延伸扩张了全球公共物

---

① 《习近平谈治国理政》第一卷，外文出版社 2018 年版，第 248 页。

品的内涵外延，网络空间治理成为全球治理的新内容，中国要积极主动引领网络空间治理。互联网技术的发展迅速让全球变成了一个"地球村"，它成为继家庭、工作单位之后的"第三空间"，网缘关系成为数字社会、人类社会对网络的依赖不断提升，没有一个国家、市场主体、社会组织、个人能够独立于网络空间之外。然而，我们看到目前全球网络治理的必要性、迫切性在急剧上升，全球网络空间中缺乏全球性的共识和共同规则，全球网络治理机制亟待建立，导致网络空间出现了重要的安全隐患，全球网络治理已经成为一个"全球公共产品"，需要全球各国一致努力行动起来，建立共同规则，并明确各国在其中担当的权利和责任。如果这个机制不完善，会导致网络手段的滥用，出现"劣币驱逐良币""道德风险"的问题。遵循法定授权、受托责任、透明度、预见性和公共参与的五项良治基本原则系统地改革公共财政，才能为提高公共治理能力与绩效作出最大贡献。

"十四五"时期中国科技创新的战略思路

"十四五"时期，中国既是建设世界科技强国的新起点，也是中国由全球大国全面走向世界强国的关键期，如何以全球视野、战略眼光，高目标、前瞻性地对中国的科技创新进行顶层设计、系统集成和精准施策，使中国超越追赶走向引领。瞄准世界重大科学发现和关键性技术突破，重点谋划科技创新质量提高和能力提升。强化并优化科技创新规划和产业政策，使其成为政策与市场聚焦的世界科技创新"资源富集地""政策洼地"和"制度高地"。

一、科技创新规划战略新视角：从跟跑转向领跑的历史拐点

"十四五"时期是全球新一轮科技革命从蓄势待发到产业化竞争的关键期，也是中国新旧动能转换的关键期。科技创新和高科技产业成为

国际竞争博弈的焦点。政府、社会治理模式面临新技术的再装备和再改造。

（一）中国在人类科技发展中的新角色

"十四五"期间是中国向世界科技强国迈进的关键时期，要实现系统能力的全面突破才能迅速跻身全球一流的科技创新型国家行列。科学研究不断向更加微观、更加宏观和条件更加极端的方向延伸，因此科学研究平台化趋势日益明显，越来越多的基础研究问题更加依赖投入巨资建设基础设施，大型科学仪器共享以及全人类不分国界的科学家合作。中国当前已建成并运行具有世界先进水平的大科学装置五十多个，为科学研究和科技多领域融合创新提供了先进的研究平台。中国的科技创新规划应关注国际最热门的科技发展研究方向，前瞻性布局技术性社会基础设施、大装置的国际化引领和突破。

（二）科技向基础研究进军并作为创新第一动力

"十四五"时期，正是新一轮科技革命和产业变革蓬勃兴起，国际竞争向基础研究竞争前移的关键阶段，科学探索不断向宏观拓展、向微观深入，不断加速交叉融合，基础科学研究成为支撑新一轮中长期科技发展的基石，充分体现全局性、长期性、可行性的特征。重大科学问题将催生新的科学思想，重构科学理论体系，同时，改变人们的思维模式和行为方式，基础研究成为创新之源、强国之基。我们需要重构宏大的战略布局，在宏观和微观两个方向对标国际进行战略突破，取得重大开拓性的原始创新成果，同时大力培育"0到1"产业，不断开拓新领域，集成新模式，占领国际科技竞争的制高点。

（三）重大技术多点突破推动生产形态发生根本改变

21世纪以来，物联网、大数据、人工智能、区块链和3D打印技术，使得信息技术优先突破，并迅速向生产、流通和生活领域全面渗透，也彻底改变了管理模式、行为方式和社会运行状态，推动人类社会告别工业时代全面进入数字生产力时代。在这方面，中国的重大科技领域迅速达到国际领先水平，抢占创新领域的新高地成为"十四五"时期的重点任务。人工智能、大数据、3D打印、新能源新材料、区块链、5G通信技术等这些领域在未来五年是科技界存在的关键共性技术以及需要联合攻关的技术领域，技术的创新又彻底改变了生产方式、生活方式、管理模式和社会运行规则，将彻底颠覆历史传统。

（四）生物医学技术和产业极有可能实现井喷式突破

现代生物医学科学取得了基因层面的重大突破，基因组测序成为生物医学技术的关键，其价格到了市场可接受的门槛，全基因组测序的价格已经降低1000美元以下，据预测，"十四五"期间，有望降低到100美元左右，这意味着医保系统已经可以部分覆盖基因测序的成本，从而让这一技术进入临床医疗市场。展望"十四五"规划，人类将开启生物医学工程新时代，以基因测序、合成生物技术、干细胞、生命技术、精准医疗、创新药物、高端医疗器械等为代表的生物技术将进一步发展，构建全链条、集聚化的生物医药产业体系成为可能。

（五）信息技术推动人类迈入数字社会的门槛

信息技术正在形成数字时代的生产力。进入21世纪以来，数据成为生产要素后对产业变革的影响作用更加明显，由于数字技术的迅速发展和广泛应用，企业内部各类生产环节，特别是信息劳动环节正在从直接生产中分离出来，形成独立的生产型服务企业群落。现在流行的软件即服务（SaaS），计算即服务（CaaS），数据即服务（DaaS），平台即服务（PaaS），网络即服务（NaaS），使得传统企业迅速向服务化转型。数据从没有像现在这样具有经济价值和管理价值，使得经济规律从收益不变到收益递减，再从收益递减转向收益递增，协同共享、平台服务是数字时代的主要生产方式。梅特卡夫网络外部性定律、吉尔光纤宽带定理和摩尔芯片密度定理三大定理彻底改变了世界的竞争规则，资源共享将取代传统的资源独占，把人类发展推动到边际运行成本为零的新阶段。

二、夯实科技基础设施，为引领发展奠定基石

党的十八大以来，以习近平同志为核心的党中央把科技创新史无前例地摆在了国家发展全局的核心位置，带领全国人民坚定不移地实施创新驱动发展战略，深化科研事业单位改革，构键系统、完备、高效的国家创新体系，迅速提升国家创新能力和科技实力，全面布局国家实验室体系，建设大科学装置，铺就重大技术性社会基础设施。

（一）夯实科技室体系，夯实"0到1"产业基础

"十四五"期间，要充分发挥社会主义国家集中力量办大事的制度优势，瞄准人类发展的重大战略需求和科技发展的关键领域，依托科研院所和研究型大学，在新兴科学前沿交叉领域、中国具有相对优势和能够满足中国战略需求导向，布局建立若干学科综合交叉的国家实验室体系，以此为平台，开展基础性科学研究、竞争前沿高技术研究和重大社

会公益性研究，以此为纽带，吸引和培育一批具有国际领先水平的高素质科学家队伍，孵化出一批具有国际引领性的能够开发原创技术和"0到1"产业的创业者队伍，以此为基础，自主研制填补世界空白和具有国际领先水平的先进仪器设备和测量分析方法。以此为基础，形成"以我为主，广泛合作"的国际科技创新合作新模式。满足国家现代化建设和社会可持续创新发展的重大科技发展需求。加强基础和前沿领域前瞻布局，为国家持久安全和可持续创新发展提供不竭动力。实现自由探索和目标导向的两种基础研究方式的有机对接，特别是在关键核心材料、工业装备测试仪器、关键实验设备和国家战略必争前沿科学技术、关系国家安全的关键技术领域都要有中国的身影，发出中国的声音，提出中国的标准。推动重大科学发现和断代式颠覆性技术的突破，形成引领经济社会发展和保障国家安全的技术支撑的动力源泉。

（二）建设大科学装置，争取科学理论和重大技术突破

大科学装置是学科交叉、科研任务明确、科研力量集中的具有重大新技术突破能力的大型科学设施，是国家科技基础条件平台的重要组成部分，它往往瞄准科学技术前沿，为国家经济建设、国家重大国防与安全需求和社会发展提供前瞻性、基础性和战略性的科学方法和技术支撑。它往往需要较大规模的投入、较高精尖工程建设来保障科学技术活动的长期可持续稳定运行，也是国家创新体系建设中的重要内容，大科学装置产出是科学知识和技术成果，并不是直接的经济效益，建成后要通过长时间稳定的运行、不断的发展和持续的研究前沿的突破实现预定的科学技术目标，是现代科学技术诸多领域取得突破的必要条件。"十四五"期间，中国在科学技术领域的国际竞争主要表现在对诸多前沿研究领域的突破能力。建设大科学装置的速度和质量决定着国家在世

界科学技术竞争中的能力和地位，也可以说，大科学装置成为新时代重大科学发现和重大技术突破所必备的武器装备，决定着中国在科技前沿研究领域取得突破的能力和可能性。作为科技基础设施的大科学装置在数据及各种信息的收集和利用上作用不可替代，为现代社会的发展提供基础数据和基础信息。比如，空间对地观测技术的应用，为农、林、水、土、地质、地矿、石油、环保、城市规划、灾害等的调查、监测、研究和相关的经济建设活动，提供了一种革命性的手段。

（三）铺就技术性社会基础设施，发挥新技术支撑功能

21 世纪以来，全球科技创新进入了空前交互融合、爆炸式发展的活跃期，认知科学的重大突破进入了前奏，新科学思想的创新和重大科技的突破越来越依赖国家实验室和大科学装置，但技术的产业化愈来愈需要新型的技术性社会基础设施。对全球供应链、产业链、价值链产生前所未有的深刻影响。根据麦肯锡的预测，移动互联网、知识工作自动化、物联网、云计算、先进机器人、自动汽车、下一代基因组、储能技术、3D 打印、先进材料、先进油气勘探开采、可再生能源——太阳能与风能等 12 个核心技术将深刻影响 2021—2025 年全球经济。它们的发展均需要建立技术性社会基础设施来推动。推进技术性社会基础设施统筹建设与资源共享可以发挥新产业的聚合和衍生能力，就像电网对于电力、基站对于手机，未来需要建设许多专业核心的协作开发技术和产业发展设施，支撑科技产业化和新技术产业迅速成长的协同创新体系，满足未来技术迭代叠加需求的科技持续创新发展能力。以项目实施、成果转化和资源配置为抓手，营造产业升级、管理创新和社会运行高效的科技持续创新的环境。

三、"十四五"时期科技创新的战略布局

对标先发国家，立足中国的产业基础和技术优势，瞄准世界科学发展和产业变革前沿，围绕建设科技强国的新目标，加强自主创新，强化科技创新，健全国家创新体系，增强国家科技创新能力。力争 2025 年把中国建设成为国际科技创新中心，一方面，要提升科技自身的创新能力，培育科学家和技术专家阶层，不断壮大国家的科技实力，夯实中国国际科技核心竞争力的基础；另一方面，科技创新优势是支撑其他领域充分发展的力量源泉，把科技实力转化为创新经济发展、保证国家主权安全和推动社会进步的强大动力。

（一）激活科技创新要素，抢占产业发展制高点

当今世界，颠覆性的科技革新带来了社会生产力的大解放和生活水平的大跃升，各国围绕科技创新核心要素的竞争愈加激烈，发达国家希望通过提升科技创新能力，继续保持领先地位，新兴经济体大幅增加科技投入，希望借此赶超发达国家，实现弯道超车。21 世纪以来，中国科技创新绩效逐步显现：创新资源投入大幅增长、知识创造和应用能力迅速提升、企业创新日益活跃、创新环境不断完善。"十四五"时期随着信息技术的高歌猛进，互联网和区块链完成资本和权力的双重超越，网络诚信和社会协同机理将担负比任何第三方都更加公正的社会责任，科技资源配置从自由市场、政府干预到网络协同转变，制度强化日盛，任何阴谋者和作恶者都不能破坏有效的资源配置体系。正如区块链之父斯科特指出的那样，"与其要我们始终信任某个人或者某个机构来确保数字文档的准确性，不如让世界上每一个人都成为数字文档记录的见证

者"。新一代信息技术（包括 5G、量子科技、物联网）、智能经济（包括人工智能、智能汽车、智能器械、3D 打印）、生物医药（包括生物技术、生命信息、精准医疗）、绿色科技（包括生态环保、绿色制造）、高端制造（包括航天航空工程、海洋装备工程）、新材料（包括半导体、高技术材料）、新能源、海洋经济（包括海洋装备制造业），这些高技术产业从来没有像今天这样深刻影响并决定着国家的前途和命运，以此为基础，在全球统筹部署创新链、技术链和产业链，补足科技产业化的短板，彻底解决关键核心技术受制于人的被动局面，将举国体制的优势同科技市场的资源配置优势结合起来，加速知识流变、认知提升和技术转移与扩散，促进科技进步和经济发展、福祉提高、社会进步相融合。

（二）发展纳米技术，形成新材料产业

纳米技术就是利用物质在纳米级状态下属性改变的特性，对其进行在建构形成新功能的方法。例如，普通的碳通过纳米技术加工转变成透明的石墨烯，其强度是钢的 100 倍，能够高效地传导电和热。比如，作为引擎或其他机械表面的低摩擦力镀膜、作为高强度合成材料来建造汽车和飞机、轻便的防弹背心，以及高效的光伏材料。制药企业也正在研究作为靶向分子的医疗纳米粒子用于治疗癌症。新时期，材料科学研究从经验摸索阶段到人工设计调控阶段转变。材料表征与调控方面，启动高性能低能量同步辐射光源建设，满足以纳米空间分辨率、皮秒至飞秒时间分辨率、极高能量动量分辨率对材料多层次结构分析研究的需求，逐步形成布局合理的国家光源体系。建成重大工程材料服役安全研究评价设施，支撑不同尺度及跨尺度的结构性能。

新材料是国民经济先导性基础性产业，是高端制造及国防工业的关键保障。没有质量过硬的材料，再先进的生产设计和制造构想也难以

实现。可以说，"十四五"时期在关键材料上若不突破，先进制造就是空中楼阁。中国在先进高分子材料、先进有色金属材料、锂离子电池材料、电子信息材料、先进建筑材料等领域已初步形成较为完整的产业链。但新材料产业规模偏小，产品性能稳定性亟待提高。"十四五"时期，应加快发展高端装备特种合金、高性能纤维及复合材料、高性能新型陶瓷、稀土、石墨烯、先进半导体、新型显示材料等关键战略材料。大力发展深加工的化学纤维、高性能合成材料、特种工程塑料、功能橡胶、功能涂料等，向应用端延伸先进石化材料产业链，推动绿色石化产业集群向高端跃升。

（三）大力发展装备制造业，爬升全球产业链高端

中国制造业的总体技术水平正在逐步攀升，其转型和跨越式发展紧紧围绕质量提升、技术创新、智能升级、效率变革和人才带动等关键要素展开，同时将信息化、数字化、智慧化、网络化贯穿其中。装备制造业的发展是中国制造业升级的核心命脉，关系到中国工业化、信息化和现代化进程。装备自身将采用新型材料建造，使其性能大幅提升，强度、韧性、耐久性得到改善，并具备自我修复等能力。加快发展先进制造业，逐步建立现代化经济体系。构筑未来发展战略优势，推动中国经济由量大转向质强，完善制造业产业链、供应链、价值链体系。力争在医疗装备、检测装备、数字制造装备等方面取得新突破，在航空航天装备、深海装备、核动力装备、计算机及电子设备等方面具备国际竞争的优势。"十四五"时期需要进一步部署更多的智能制造重大项目，调动社会各个方面的创新资源，共同破解技术创新与管理难题，推动智能制造快速发展，为国家经济高质量发展提供先进制造业支撑。

（四）用高科技催生原创产业，装备战略性新兴产业

只有技术原创才能催生产业原创，技术原创带来的不仅仅是产品、市场、管理、产业的单方面的创新，而是在生产流程和产品性能的各个方面、各个环节的再创新、再融合和再细分，挖掘各方面的潜力形成协同创新合力，构成产业衍生和裂解的可持续核心动力。科技成果转化周期的缩短大大提高了产业创新的速度。技术的超加速发展也深刻地影响着创新发展模式。"十四五"期间，世界步入创新密集期，科学技术正在形成多方面突破，对国际经济体系产生重大冲击，推动全球产业升级、转型。以智能、泛在、融合和普适为特征的新一轮信息技术，直接推动新一代网络、云计算、物联网等快速发展，将对信息产业产生全面影响。生物技术的发展日新月异，在解决人类健康、资源、环境等重大问题方面发挥着越来越重要的作用，在生物农业、生物药业、生物能源展示极大前景。纳米技术的快速发展，使得新型能源材料、信息材料、生物材料、仿生材料、结构功能复合材料等的设计、制备和应用不断突破，为发展新兴产业、改造传统产业、促进节能减排提供重要技术支撑。在科技迭代叠加突破的冲击下，商业模式和产业组织形式也不断得到创新。终端、平台、服务这三者间环环相扣、良性互动，保证了终端服务平台的竞争优势。在物联网、人工智能、航空航天等领域形成新的突破之势，增强中国在全球的核心竞争力。近年来，国家高度重视原创新兴产业的培育和发展，加快新技术、新产业、新业态等发展新空间。从判断一个突破性技术到真正实现技术的共享、吸收应用与再创新是一个艰难而微妙的过程。这其中需要对技术由浅入深、从点到面全面认识和理解，而要进一步将前沿知识转移、共享，则更与这个领域内核心人员和社交圈的融合程度密切相关。只有处理好这两点，深度的技术整合

应用才有可能。

（五）用生物技术衍生新产业，建设生态文明

生物医药技术的突破使得人类对自我的认知和对世界的认识都达到了一个新的高度。尤其是基因测序技术、基因编辑技术的突破把人类带到了一场生物科学和生物技术革命的新时代，合成生物学让人类穿越新的历史隧道，"十四五"时期是国家铁腕治污，压力叠加、负重前行的关键期，绿水青山就是金山银山成为中国开展生态环境保护和绿色发展的基本遵循。利用生物技术和循环经济理念，推动形成绿色发展方式和生活方式，大力发展循环经济。聚焦美丽中国建设，加强大气、水、土壤、化学品风险防控等领域科技创新，打赢污染防治攻坚战。重点是调整产业结构和能源消费结构，优化国土空间开发布局，培育壮大节能环保产业、清洁生产产业、清洁能源产业，推进生产系统和生活系统有效循环链接，切实让生态环境日益向好。划定并严守生态保护红线、环境质量底线、资源利用上线三条红线。利用生物技术，大力加强七大农作物育种，保障粮食质量安全。围绕实施健康中国战略，加快重大疾病和传染病防治研究，当前全力打赢新冠肺炎疫情防控阻击战，加强人民群众生命健康科技支撑。大力发展现代种业、生物农药、绿色高效生物肥料、生物疫苗、生物兽药等现代化绿色产业。

（六）进军信息核心技术，发展数字产业

当前和今后相当长的一段时间，仍然是以信息技术支撑的信息产业发展的黄金时期，以信息产业为主导的新经济方兴未艾。许多发达国家普遍将新兴技术的持续突破和信息产业的持续推动作为国家科技发展战略的重中之重。中国的高端芯片、基础软件和核心器件虽然全球领先但

不具备支配地位。"十四五"时期是新一代信息技术溢出效应倍增的黄金期，5G、高端集成电路、新型显示、空间网络、操作系统与工业软件、高性能计算机、激光和光电产品、量子通信等，做大做强新一代信息技术产业，打造若干世界级产业集群。以人工智能为核心的智能技术是具有"领头雁"效应的基础性技术，技术突破快，带动作用强，将引领本轮科技革命和产业变革。据预测，到2025年大企业人工智能利用率将达97%，智能个人终端助理将覆盖90%的人口。以人工智能为代表的智能经济是我们赢得全球科技竞争主动权的重要战略抓手，是推动中国科技跨越发展、产业优化升级、生产力整体跃升的重要战略资源。人工智能、智能机器人、智能汽车、无人机、无人艇等具有深度学习、人机协同、群智开放、自主操控等特征的智能产业，作为优先发展的重点产业领域。装备制造是制造业的脊梁，装备制造业信息化水平是衡量一国一地工业实力强弱和技术水平高低的重要标志。中国是全球重要的制造业基地，但目前仍未完成工业化进程，制造业大而不强，自主创新能力弱，高端装备对外依存度高。"十四五"时期，重点发展高精度数控机床、工作母机、高端仪表仪器、高端数控系统、电子信息装备、航天航空装备、北斗卫星及应用等，大力提升装备制造业和整体工业的竞争力。平台经济是数字经济产业组织的主要形式。经济行为从资源冲突、商业竞争到服务合作。

（七）启动海洋科技支撑战略，大力发展现代海洋产业

海洋是人类未来科技进军的主战场，也是强国战略争夺的新空间，更是经济增长的重要新引擎。据预测，到2025年中国海洋生产总值有望超过14万亿元，占GDP比重达10%以上。中国的海洋科技创新能力与中国的大国地位不匹配，缺少具有较大影响力的海洋创新平台和

市场化的海洋创新服务体系，"十四五"时期需大力发展海洋电子信息、海上风电、海洋生物、海工装备、天然气水合物（可燃冰）等高科技产业，向科技要潜力、向远洋要资源，初步形成具有中国特色的现代海洋产业体系。中国海洋战略目标是要成为新的国际海洋资源配置中心，通过建立涉海基础设施网络，完善包括综合交通网、能源保障网和海洋防灾减灾网。加快推进海洋科技创新体系，建立国家海洋实验室，构筑海洋科技创新综合平台建设，建立海洋标准和计量体系，尽快形成现代海洋产业体系，提升海洋装备现代化水平，维护国家海洋安全。

四、完善科技驱动创新，创新驱动发展的体制机制

习近平总书记在 2018 年两院院士大会上的重要讲话中指出："科技领域是最需要不断改革的领域；推进自主创新，最紧迫的是要破除体制机制障碍，最大限度解放和激发科技作为第一生产力所蕴藏的巨大潜能。"[①] 科技创新是创新发展的主要驱动轮，如果没有体制机制创新营造的创新环境，科技创新也很难持续进行。从历史演变特征来看，中国国家创新能力不断增强，但要破解李约瑟困境，把中国彻底转变为一个创新型国家，跻身全球创新强国依然面临巨大挑战，关键在于体制机制创新。

（一）创新科技管理体制机制

创新科技越来越成为一种社会生态创新工程，创新体系由战略、

---

① 《习近平谈治国理政》第三卷，外文出版社 2020 年版，第 249 页。

机制、资本、人才、组织、成果等要素构成，是"战略＋机制＋创新网络"三位一体。要按科技发展规律来改革科研评价机制，尤其对具有攻关性质的科研团队必须建立长期的评价体系。创新科技人员的激励机制，建立以社会需求为导向的科研人员管理制度，探索高校教师对科研成果（包括使用国家财政经费研发来的成果）拥有自由处置权的制度，允许高校教师对外提供研究数据、发表研究成果、转让知识产权，通过成果转让或技术入股的方式参与科技型企业的创建，享有科研成果转化带来的收益。同时教师的专利发明享受免税制度和例外条款。

（二）转变科技创新财政激励机制

加快提升国家整体研发投入强度以适应创新驱动国家发展的需要。第一步要在 2025 年即"十四五"末期将国家整体研发强度提升到 OECD 的平均水平；第二步到 2030 年，研发强度达到 OECD 国家前列水平。让基础研究投入比重的提高既要满足当前创新驱动的需要，也要遵循基础研究投入增长规律，稳步提高。发达国家经验启示我们，工业化前期阶段，国家研发投入中主要是用于试验发展，当工业化发展进入一定阶段后，研发资金才会投入到实现长期可持续发展中来，此时对基础研究的投入将会占用更多的经费资源，因此，基础研究的比重也会在工业化后期迅速提高，一般在后工业化阶段基本维持在 15%—25% 之间。提高单位企业的研发投入强度，要求发挥行业机构的统领优势。同时，创新财政投入方式，使财政资金发挥引导、种子和孵化功能，建立国家科研经费"资金池"，既要有利于减轻政府负担，也能更好利用市场作用提升经费使用效率。

（三）大力发展科技金融，形成新型金融催化产业机制

创新型金融业态作为支持科技产业化的新业态，发挥着日益重要的全面推动作用，科技金融也突破传统金融的窠臼成为独立的金融体系和新的产业体系。首先，加快区块链等新兴技术对传统金融体系的改造，以技术驱动推动金融创新，降低融资成本。区块链技术可以无成本或低成本维持交易各方的信任，顺畅支付结算和金融资产交易。尤其需要高度重视的是区块链可以让创业者的经营行为可追溯，避免了传统社会中劣币驱逐良币的现象，降低创业风险。其次，大力发展天使投资行业，保障社会融资管道顺畅运行、信息交流通畅，使天使投资人能够帮助创业者渡过创业初期的最艰难阶段。还有，要大力发展科技金融产业，培育"0到1"产业体系，同时大力催生独角兽企业，让科技金融体系涵盖从创意到产品再到产业的各个方面和各个环节。最后，加快把中国建设成为全球创新型金融聚居区，将科创板新机制引入创业板，形成竞争性的市场机制，促进中国创新型金融机制的完善。

（四）创新知识产权保护机制

用机制创新来推动专利强国战略和知识产权保护，通过建立严格的知识产权保护制度，激发国内外的创业者在中国的创新活力和产业化能力。通过创新知识产权收益保护机制，来不断优化营商环境，凝聚世界创新资源，促进科技产业化。关键要进一步加强对专利权人合法权益的保护。建立侵权惩罚性赔偿制度，提高侵权违法成本，提升对知识产权侵权行为的震慑作用。探索制定知识产权侵权案件的民事—刑事互转的机制，如既可以通过民事转刑事的方式处理无力承担民事赔偿或故意抵赖民事赔偿的行为，又可以通过加大民事赔偿降低

刑事处罚程度。提升知识产权审查质量和效率，提高专利等知识产权的附加值，同时加大对知识产权侵权行为的打击力度，把中国建设成为世界的创新乐园。

（五）深化军民技术融合机制

当前和今后一个时期是军民融合发展的战略机遇期，也是军民融合由初步融合向深度融合过渡、进而实现跨越发展的关键期，要加快形成军民融合发展组织管理体系、工作运行体系、政策制度体系，推动重点领域军民融合发展取得实质性进展，形成军民融合深度发展格局，构建一体化的国家战略体系和能力。必须在国家总体战略中兼顾发展和安全，科学统筹经济建设和国防建设，努力推动国防实力和经济实力同步发展。军民融合不是简单的结合或相加，而是物理效应与化学效应交织而成的深层次结构性变化。遵循"军民结合、平战结合、军品优先、以民养军"的16字方针。以技术进步和创新为基础的军民融应用征程新出新的发展态势：第一，民营企业的研发积极性增强，其研发产生的新技术正引领未来产业的发展，甚至创造了新的制度与规则；第二，由于基础学科和交叉学科的融合交汇，军用技术与民用科技的交叉点增多，双向互为转化，一改以往军民技术边界清晰的应用要求，在不需要特殊转化和改造的情况下，军民技术即可通用；第三，军民两用新技术的应用快速产生经济效应和社会效应，降低社会运行成本，成为新安全保障要素。深化国防科技工业改革，着力改善"民参军""军转民"政策制度环境，加快推进军品价格改革和空域管理改革。深入开展在轨卫星资源统筹、军民标准一体化及太空、网络空间、新材料、人工智能等领域重大问题研究。

（六）积极开展国际合作，构建人类科技创新命运共同体

经过 40 多年的改革开放，特别是中国与其他国家的频繁的科技交流，中国培育和形成了具有国际领先的水平的一流科学家团队，他们的研究也开始瞄准国际科技方向的最前沿，同时，实验条件的改善使得中国在世界的科研装备水平迅速提高，在许多关键领域和前瞻方向上都能够同步研究，"十四五"期间，在国家科技合作领域中国要敢于担当、勇于亮剑，由同步研究转向引领性研究。敢于把构建人类命运共同体的科技支撑作为新时期的中国使命，敢于提出人类科技发展的中国指向，敢于在战略价值巨大的研究方向上领先。坚持人类科技发展的全球视野，加强多边和双边的国际科技创新合作，在联合国框架内，建立全球科技创新实验室，定期举办世界科技创新论坛，合力解决人类共同面临的公共卫生、气候变化、粮食危机等重大命题的技术突破。"十四五"规划是中华民族伟大复兴和世界科技创新资源向中国凝聚的历史新起点，要完成中华民族的伟大复兴，就要把中国打造成为世界科技创新资源配置中心和世界顶级科学家的俱乐部，把中国建造成世界级新技术不断持续突破的沃土。

中国战略大转型：
从发现利用到创造经营战略机遇

2008 年国际金融危机以来，国际经济政治格局持续发生新变化。面临更加复杂的国际环境，党的十八大再次提出，中国仍处于战略机遇期，但条件与内涵将发生重大改变。当前，世界战略格局仍然处在一个新的转化期、过渡期。如何准确认识和把握未来十年乃至二十年的战略机遇期，是中国国家发展面临的重大战略命题。时势如棋局，格局在创造。机遇前所未有，机遇也稍纵即逝。历史实践证明，后发国家只有积极主动抓住机遇、创造经营机遇，才能把机遇变成发展现实，在国际经济社会发展竞争中实现"变道超车"，乃至"升道超车"。

一、人类社会的发展与进步是一部断代史

纵观历史，人类文明的进步是一部呈跳跃式的断代发展历史。从人

类诞生至今，伴随着民族大融合和文化大碰撞，传统古老连续的文明往往会被"中断"，出现文明断代现象。文明断代是文明进步的一大动力和标志。无论是古埃及、古巴比伦、古印度等文明，还是近现代欧洲文明，都经历过"断代"发展历程。

漫长人类文明发展断代史的拐点是出现富有远见的伟大领导者。领导者通过运用高超的战略思维和战略艺术，不断把握、利用甚至创造战略机遇期，实现国家发展的战略转型。近代500年来，由于决策者保守和思想观念落后，中国先后三次错失过关系到国家前途与命运的重大战略机遇期。16世纪，第一次错失科学技术发展战略机遇，沦为列强瓜分的对象。19世纪，鸦片战争之后，第二次错失改革机遇。20世纪，辛亥革命不彻底，错失第三次发展机遇。历史实践证明，只要抓住重要历史机遇，国家就快速发展；一旦坐等机遇、丧失机遇，国家发展就遭受挫折，甚至倒退。

当前，国际格局进入第三次重新设计阶段，为中国经济社会成功转型创造了难得的战略发展机遇。近代以来，世界政治经济总格局先后经历过两次重大的设计和调整。一是1858年至第一次世界大战前，英国打败荷兰、西班牙后，成为世界上最强大的国家，和欧洲强国一起主导国际格局。二是第二次世界大战后，以欧洲为中心的国际政治地理格局逐渐崩溃，美国成为世界格局的中心，对世界政治经济格局调整与设计起着主导作用。20世纪末，东欧剧变和苏联解体，结束美苏争霸的两极格局，世界格局进入多极化发展的新旧格局交替过渡时期。21世纪以来，在国际金融危机的冲击下，美国经济复苏缓慢，欧洲经济难以走出衰退局面，以中国为代表的新兴市场国家迅速崛起，新的世界格局已初现端倪。

二、全球政治经济格局重新洗牌

横看天下，全球政治经济格局再次进入重新洗牌的大调整时期，为中国广泛网联全球优势资源，创造和经营战略机遇提供了有利时机。中国的持续大发展，为我们在 21 世纪第二个十年以至更长时期创造和经营战略机遇期打下坚实的物质基础。

在经济方面，危机后的世界经济格局已不可能回到过去，全球经济格局正在快速地发生一场深刻的剧变，美国经济"一枝独秀"的局面被迅速改变。随着全球化的加速发展，基辛格、布热津斯基、亨廷顿等美国著名战略家均已预测美国的唯一超级大国地位只能持续 15—25 年时间。随着欧洲一体化进程的加速发展，21 世纪的欧洲一体化会是一种历史的必然，发达国家将从以美国为主导转向美国—欧盟共同领导，美国—欧盟共同成为世界的一极。

随着中国经济的持续增长，综合国力的逐步提高，中国在 21 世纪的成功崛起将是一种必然。据在美国进行的民意调查显示，许多被调查者认为，未来美国在世界经济领域的作用将极大减弱，21 世纪将是"中国世纪"。另外，随着新兴市场国家对全球经济增长的贡献不断增大，以中国为代表的新兴经济体，则成为世界经济的"另一极"。未来世界的总体发展格局可能是，除中国、美国、欧盟外，其他大国逐渐发展式微。

三、 国家能力是决定大国战略成败的"主引擎"

站在新的历史起点上，要继续成为和保持中国在国际上的大国地位，必须推进国家能力的八个维度的全面提升，实现人类科技文明、世界经济繁荣区、社会制度文明、新文化凝聚力复归这样的国家战略目标。伴随着整个人类由平面竞争转向立体竞争，国家能力是中国进行国际网联，成功实施大国战略的基石。

面向未来十年乃至更长时期，建设世界一流强国的战略目标，中国国家能力建设的八大支柱是：

第一，经济。经济成为衡量国家能力的第一要素，是网联国际资源的基础。在保持和扩大经济规模的同时，加快经济转型升级和创新速度，率先实现在经济上主导世界经济格局的战略目标。产业升级与创新成为经济增长的关键，随着产业向技术密集型、资本密集型和知识密集型转移，产业衍生不断。在产业升级的过程中，原始创新能力、关键技术创新和系统集成能力决定国际分工和全球经济格局。立足技术创新、创意驱动，由中国制造跃升为中国创造，中国经济的战略转型升级是国家能力建设的"主旋律"。

第二，科技。科技作为人类社会唯一线性精进的主导性力量，新技术产业化将彻底切换经济发展的"主轴"，在未来世界经济社会格局发展中，科技始终是主导性的动力"引擎"。科技成为生产力中最活跃的因素，每一次重大突破都会引起经济的深刻变革和社会的巨大进步。随着"云物大智"（云计算、物联网、大数据、智慧地球）时代的降临，无论是大企业、小企业还是个人，都在致力于网联国际，不断整合信息、科技、人才等高端资源，积累和创造社会财富。

第三，军事。军事力量是保障经济、科技不断进步的第一"道德力量"。当前，国际格局中，军事竞争仍然激烈，周边安全环境的不确定性增多。军事战略对国际格局和国家安全的影响上升。要在未来世界格局中出奇制胜，必须掌控直接军事战争能力。军事是维护、赢得重要战略机遇期的最直接力量。经济发展需要有强大的国防。在信息化条件下，加快推进国防现代化，更好地为国家的发展"保驾护航"。

第四，货币。货币游离于传统产品之外，引领人类需求，衍生新的产业。作为非常规力量，货币在国际事务中的力量日渐显现。美国前国务卿基辛格说过一句话，谁掌握了货币发行权，谁就掌握了全世界。美元作为国际货币后，攫取大量的铸币税收益。目前在全球流通的美元现钞超过9000亿美元，大约三分之二在美国境外流通，这意味着美国征收的存量铸币税至少为6000亿美元，平均每年能获得大约250亿美元的铸币税收益。中国只有将人民币适时地推出去，成为国际主币，分享国际铸币税，才是中国货币战略的最优途径。同样，和货币紧密联系的金融，是价值融通和经济顺畅运行的载体，对技术创新和资源配置还具有催化作用。

第五，外交。当今世界，国际事务和国内事务之间的差距越来越小，国际事务国内化、国内事务国际化日益凸显。2011年年初，受西亚北非政局剧烈动荡的影响，利比亚国内爆发激烈军事冲突是国际事务国内化的突出案例。进入21世纪以来发生的所谓"颜色革命"以及西亚北非地区的政局大动荡，均带有鲜明的国内安全问题与国际安全问题相互转化、相互影响的特点。

第六，地缘。在当前国际形势下，周边地缘对中国战略安全和发展具有重要意义。周边地区既是中国地缘上的战略缓冲区，具有地缘缓冲力效应，又是贸易和投资合作的主要伙伴。中国周边环境正发生深刻而持续的演变，中国须超越传统的周边战略，构建大地缘政治新格局，以新的"大周边"战略予以应时。随着中国国际影响力的向外延伸和海外利益的增加，中国需要实施"大周边"战略。

第七，文化。在经济社会运行过程中，文化是社会经济发展的耦合器，文化软实力与科技硬实力共同成为国家核心竞争力的重要组成部分，在很大程度上影响着国家的发展。文化已经与社会和经济相融合，成为提升国家综合竞争力的关键要素。文化精进对于引领社会风尚、服务社会发展、实现中国民族的伟大复兴具有十分重要的意义。

第八，制度。制度不仅是人们利益关系的总和，还成为一个重要的产业。当今世界是一个技术进步和产业创新都需要制度支持的时代。只有强化制度创新，才能克服经济改革与发展中"习得性无助"困境现象，防止出现社会动荡和进行循环改革的经济湍流。通过体制机制改革与创新，建设产业创新多元开放平台，不断孕育新产业。从国际视角来看，在美国的霸权体系设计中，经济、技术和军事实力是美国霸权得以建立的物质基础，而制度霸权则是其霸权体系赖以维持的侧翼。为此，我们需要重视国际制度红利，主动积极争夺国际制度话语权。

四、中国创造、延长战略机遇期的突破点和重要抓手

战略机遇的本质是国家发展所面临的有利态势和时机的总和。中国已站在世界舞台的中央，在全球化竞争中发挥着越来越重要的作用。然而，在未来十年甚至是更长时期，中国要成为头等强国，还要探索一条顺应世界潮流的"中国道路"。立足创造和经营战略机遇期，"中国道路"的战略突破点是：

第一，推进教育综合改革，提升社会整体人力资本。据世界银行测算，投资于物资的资本，平均回报率为110%；投资于金融的资本，平均回报率为120%；投资于人才开发的资本，回报率为150%以上。把教育本身的改革作为中国改革的"枢机"。加快现代职业教育体系建设，

促进技能与技术扩散，大力推行创业教育。全面普及 12 年义务教育，巩固基础教育成果。切实提升高等教育质量，提高人才培养质量，消除"新读书无用论"思潮对社会的困扰。

第二，以争取国际规则话语权为先导，加快中国国际化发展进程。获取国际规则话语权是中国实现大国战略的重要保障。中国成为世界经济大国，不必然成为国际舞台上的大国；在国际事务中的影响和作用是衡量世界大国的重要方面。当前，美国及欧盟等先发经济体掌握国际社会主导性话语权，由于缺乏国际规则制定话语权，中国面临国际制度性红利亏损。只有获取相当的国际话语权，深度参与国际事务，才能在国际问题上表明本国的立场，维护国家战略发展利益。

第三，建立社会普遍服务体系，谨防"三大陷阱"。现代化进程中"三大陷阱"是"日韩困境""拉美陷阱""西班牙幻影"。"日韩困境"是指日韩在 20 世纪 70 年代工业化取得突飞猛进的发展，而到 90 年代，由于忽视工业经济向知识经济的转型，企业缺乏创新的动力，使日韩经济陷入泥沼之中。"拉美陷阱"是指拉丁美洲国家贫富两极分化，以及城市化失衡造成环境恶化、失业率增加、公共服务不足。"西班牙幻影"是指西班牙强盛时期的财富没有真正用来发展工商业，而仅靠积累起来的财富又不能使国家长期繁荣。中国在实现战略突围的过程中要构建社会普遍服务体系，才能谨防陷入"三大陷阱"。

社会普遍服务体系的主要功能是消融社会矛盾，为社会的全面进步提供安全底线。它能有效避免出现社会群体间的对立、地区间的失衡、思维和道德伦理的割裂以及现代化进程的断裂。从战略功能上来说，社会普遍服务体系至少在人文社会普遍服务、产业社会普遍服务和信息知识社会普遍服务三个子系统上为创造战略机遇、提升国家竞争力提供社会保障。

总之，在未来十年乃至更长时期，全球化进入 3.0 时代，我们必须从发现、利用战略机遇转向创造、经营战略机遇，积极主动抢占未来战略制高点。中国战略转型的关键是推进现代国家能力建设，实现经济、科技、军事、货币、外交、文化、地缘等八大维度治理现代化。

技术创新成为全球治理新工具

当今世界，全球治理格局正发生着前所未有的深刻转变。在此背景下，随着全球技术创新的资源争夺越来越剧烈、新技术产业化成果转化越来越迅速、知识产权的保护越来越严格、影响领域也越来越广泛，技术创新对全球治理格局调整的影响日益突出。技术创新的加速推进，迫切要求准确把握技术创新对全球治理的深刻影响，顺应技术创新将彻底改变全球治理格局的重要趋势，主动出击，做好谋划，切实把技术创新作为中国参与和引领全球治理的新工具。

一、技术创新将彻底改变全球治理格局

当前，技术创新的影响已经从传统的学术领域、产业领域向公共治理领域延伸和加剧。具体来看，技术创新正沿着"技术共识—责任共识—原则共识—利益共识—政治共识—规则共识"层次推进、相互关联

的新路径，加强对全球治理格局完善与调整的影响。

（一）技术共识成为全球治理争夺的新原点

谁掌握了技术创新主动权，谁就掌握了世界。基于前沿领域研究以及转化应用的技术共识已经成为全球治理争夺的新原点。从技术创新领域来看，虽然云计算、物联网、大数据、人工智能、区块链、量子计算等技术的研发日新月异，但是网络信息技术作为全球研发投入最集中、创新最活跃、应用最广泛、辐射带动作用最大的技术创新领域，是全球技术创新的竞争高地的根本态势仍没有改变。在此背景下，网络信息的技术创新已经对社会治理提出了新的更大挑战。尤其是信息技术算法决定了让什么人群看到什么样的内容，也决定了何种内容能够广泛传播，更为社会治理带来了极大挑战，同样也成为新时代全球治理的主动权的争夺焦点。

（二）责任共识成为全球治理的重要预埋

技术创新与产业创新已经不仅仅是科学家、企业家的职责，也是政治家、社会家的重要责任。世界已经进入以技术创新为核心支撑发展的新时期，技术创新早已打破地域和国界限制，在全球配置技术创新资源，已经成为各国推进技术创新的重要方式，也是衡量一个国家技术创新能力与水平的重要指标，能否承担或引领技术创新的重要责任，是一个国家参与全球治理的能力体现，能否以共同责任凝聚各国技术共识则是一个国家引领全球治理的重要预埋。

（三）原则共识成为全球治理的调整器

以怎样的原则推进技术创新、落实技术创新的责任，是事关技术伦理的重要内容，也是技术创新对全球治理影响的关键性把控所在。近年来，基因编辑、生化武器、环境治理等方面出现的各类事件，凸显了技术伦理的极端重要性。人类作为一个共同命运体，只有坚持共同、公认、普惠的原则共识，才能对技术创新的影响起到积极引导和严格规范，也只有坚持人类命运共同体这一重要原则，才能形成人类技术创新命运共同体。因此，在各国普遍重视和加强技术创新的背景下，通过树立和倡导技术创新原则共识，能够对全球治理格局的变化做出积极的调整。

（四）利益共识成为全球治理的新焦点

在技术创新影响领域和程度不断扩大的时代背景下，技术创新必将带来丰厚的利益。得益于技术创新优势和所形成的知识产权优势，国际技术型公司的市值规模不断壮大，甚至富可敌国，而且"这种集中度急剧提升的趋势，远没有看到尽头"。因此，利益共识是技术创新经济效益、社会效益的最佳体现和生动阐释。对技术创新的竞争实质上就是利益的竞争，技术创新背后的利益争夺以及利益共识必然成为全球治理的新焦点。

（五）政治共识成为全球治理的重要保障

科学没有国界，科学家却有国界，技术创新的战略布局、政策导向、要素保障以及项目设置更是蕴含着鲜明国家意志。可以说，技术创新的背后必然有国家间的政治博弈，技术创新特别是国际性的大科学和大工程需要政治共识作为重要保障，缺乏共识的政治博弈必然会导致地缘博弈、封闭排他小圈子等零和博弈现象，影响技术创新达到预期成果，并难以实现共赢。如最初作为人类三大科学计划——人类基因组计划、曼哈顿原子弹计划和阿波罗登月计划，以及当今具有世界影响的国际热核实验堆（ITER）计划、伽利略合作计划、全球对地观测系统计划、全球变化研究计划等，不仅对所涉及的技术领域产生了重要推进，而且对各国的政治发展也带来了重大影响。因此，作为全球治理新工具，技术创新背后所蕴含的政治理念、政治方向和政治共识，是推动全球治理的重要保障。

（六）规则共识成为获取制度利益的重要手段

技术创新的主动权实质上是规则的制定权，一项国际规则的制定与明确必然对相关领域技术创新提出新的要求，甚至会对后来者起到限制的作用。以世界著名的三大技术文献检索系统 SCI（科学引文索引）、EI（工程索引）、ISTP（技术会议录索引）为例，这三大索引以先发国家的技术期刊及会议为主，是国际公认的进行科学统计与科学评价的主要检索工具，其中以 SCI 最为重要。正是依托这样的技术成果评价规则，使得索引内的期刊及会议能够在第一时间获得各国一流科研机构大量最新的技术创新动态及重要成果，进而获得最新的技术创新资源。可见，建立和倡导形成规则共识既是影响技术创新的最大因素，也是技术创新影响全球治理格局的重要载体，更是获取制度产业和制度利益的重要手段。

综上，技术创新正通过技术共识的基础作用，唤起各国对技术创新形成新的责任共识和原则共识，通过利益共识和政治共识的争夺与博弈，最终使各国在国际规则制定权、话语权上角力竞争，从而加强对全球治理格局调整的影响。

二、中国在运用技术创新治理工具方面存在的主要问题

（一）政府对技术创新能力培育的资源倾斜力度不足尚未得到根本性改变，导致对技术创新工具的认识不足

近年来，中国研发资金增速加快，但是在总量上与美国、欧盟、日本等相比，仍有明显差距。2017 年，中国研发经费投入占 GDP 总额的 2.12%，投入总量为 17500 亿元人民币（约 2573 亿美元），基础研究经费为 920 亿元人民币（约 135 亿美元），占研发经费的比重为 5.3%。而美国 2016 年总体研发投入占 GDP 的比重已达 2.8%，总量在 5100 亿美元以上，研发投入总量相当于中国的 2 倍以上，基础研究投入占总研发投入的比重高达 19%，显著高于中国基础研究投资。同时，欧盟委员会科学与知识服务机构联合研究中心（JRC）发布的"2018 欧盟工业研发投资记分板"，入选了全球研发资金投入最多的 2500 强企业，研发资金投入合计达到了 7364 亿欧元。其中，中国共有 438 家公司入选，比美国少 340 家，比欧盟少 139 家，比日本多 99 家公司，研发资金占比只有总投入的 10%。研发资金投入相对不足，导致技术创新能力在国际横向比较中的差距明显，进而影响了对技术创新作为全球治理新工具的认识不足。

（二）技术创新全球资源配置面临的限制日益突出，尚不会娴熟使用技术创新这一治理新工具

当前，中国通过在境外研发中心获得的创新技术回国路径中断，新兴技术进口也难以实现。在境外设立研发中心，是企业主动"走出去"参与全球技术资源配置的主要方式。但是，近年来，中国大型技术企业

通过在境外设立的研发中心获得的创新技术，受到所在国越来越严格的知识产权保护与审查，严重制约了创新技术的回国应用，在一定程度上使得中国对国际技术创新资源配置的乏力。与此同时，国外一些国家企图减缓并阻碍中国在新兴技术方面的进步，长期对中国实行高技术产品出口限制，且其力度与规模有加大趋势。这些都增加了中国在全球配置技术资源的压力和成本，使得目前仍有一些关键领域核心技术受制于人，已成为中国传统产业转型升级、新兴产业培育发展的短板和软肋。因此，中国在技术创新全球资源配置能力远远不足，导致了对技术创新作为全球治理新工具的使用程度不高。

（三）中国直接掌握的技术创新国际化政策工具还不够多，导致对技术创新工具的运用效果不佳

根据国际组织协会联盟（Union of International Associations，UIA）《国际组织数据库》公布的 2017 年、2018 年数据，全球国际组织机构已发展到 69340 个，其中包括 3000 多个重要的技术组织。美国、英国、比利时、法国、瑞士这些国家国际组织总部的数量都远远超过中国。美国国际组织总部的数量是中国的 10 倍多。国际组织总部是这个组织的治理中心，国际组织在一国设立总部的数量，体现了这个国家在国际治理中的地位和影响力。近年来，中国坚持以全球视野谋划和推动技术创新，全方位加强国际技术创新合作，牵头和参与国际性的大科学和大工程，积极主动融入全球技术创新网络。由中国主导的 500 米口径球面射电望远镜、全超导托卡马克核聚变装置等重大科研项目已经成为知名的国际科研合作平台，吸引了许多国际一流专家参与其中。同时，据不完全统计，中国科学院有 50 多位院士在 70 多个国际技术组织中担任主席、副主席、理事等重要职务，这对中国充分利用国际技术组织资源，加快

推进技术创新起到了积极作用。但是，总体上看，中国面向国际的技术创新合作仍是以单一项目为主，在国际技术组织中的话语权和影响力还有待进一步加强，特别是缺乏由中国主导或作为原始成员的国际性技术创新会议和组织等国际化的政策工具，这在一定程度上限制了中国更好整合和利用国际优质技术创新资源的能力。

三、关于抢抓技术创新成为全球治理新工具重要机遇的对策建议

中国是新兴市场国家和发展中国家的代表，作为全球第二大经济体，中国正前所未有地走近世界舞台中心，国际地位和影响与日俱增。积极参与全球治理，推动全球治理体系变革，是中国的必然选择。因此，顺应技术创新成为全球治理新工具的趋势，推进全球治理格局的完善和调整。

一是建议打破"局域网"思维，提高治理能力，构建全域全天候开放视野。数字取代石油成为新能源之后，信息流和数字流的网联成为国际资源配置的关键。从信息交流和资源利用的角度看，"局域网"就是封闭网、"死亡网"。当今世界是一个互联互通的全天候无时限无域限的大热网，没有一个国家能够在"局域网"内得到充分发展，特别是技术创新越来越依靠国际零星闪烁捕捉型合作、国际资源和国际平台实现关键性突破。因此，推进技术创新，参与和引领全球治理，必须打破"局域网"思维和布局，坚持用更加开放的姿态推动技术创新，坚持把提升技术创新能力与全面提高治理能力有机结合起来，利用最新最前端的信息技术创新，构建全域全天候开放科研创新格局。

二是建议主动出击，改变悬赏式政策，下好先手棋，充分利用股权参与全球配置资源，为中国技术创新有效拓展空间和资源。当前，国家主权股权化现象日益明显，外资持股境内公司的影响已经超出了经济领域内，并成为影响国家经济主权安全的重要因素。因此，随着中国大型企业在海外项目投资、设立研发中心的加快，国际合作交流的广泛与深入，依托现有大型企业、海外研发中心，应充分利用股权，在全球范围主动寻找和遴选具有潜力的技术创新公司，注入技术研发启动或发展资金，分享企业原始股权，抢占源头创新的有利优势，是中国在全球配置技术创新资源急需思考和布局的前瞻性工作。

三是建议把全球可持续技术创新大会作为中国政府主导的新时代引领全球技术创新的政策工具。2018 年 11 月 28—30 日，全球可持续科技和创新会议（Global Sustainable Technology & Innovation Conference，以下简称"G-STIC 会议"）在比利时布鲁塞尔召开，主题为"可持续发展目标的技术解决方案"，目的在于加速技术创新的开发、传播和部署，以推动实现联合国"2030 年可持续发展议程"的 17 项可持续发展目标（SDGs）。会议由联合国经济社会事务部、世界银行、贸发会议和教科文组织等组织，各国和国际组织 1400 多名代表从促进可持续粮食系统的生态农业、循环经济、教育、能源积极社区、地理空间数据、健康、废水资源开发等专题进行了研讨。G-STIC 会议是目前全球可持续发展领域内重要的综合性技术创新主题会议，其规模和影响力在逐步提升，且有从会议向实体组织演化的趋势，借助这一国际会议，能够成为中国获取最新技术创新咨询、了解世界技术创新最新动态的有力平台，加快推进中国参与全球技术创新资源的配置。条件成熟可以引进和承办该会议，展示中国政府在落实"2030 年可持续发展议程"方面的成果，积极推介可持续发展的中国路径、中国方案，进一步增强"生态文明建设"

的国际影响力。把握该会议向国际组织演化的重要趋势，争取成为该会议组织的原始创始者或主要发起者，升级成为中国新时代参与全球治理的政策工具，增强和突出中国在可持续发展技术创新方面的规则制定权和话语权。

美国出台新双管制，疫后中国战略再定位

当今世界与 20 世纪初惊人地相似，守成大国和新兴大国之间发生对抗，出现了高度依存的国家之间动用关税威胁，争夺标准制定、技术、金融、基础设施投资的优势地位。新冠肺炎疫情对中美两国的关系将产生深远影响：各国政策内顾倾向加重，自给自足呼声上升，全球产业链的供应链被打破，民粹主义者和民族主义者领导人"甩锅"言论增加，全球合作的架构行将被撕裂，疫情后的世界或将面临更少的合作与开放性，依赖机构合作的世界也将变得更为脆弱。

一、美国对中国实施"紧箍咒"战略

2020 年 5 月 14 日，特朗普政府对中国发出了迄今为止最强烈切断对华关系的威胁，美国出台新的出口和投资管制法案，在高技术领域等多个方面对中国进行遏制和封锁。

（一）美国修改出口管理条例并出台外国投资审查新法案

近期美国开始实施修改后的《出口管理条例》，同时通过了《外国投资风险审查现代化法案》，这像两把"紧箍咒"对中国进行投资和出口双管制。在此基础上，5月19日，白宫制定了一份新的对华战略报告《美国对中国的战略方针》。5月21日，美国参议院通过了《外国公司问责法案》，试图让所有中概股在3年内被强制退市。可谓对中国的封锁、脱钩无所不用其极。

美国商务部产业安全局出台的三项新规则，对《出口管理条例》的一些条款进行了改动，其中有两项变化是针对中国军民融合的政策而加紧对中国出口的管制，还有一项是针对华为以及相关公司的。第一个重大变化是《出口管理条例》新规定，如果某些受《出口管理条例》管辖的产品出口到中国用于"军事最终用途"，出口方必须申请出口许可。对于此类申请，商务部会依据"推定拒绝"的政策，原则上不予批准。具体来说，如果军用武器和航空航天类产品出口用于"军事最终用途"的，或者出口方知道或被告知其某些电子类、化学类、材料加工类产品出口被用于"军事最终用途"的，那么这些出口通常是被禁止的。新规定对这一条款的改动主要包括三个方面：首先，新规定扩大了受管辖产品的范围。原本这一规定仅仅适用于某些电子类、化学类、材料加工类产品，以及军火武器和航空航天类产品。新规定将适用范围扩大，增加了更多半导体设备、材料加工、电子通信、信息安全、传感器和激光器以及推进器项下的产品，大大增加了出口管制的范围。其次，新规定扩大了"军事最终用途"的定义。之前的法条规定，"军事最终用途"包括对军用品的使用、开发和生产。新规定则将其扩展到"为军用品的运行、安装、维护、修理、检修、翻新、开发或生产提供支持或协助的产品"，进一步拓宽了美国出口管制的范围。最后，根据新规定，如果产品是出口至中国"军用最终用户"，或者有被中国"军用最终用户"获取的风险，那么这些出口也会受到美国的出口管制。

第二个重大变化在于新规定取消了一系列国家享受的民用最终用户的许可例外，换句话说，即便这些产品是出口给中国的民用最终用户，用于民用用途，出口方现在也需要获得出口许可后方能出口产品。之前，很多出口至中国的半导体生产设备、计算机、通信设备、声学和光学设备及材料、船舶系统和民用飞机发动机生产设备都可以享受许可例外的待遇。现在取消了这些例外待遇后，这些产品的出口方将需申请出口许可，获得批准后方能出口至中国。

第三个重大变化是新规定特别针对列入实体清单及其相关的企业，扩大了"外国直接产品规定"的适用范围。根据新规定，如果华为或者其被列入"实体清单"的相关企业（包括海思）使用美国管制的软件和技术来直接生产半导体设计等产品，或者海外公司利用美国的生产设备来生产华为及相关企业（包括海思）设计的产品（包括芯片），那么这些产品都需要获得商务部产业安全局的出口许可后，才能进行再出口，或者从国外出口，或者在中国境内转移。自从华为及114个相关企业被列入美国的"实体清单"后，华为已经开始致力于研发创建一条国内的供应链。然而，华为和海思对外国厂商，比如高通、威讯、思佳讯，还存在一定程度的依赖。相对于前两条规定，这条新规定则更加有针对性，主要是为了填补现有法律关于出口限制的漏洞，进一步限制华为和海思对美国软件和技术的依赖。

（二）美国对中国实施新限制

一是对关键技术进行限制，2020年5月23日，美国商务部宣布，

33 家总部位于中国和开曼群岛的企业及机构被列入"实体清单"，名单包括奇虎 360、云从科技、云天励飞、达闼科技、东方网力及其子公司深网视界等科技企业，以及北京计算机科学研究中心、哈尔滨工业大学、哈尔滨工程大学等高校及研究机构。美国商务部认为，其在支持采购用于中国军事最终用途的项目方面存在重大风险。中美矛盾从经贸领域展开到了科技领域。美国针对华为等中国高科技企业发起的制裁及一系列技术保护主义措施，严重破坏了全球开放、合作的技术创新生态，在全球新工业革命背景下，将会损害经济增长新动能的培育。

二是对产业和供应链的限制，有可能形成几个贸易圈。美国挑起和升级的经贸摩擦，将会迫使一些企业不得不对自己的全球供应链和产业链进行调整，这种调整形成了对现有的高效全球供应链和产业链的破坏，必然会损失全球经济效率。例如，新限制将进一步冲击华为的海外芯片供应链，会对半导体产业链产生影响。

三是对人才的限制，对留学生尤其理工科专业学生进行限制，而非传统的情报人员、访问学者等。试图以此阻止中国公民在美国大学和研究机构从事敏感研究，防止获取机密。大幅扩充与在美国企业或大学从事涉及军事或情报工作的中国科研人员有关的规定等。限制人员和信息的自由流动。

四是对科研基础条件的限制，限制科技资源的公开和共享。现代科学技术的迅猛发展以及未来面临的复杂性和艰巨性，对科研基础设施提出了新的要求海量科学数据、先进科学仪器以及大科学装置等，是确保科学前沿优势、提高科研创新能力的基础。能源部、航空航天局等数据库、科研分析仪器等关闭，无法进行数据信息比对。

五是限制中国对美国敏感领域投资。美国收紧中国对美国科技企业的投资反映出特朗普政府担心美国的尖端技术被中国获取并应用于军事领域。

二、新型全球化浪潮中的中国战略再定位

　　人类再次来到新一轮的全球化新起点，世界在新技术的冲击下将发生根本性的变革：从平面冲突的零和博弈的国与国之间竞争转向共商共享共赢的包容性发展；从民族国家为主体的水平对抗转向以文明圈为主体的立体融合；从以宗教规则为行为指南的法制基础转向以世俗利益为行为指南的法制基础；从由多元对立为主流的世界转向由多元一体为主流的世界；从以国家利益为诉求的平面对抗转向以全人类利益为诉求的立体管控。2020 年，一场突如其来的疫情打乱了全球化的步调，许多国家纷纷按下"暂停"键，以减缓这场疫情带来的伤害。中美关系已在相当长一段时间内持续螺旋下滑，彼此信任快速消耗，共同利益基础不断削弱，互利合作逐渐松弛，甚至侵蚀到多年来有力支撑两国关系的社会和民意基础。中国要更加主动地应对美国的战略调整。

（一）把新冠肺炎疫情的全球防控转化为中美战略再定位的新窗口

　　在构建人类命运共同体的旗帜下，将外汇储备中的 100 亿美元（分五年投入，每年 20 亿美元）设立由中国主导的国际公共卫生应急基金，旨在建立全球性的包容、有韧性和可持续的卫生健康系统，当务之急是在全球范围内遏制新冠病毒的蔓延，战胜新冠肺炎疫情，同时提升全球应对突发性新型传染病的能力，为全人类提供健康和福祉，谨防下一次

类似事件的发生。重在开发疫苗。新冠疫苗是遏制疫情的重要工具，新冠疫苗研发需要更多国际合作，中国企业已经积极参与建设全球疫苗产业链，如上海复星医药集团与德国生物新技术公司（BioNTech）达成合作意向，将共同推进生物新技术公司开发 mRNA 新冠疫苗在中国的临床试验及后续商业化。推进中药标准化国际化。疫情发生以来，中医药在医疗救治中发挥的作用颇为亮眼。中医药标准化是中医药事业发展的重要组成部分，应在政府主导下，由行业同人共同努力，以促进中医药事业的发展和推广，使其更加规范化、现代化、标准化。

（二）以人类命运共同体建构世界新格局

应对新冠病毒引发的全球公共卫生危机，亟须践行人类命运共同体所要求的团结合作精神。应对抗疫过程中的全球治理危机，亟须强化人类命运共同体所允诺的国际责任意识。此次全球新冠肺炎疫情，是对世界各国尤其是大国责任的一次考验。在这次考验中，中国在以超强的国家治理能力基本控制住国内疫情后，本着对世界人民生命健康负责的态度，立即尽己所能向 100 多个国家和地区以及相关国际组织提供了紧急物资援助，并通过各种形式分享疫情防控经验，展现出强烈的大国责任意识，体现了负责任的大国担当，践行了构建人类命运共同体的庄严承诺。

面对全球疫情，有的国家国内疫情失控，却频频推责、表现不佳，将更多精力用于"甩锅"推责，并以世界卫生组织未尽责任为由对其"断供"。这些行为造成严重的全球治理问题，扰乱了国际抗疫大局，给疫后国际秩序带来动荡失序的风险。为推动全球治理体系和治理能力向着更完善的方向发展，各国应尽快加入并信守人类命运共同体承诺，勇于担负起共同抗疫的神圣责任。

（三）深化改革开放，谨防逆全球化倾向

在全球共同抗疫的当下，美国一些政客在"经济民族主义"支持下，借疫情炒作"经济脱钩"，鼓噪产业链转移，甚至怂恿人为切断全球产业链供应链，妄图将全球化进程拉到重新选择的十字路口。美国政客这种开历史倒车的行为，反映了他们"零和博弈"的思维方式。这种思维方式不但陈旧而且错误。只要世界上还存在一个疫情仍未被彻底消除的国家，那么，其他国家都会受到病毒传播的威胁。今天，全球化条件下的各国贸易依存度之高、产业链融合程度之深，使得"脱钩"难以实现。为了保障中美和世界各国共同利益，各国应共同抵制反全球化的歪风逆流，旗帜鲜明地在全球抗疫斗争中弘扬互利共赢的人类命运共同体理念。

危机意味着危险，也昭示着解除危险的机遇和道路。面对此次全球新冠肺炎疫情导致的多重危机，单打独斗、零和思维、推卸责任，想尽办法退回到人类孤岛状态，必定没有出路；团结合作、互利共赢、勇于承担，积极构建人类命运共同体才是光明大道。

（四）中美关系成为当今世界稳定发展的压舱石

中美两国合则两利、斗则俱伤，不仅关系两国人民的利益，而且关系到世界，所以一些问题发生后引起世界的担忧。摒弃冷战思维。关于所谓脱钩，可以说两个主要经济体脱钩，对谁都没有好处，也会伤害世界。我们应该按照两国元首达成的重要共识，推动建立以协调、合作、稳定为基调的中美关系。中美两国经济可以说是你中有我、我中有你，一路走来很不容易，但双方都从中获益。中美之间的商贸合作应该遵循商业规则，由市场来选择，由企业家判断、拍板，政府起到搭平台的作用。

（五）以时间换空间，重启中美贸易谈判

全球贸易谈判，本质上的目标都是零关税、零补贴、零非关税壁垒，"三零对中国是有利的"。以产业链全球一体化为特征的国际贸易模式要求国际贸易规则也发生相应变革。中国应积极主动以"三零"（零关税、零补贴、零非关税壁垒）为旗标重启中美贸易谈判，用时间换战略空间，遏制美国由反恐向大国对抗的战略转型。从后来美方公开的协议版本来看，美国事实上追求的东西，乃是"零关税＋零非关税壁垒＋零补贴"的三零模式，在全球产业链背景下，中间品贸易壁垒会产生累积效应，极大地提高贸易成本。中间品要多次跨境贸易，即使关税和非关税壁垒很低，其贸易保护程度也会被放大。40多年来，世界贸易的格局发生了变化，国际贸易的产品结构，发生了根本性的变化。中国如实施"零关税、零非关税壁垒、零补贴"，将为世界强国奠定基础。由于产品交易、贸易格局的这种变化，生产这种产品的企业的组织、管理方式也发生深刻的变化。现在看世界的制造业，主要看产业链的集群、供应链的纽带、价值链的枢纽。谁控制着这个集群，谁是这个纽带的核心，谁是这个价值链的枢纽，谁就是龙头。谁如果控制产业链，谁其实就是在给出行业标准，就是龙头。由于世界贸易格局特征的变化，由于跨国公司管理世界级产品的管理模式的变化，也就是"三链"这种特征性的发展，引出了世界贸易新格局中的一个新的国际贸易规则制度的变化，就是"三零"原则的提出。中国做好"三零"，等于第二次入世。

零关税的时候增加了进口量，使得我们跟国际上的贸易摩擦也会减少；零非关税壁垒，就是要讲营商环境的国际化，要讲市场的开放。零补贴，推动结构调整，补贴会扭曲市场充分竞争，加大产业结构调整的难度。

打造新亚洲共同体，引领中华民族全面复兴

21 世纪，区域经济加速一体化赫然成为引领世界经济振兴的主驱动轮。北美自由贸易区的持续繁荣、欧盟经济的震荡和再融合彰显区域一体化进程不仅不会止步反而会加速融合，中国能否领导此次亚洲的一体化进程，活跃亚洲国家经济交流和融合、实现共赢将决定中国未来在世界上的地位。亚洲进入了新纪元。在新的科学革命和新的技术革命联袂突破的关键时期，如何推动亚洲在贸易、技术和资本流动中汲取全球化红利，促使世界重心从大西洋向太平洋转移，并保持亚洲在全球经济中的竞争力至关重要，新时期，随着中国国家能力的日益凸显，国家竞争力、创新力、创业力、政府治理能力和社会活力的迸发，勇于敢于并能够成为亚洲区域的领导核心将是中国对人类历史的最大担当。善于创造亚洲人的新亚洲，关键在于以中国为核心，充分把握国际国内条件的变化，一方面，深化国内改革，锻造中国全面崛起的重要抓手；另一方面，加强区域合作，深化与俄罗斯、东亚、东南亚、南亚的合作，无缝对接全球化、现代化、知识化发展机遇，担负历史使命，同时为构筑世

界一流强国奠定坚实基础。

一、世界战略交汇重塑亚洲国际地位

当前，全球经济、国际政治和世界科学在世纪之交几乎同时进入新的周期，即经济进入第五经济长波，政治进入第六霸权周期，科学进入第七发展高峰周期。世界由此进入全面洗牌和制度重塑的关键时期，也是旧格局消弭、新格局孕育的重要战略机遇期。历史经验多次表明，后发国家赶超先发国家，实现由追随发展向内涵式发展转型的关键在于把握战略机遇。欧洲把握住了第一次与第二次工业革命的契机，率先从农业国向工业国转型，从后发国家中迅速崛起，成长为世界经济的中心；美国引领第三次工业革命，驱动经济社会立体发展，重塑全球利益格局，保持全球霸权地位。今天，百年一遇、千年难求的战略机遇摆在了亚洲面前，妥善应对和化解目前所面临的各种复杂的挑战，赢得在国际事务上的主动权是把握战略机遇期的核心要义。把握世界战略交汇给亚洲带来的历史机遇，重塑国际经济政治社会新格局，建设国际新秩序，引擎世界经济再升级。

从全球整体来看，美国金融危机与欧洲债务危机持续发酵与"去全球化"导致经济全球化进程再次处于十字路口。首先，当前金融、经济危机导致世界贸易和跨国投资出现了严重下滑。一些国家以邻为壑，采取了各种形式的贸易和投资保护主义措施，进一步恶化了形势，对全球化构成了挑战。尤其对于以出口导向为发展模式的亚洲新兴经济体来说，以贸易保护主义为主要特征的"去全球化"使亚洲增长问题"雪上加霜"。其次，危机蔓延，特别是一些大国对危机的操纵，严重打击了世界对全球化的信心，影响了彼此互信。与此同时，全球化与国际金融危机加剧了国家间的竞争，世界主要国家均在积极谋求国际竞争力的提升。在此基础上，治理全球经济危机与失衡，改革国际秩序，建立适应全球化发展的全球治理，是事关全球化能否继续，成为国际社会的共识。能否建立公平、公正、包容、有序的新秩序的关键在于亚洲主动抓住战略机遇，创造经营战略机遇，获取全球制度红利、发展红利。

从亚洲内部来看，亚洲区域合作潜力巨大。以美国为首的先发国家"去杠杆化"，刺激亚洲新兴经济体强化合作意愿。在这一进程中，美国的储蓄率上升，消费下降，使得高度依赖美欧市场的亚洲新兴市场国家的出口大幅下滑，对它们的实体经济产生了重大影响。这次国际金融危机对亚洲新兴经济体经济增长速度的冲击很大，多数国家经济增速下降2—5个百分点。"去杠杆化"凸显亚洲区域合作的重要性、迫切性。亚洲新兴经济体之间加强区域合作，不仅有利于短期内应对危机，更有利于区域内成员间的团结合作，降低外部风险造成的影响，提高应对危机的能力。

亚洲经济与先发国家经济高度相对称：先发国家的经济是虚拟经济、负储蓄率；亚洲经济是以制造业为主的实体经济，而且高储蓄率。彼此互补，形成全球循环体系。在金融危机背景下，先发国家市场出现了问题，导致这一循环中断，并造成全球经济失衡。治理全球失衡，率先实现亚洲经济体复苏的关键是构建区域内经济循环体系。当前，亚洲经济差异性大，互补性强的特征，对于形成区域内分工模式与形成区域内经济循环具有重要的有利条件。以中国为例，中国国内市场需求的扩大能够进一步吸纳亚洲新兴经济体的出口；中国通过参与亚洲新兴经济体的基础设施建设及装备输出，将为亚洲地区的经济增长作出新的贡献。

总之，在经济全球化不断深化的时期，亚洲迎来的新一轮的战略机遇期。全息式把握亚洲发展机遇，将亚洲的命运牢牢地掌握在亚洲人自己手里，创造新制度，塑造新亚洲，获取制度红利与现实生产力，推动亚洲全面崛起。唯有如此，亚洲国家才能共同应对经济全球化给亚洲带来的巨大风险，亚洲经济才能不被其他国家经济的起落所左右，亚洲才能与世界共轭发展共繁荣。

二、亚洲格局全面洗牌彰显中国机遇

发挥亚洲在世界经济复苏、重塑世界经济政治利益格局与重新分配全球财富的作用关键在于深化区域合作，推进亚洲区域一体化进程。亚洲区域合作深化不仅是实现经济上的互补，政治利益的诉求，而且更需要核心地位的国家来领导。2011 年，中国超过日本成为全球第二大经济体，在亚洲区域合作中，逐渐具备思想基础、财力基础和制度基础，因势利导推进与深化区域合作，彰显中国亚洲领导地位与力量，推动亚洲全面复兴与崛起。

亚洲经济发展的奇迹来自对经济全球化的正确应对以及区域合作与联系。全球化战略交汇给亚洲发展带来新的机遇下，亟待亚洲加强区域合作。中国与亚洲各国合作是构建亚洲领导地位，实现亚洲崛起的必然选择。中国领导下的亚洲崛起路径，不仅席卷整个亚洲一体化进程和改变着各国发展格局，而且决定各国未来命运。首先，中国领导亚洲崛起有利于形成一种相互制约、竞争、合作、协调的相互关系，有利于力量的相对平衡和稳定，同时，也有利于各国在平等互利基础上的合作。亚洲的稳定不仅有利于中国国家战略目标的实现，而且也有利于中国国际地位的提高。中国在推进多极化的趋势中，将最大限度地抵消消极因素，最大限度地利用积极因素，以实现外交战略目标，提高国际地位。其次，中国领导下的亚洲崛起有利于亚洲各国应该不断增强"亚洲意识"。过去的亚洲，曾被文化、语言、政治观念、宗教信仰和地理环境所割裂，而当代亚洲依靠政治、经济、文化的联系，特别是依靠发达的通信交往和人口流动，比以往任何时候都显得更像是一个紧密的整体。在亚洲内部日益相互依存的今天，比以往任何时候都更加强烈地意识到，亚洲的发展应当掌握在自己亚洲人自己手中，以亚洲共同意识，创造亚洲历史，开创亚洲新时代。

三、国家能力是担负亚洲崛起重要载体

亚洲崛起需要核心国家领导。以儒家为核心的亚洲文明，中国在亚洲秩序重建过程中具有不可替代的领导作用。肩负亚洲崛起的重任不仅需要牢牢把握自己发展的主动权，更需要国家能力的支撑。内外兼修，增强国家认同以及亚洲意识，为建设一个和谐、繁荣、可持续和有创造力的亚洲奠定坚实基础。

国际竞争从军事战争、经济战争、货币战争向制度战争转型，未来国家竞争是基于国家单元的个人之间的竞争，具体体现为国家的竞争力、创新力、创业力、政府治理能力和社会活力五个方面。第一，竞争力是把握与延长战略机遇的基石。当前，世界主要国家均在积极谋求国际竞争力的提升。在第三次科学革命与第四次技术革命混合到来之际，捕捉新一轮技术成为提升国家竞争力，实现追随发展向内涵式发展转型的重要抓手。以此为契机，培育生产财富的能力，即建立

与当代科技发展相适应的科技创新体制，以科技制度创新带动科技创新，实施高端引领、重点跨越、规模竞争、多层合作、国家营销、内外互动、制度创新，为全面增强科学技术国际竞争力，增强中国的国家竞争力，提供制度保证。第二，创新力是支撑国家持续跃升新台阶的主引擎。随着知识经济时代的来临，技术、技能、创意取代消费、投资、出口成为经济发展的三大驱动轮。增强创新力的关键在于提升产业创新速度，从自主标准、自主知识产权、自主设计、自主集成制造、自主品牌、自有渠道、自控资源、自创模式，加快产业横向融合与产业纵向升级速度，构造产业升级普遍服务体系，占领产业链高端，实现产业链、价值链、知识链高端突围。第三，创业力是国家创新、创富、创业、创造、创意力的综合集成，具体体现在财富的创造、价值的创造、变革的创造和创新的创造。中小企业是创业力的重要载体，营造创业文化，优化创业政策支撑体系，顶层设计以创业带动就业的发展布局，谋划经济社会转型。第四，政府治理能力是转变政府职能，深化行政体制改革，创新政府治理方式，增强政府公信力和执行力，建设透明法治政府、服务型政府和有限政府的重要支撑。政府作为制度的提供者，正在成为汲取制度红利、全球化红利与夺取新一轮国际竞争战略制高点的重要基础。在全球大融合的趋势下，把握亚洲融合发展的历史机遇，凝聚政府改革动力，深化政府参与亚洲区域合作，构筑核心竞争力，加快亚洲一体化、现代化进程。第五，社会活力是让一切劳动、知识、技术、管理、资本的活力竞相迸发，让一切创造社会财富的源泉充分涌流的内在机制。随着社会壮大，个体取代国家、公司成为社会的基本单元，个人潜能激发以及资源的优化配置成为催化社会繁荣与催生制度红利的源泉。

把握国家战略定位的关键在于牢牢掌握发展的主动权。捕捉创富机会、商业模式创新、产业联盟、金融催化、国际网联和高效透明政府成为实现大国崛起的重要抓手。第一，捕捉创富机会。全球进入了以信息技术、纳米技术、生物技术和认知科学为代表的第三次科学革命和第四次技术革命联动非线性突破的关键时期，将全面引爆新一轮产业革命，创造新一轮经济繁荣和社会大变革。大学成为创新创富的主要源泉。在此背景下，捕捉创富机会的关键在于提升高校科技成果转化速度。打通科技成果转化链条，创新政策激励模式，加快技术扩散与国家创新体系构建。第二，商业模式创新。云物大智时代的来临，不仅推动技术的变革，而且将引爆财富革命和社会革命，推动商业市场的重新洗牌，使行业竞争门槛降低，市场竞争将在跨行业、跨领域、跨地域混合形式下展开，很多不可能都将成为可能，触发根本性的商业变革。与此同时，云物大智时代给中国带来了弯道超车的难得机遇。新技术应用下，生活、生产和思维方式正在发生很大改变，新的业务模式将层出不穷，直接推动中国转变经济发展方式，引领未来发展潮流，实现开放型增长。第三，组织产业联盟的能力。技术的进步和全球化的深入，企业间、行业间和产业间结成产业联盟实现集成创新成为提高国际竞争力的重要手段。产业联盟作为新的合作模式，通过市场主体的相互协作和资源整合寻求新的规模、标准、机能、定位及市场，确保和放大合作各方的优势，实现优势互补、开拓发展空间、实现跨越发展的重要手段。产业联盟超越了地区的限制，将密切关联的企业组成一个可持续发展的组织体系，降低了企业成本和风险，解决了产业中的共性问题，克服了不完全信息的约束，实现了持续创新的效应。第四，金融催化。创新金融服务是金融催化的核心，金融催化实现将产业的裂解、聚变，支撑产业的横向融合与纵向升级。推动本地金融服务离岸化，离岸金融服务本地化，加快实现投资自由、金融自由，支撑金融市场化发展和包容性增长，有助于将中国打造成世界级金融中心。第五，国际网联的能力。全球化3.0时代打破国家间的物理疆界，实现资源的自由流动，世界变得更加平坦。增加密度、减少分割和缩短距离成为不平衡发展与包容性增长的有效选择。在此发展趋势下，利用国际国内两种资源，整合高新技术和科技、高端人才、文化、信息、智力资源等优质资源，并将其提升到企业战略和国家战略的高度，通过资源整合建立多种创新平台，提高中国企业在国际分工中的地位，参与国际主流竞争，充分融入一体化的全球经济发展之中。第六，构建高效透明政府。政府作为制度的提供者，正在成为汲取制度红利、全球化红利与夺取新一轮国际竞争战略制高点的重要支撑。塑造精明强干政府成为后发国家实现由追随发展向内生发展转变的重要契机。在全球大融合的趋势下，把握全球融合历史机遇，凝聚政府改革动力，深化政府参与国际合作，推动政府治理转型，构筑核心竞争力，加快亚洲一体化、现代化进程驱动中国跨越式发展，为构筑世界一流强国提供重要支撑。

四、中国领导亚洲持续跃升的主要抓手

（一）以中国为主出资人成立亚洲基础设施投资银行（AIB）

AIB 的宗旨在于通过支持亚洲的私营部门发展，对本地区内的相互贸易和投资提供资金支持，同时致力于资本市场发展，促进本地区的经济融合与平衡发展。考虑到东亚地区各国经济互动趋势明显，财金合作已初步成形，合作意愿较强，协调难度相对较小，建议以东盟与中、日、韩为 AIB 创始成员国。如成立后运作良好，资金实力增强，也可借鉴欧洲投资银行（EIB）逐步扩大业务范围的做法，逐步吸收亚洲其

他国家参与或向亚洲其他地区投资，乃至最终扩大为面向全亚洲的投资银行。为避免来自域外的干扰，AIB 暂不吸纳域外成员主要面向私营部门，旗帜鲜明地以促进区域经济合作为中心任务，将是 AIB 区别于亚洲开发银行（ADB）和国际金融公司（IFC）的业务定位。重点以中长期贷款和股权投资为主，也提供担保和技术援助。优先支持与促进区域经济合作各项倡议直接相关的项目，例如，配合区内各项自由贸易区倡议的谈判和实施，为区内贸易提供融资；参与成员国之间的跨境投资项目或提供投资担保；为区内绩优企业发债提供担保；对金融机构、评级担保机构提供资金支持，促进金融体系完善和资本市场发展；承担或资助与区域合作相关的研究；等等。

（二）设立自由贸易区，联动中国周边经济圈

自由贸易区（Free Trade Area，FTA）是当今世界上最具活力的经济区域，是国家或地区为达到一定的经济目的、通过特殊的经济政策和手段而开辟的与其他地区隔离的特殊区域。建立自由贸易区是世界各国或地区为扩大国际贸易、无贸易限制地吸引国外资本，促进国家或地区经济发展而普遍采用的方式。据不完全统计，目前全球已有 1200 多个自由贸易区，其中 15 个发达国家设立了 425 个，占 35.4%；67 个发展中国家共设立 775 个，占 65.6%。美国是世界上建立自由贸易区最多的国家，已达 200 多个，并建设全球第一个网上自由贸易区。韩国为增强竞争力，把所有的出口自由区都改为自由贸易区。日本也在加紧制定自由贸易港区与经济特区的计划，冲绳、大阪、神户、横滨等城市都相继设立了金融特区、信息特区。按照国际惯例，在中国周边地区创建中国自由贸易区势在必行。

（三）开展"多币"自由兑换，建立亚元试水区

在周边自由贸易区内，试验人民币与日元、韩元等本币元可自由兑换，逐渐试水亚元，实现亚洲货币和货币政策一体化，消除货币兑换的交易成本。根据学者弗兰克尔（Frankel）通过实证分析得出的结论：全球用于外汇兑换的支出占全球贸易额的 6.5% 以上。近年中、日、韩贸易总额为 2667.8 亿美元左右，那么在实现货币一体化后，每年大约可以节约交易费用约 173 亿美元。如果考虑到削减交易成本后可以刺激区域内部的贸易发展，那么交易成本的节约将远远超过这个数字。构建货币自由兑换示范区，节约外汇储备，降低储备成本的收益。以欧盟为例，在组建欧元区之前，欧盟各国国际储备总和大约为 2600 亿欧元，欧洲中央银行成立后，只集中了 500 亿欧元的外汇储备，外汇储备的共同管理和使用带来了储备的规模经济。

（四）搭建产业创新支撑平台，建立产业融合示范区

产业创新支撑平台是链接产业创新系统各主体的枢纽，是产业创新系统的网络节点。在示范区内，构筑产业创新技术支撑平台，形成产业创新技术扩散核心地带，引领亚洲区域创新。产业创新系统在国家或区域创新体系中处于枢纽地位，构筑有活力的产业创新体系，有利于催生新兴战略性产业、加速改造传统产业，促进产业动态升级，跃升产业创新能力。建立融合示范区产业创新平台运行机制，打造示范区创新链，助推产业动态升级。平台的核心是由政府、企业、高校和科研机构等诸多科技创新主体在协同作用中构成的创新网络。在这个创新网络中起着关键作用的就是诸多创新主体之间的互动与协作而形成的创新链。加强平台内创新主体间的对话与合作。建立院校、企业间的资源协同网

络。基于科技创新能力的总体规划是将政策设计的着眼点从增加资源的投入转向对现有的资源运用能力进行整合，通过与科技创新活动相关的各种组织之间的协调，产生系统协同效应，从而提高整个平台的科技创新能力。开展多种形式的产学研合作，推动技术交流与合作完善区域创新链。

（五）建设区域合作对话机制总部，增加中国国际话语权

首先，在国家宏观层面上，充分利用现有的资源、条件、机构和平台，可以充分发挥并促进经济合作方面的作用和功能。举办亚洲首脑会议，首脑会议应是区域最高决策机构，每年举行一次，主要研究和商定亚洲区域经济合作的重大方针、政策、规划、项目和协调措施，为行业、企业和地区的合作创造条件。其次，协调建立亚洲次区域经贸合作机构或协调委员会，该机构可隶属于"亚洲区域经济合作首脑会议"，属于部长级层面。每年举行两次会议，形成定期会晤机制，主要是具体讨论并落实"亚洲区域经济合作首脑会议"所签署的框架合作意向，并负责具体实施，下设常设机构——秘书处负责日常事务。在这些常设机构、联席会议和工作小组的协调下，在物流、信息、金融、产权、人力资源以及贸易和交通运输等方面构建一体化平台，以最终实现整个区域的经济一体化。设立亚洲次区域经济开发与合作基金，成立基金管理委员会，隶属于亚洲次区域经济协调委员会。基金主要用于：联络处的运转费用；召开首脑会议和举办各类论坛的费用；重点建设项目的启动费用，并以此争取各国和区域外各种国际组织、国际金融机构的参与，开辟多种渠道，形成多元化资金流入机制。

当前，亚洲发展新机遇的重大转折，为世界政治、经济的平衡发展带来新的契机。国际战略交汇给亚洲带来了百年不遇的战略机遇期，也

给中国全面伟大复兴与构建世界一流强国带来新的历史机遇。亚洲振兴与崛起的命运掌握在亚洲人自己手里，中国作为领导亚洲崛起的唯一核心国，应把握发展契机，担负亚洲发展与复兴重任，全方位、多层次领域构筑利益共同体，深化亚洲内部合作，驱动共赢发展。当机遇再次来到中国与亚洲面前时，前途充满希望。在 21 世纪，中国不会让构筑世界一流强国与亚洲更加繁荣昌盛的机会从自己身边溜走。

中国新技术产业化的成绩、问题与对策

党的十八大以来，以习近平同志为核心的党中央提出高质量发展的战略路线，强调要通过科技创新提高社会生产力和综合国力，进而实现第二个百年奋斗目标。所谓高质量发展，指的是以技术创新为支撑，以人的全面解放为基准，以制度、法律和政策体系创新为保障，不断提升产业结构竞争力、利益结构竞争力、区域结构竞争力、制度结构竞争力、伦理结构竞争力所催生的社会能力的内涵式中高速绿色、循环可持续增长模式①。这一模式高度依赖科技创新，不仅体现在原始创新的能力，产业化的水平也是重中之重，特别是在当前国际贸易正向霸权主义迈进的背景下，谁占据了高端产业链的部分，谁就掌握谈判话语权。因此，破除高新技术产业化过程中的体制机制性障碍，营造有力的产业化环境，再配合中国超过规模市场的先天优势，就有望在未来将中国打造

---

① 　许正中：《培育科学家阶层，提升中国国际战略引领力》，2019 年 9 月 17 日，见 http://hhht.news.163.com/19/0917/11/ED9ABMRC041399QK.html。

成一个真正的创新驱动型国家。

一、中国科技产业化取得的成绩

21世纪，新技术产业化模式的较量成为各个国家关注的焦点，新的创业模式不断涌现，技术进步明显加快，有些技术的出现与普及只需要短短几年甚至几个月，从经济意义上看，技术成果的产业化才是推动经济体高质量增长的重点和核心环节，并产生著名的"帆船效应"。大学已经或者将逐步取代工厂成为财富的主要来源，也就是说很多传统大学进行着创新创业的巨变和转型。创富主体也发生根本的转移，最初的创富主体是国家，其次是企业，现在再次转型为依赖于个人，因为个人的自由组合成为生产力体系的基础形式。技术资本、人力资本和金融资本这三类资本在微观层面充分组合，驱使资源的配置、群体的分化重组加速。整个人类发展的模式从百年老店到创新制胜。历史昭告我们，现在社会主流的核心是创新，唯有创新才能生存。

（一）科技创新再创佳绩，引领产业创新方向

抢占未来产业制高点是新时代中国梦的主要标志和重点内容。"十三五"期间，针对颠覆性、引领性的产业变革方向，我们在全国布局建设了多达20个国家创新中心。2019年，关键共性技术、前沿引领技术、现代工程技术、颠覆性技术创新，促进科技成果转化，育成新产业、培育新动能，军民科技协同创新，再创佳绩，涌现出一批具备世界领先水平的创新科研成果。如在月球背面成功着陆的"嫦娥四号"探测器、代表航天硬实力的"长征五号"遥三运载火箭在西昌发射基地成功

升空发射，以及诸如机械装备制造、电子通信技术、飞机制造等重要领域及行业，都是历年科技研发积累所结出的优秀成果，大幅提高了经济社会效益。此外，针对重大共性需求的相关领域，如集成电路、智能传感器、信息光电等，我们通过政府引导、市场推动的形式，以重点领域关键共性技术研发为核心定位，解决了从技术突破到产业化之间的"死亡之谷"问题；再有，我们通过对高端装备制造的持续性的研发投入和创新发展，已经成为世界第一的智能制造国家，涌现出大量如机器人、新能源汽车等重点领域的创新成果。

（二）研发投入不断提升，国家创新能力稳步加强

中国研发投入不断扩大，2019 年支出占 GDP 比重达到 2.2%，连续 6 年超过欧盟 15 国的平均水平。此外，为引导社会资本投向创新成果转化领域，国家科技成果转化引导基金累计设立 21 支投资子基金，资金规模达到 313 亿元人民币（截至 2019 年 1 月）[1]，极大激发了民间资本投资高新技术领域的热情。高研发投入带来的是创新指标的巨大提升。2014 年以后，中国一直位于全球创新指数排名前 30 位，2016 年更是成为第一个跻身全球创新指数 25 强的中等收入经济体，到 2019 年，中国排名又较上一年提升 3 位到世界第 14 位，连续四年保持上升态势，牢牢占据世界领先创新国家中的一席。[2]

---

[1] 盛来运：《经济运行稳中有进，转型发展再展新篇——〈2018 年统计公报〉评读》，2019 年 2 月 28 日，见 http://www.stats.gov.cn/tjsj/sjjd/201902/t20190228_1651270.html。

[2] 《全球创新指数 2019：中国排名再创新高中国连续第四年保持上升势头，排在第 14 位，较去年上升 3 个位次》，2019 年 7 月 25 日，见 http://www.gangaonet.com/zhusanjiao/2019/0725/118216.html。

（三）国际科技合作全方位深化

党的十八大以来，在"一带一路"建设的倡议之下，我们全面加强了与沿线国家和地区在科技创新领域上的合作，并取得了有效成果，如联合发布"创新之路"合作倡议，增加了区域国家在开放创新发展、合作共赢方面的共识。中国政府举办的国际科学技术合作奖影响力愈加深远，2019年参评人数、获奖人数及国别分布再创新高，获奖人员既有来自俄罗斯、巴基斯坦等国，也有来自美、英等欧美发达国家，相关合作的领域也遍布广泛，既有物、化、生等基础研究方面，也有全球气候变化、污染防治、疾病防控等关系全球民生的热点领域。①

（四）战略性新兴产业发展迅猛，产业发展不断取得突破

时下处于技术成果"蜂聚"时代，技术产业化的首要环节是对不同层次的技术成果进行选择，这是关系到企业技术产业化成败的关键②。2019年，中国战略性新兴产业发展势头强劲。一是新一代信息技术产业作为战略性新兴产业中规模最大、创新最密集的产业领域，实现了较快增长，发挥了支柱作用。从技术上看，新一代信息技术引领新产业革命，与传统工业技术以及生物、能源、材料、空间技术加速相互渗透，正在为产业转型升级带来新的驱动力，催生了生产力的重大飞跃和生产关系的深刻调整，产生了巨大的跨界融合。据赛迪智

---

① 《2019年度国家科学技术奖揭晓　青年成基础研究生力军》，2020年1月10日，见 https://baijiahao.baidu.com/s?id=1655318068472472420&wfr=spider&for=pc。

② 安果：《技术选择、"适宜性"技术产业化与高质量增长》，《广东社会科学》2020年第2期。

库估计，2019 年中国包括大数据硬件、软件、服务在内的大数据核心产业环节的产业规模预计突破 7200 亿元，并将在 2020 年超过 1.2 万亿元，大数据正在成为制造业升级的重要驱动力。与此同时，5G 网络和应用全方位渗透，不断推进产业升级。二是在航空装备、船舶制造、专用装备等多领域取得重大技术突破，高端装备智能化、尖端化、复合化发展趋势明显，涌现出了一大批行业重点企业。如无人机领域，大疆公司在全球占据了 70% 的消费级无人机市场；得益于民间航空市场的开放，有多达 100 家民营企业参与到火箭的研发与发射，以及人造卫星的制造与应用等；轨道交通装备制造产业处于世界领先水平，轨道交通装备自动化迈上新台阶，高磁悬浮系统关键技术取得阶段性突破，中国中车在轨道交通装备领域的营业收入远超加拿大的庞巴迪、法国的阿尔斯通、德国的西门子等竞争对手。三是已经初步建立形成了新材料产业体系。目前，中国在新材料产业大约有 2 万亿元人民币的规模，在多个诸如稀土功能材料、光伏材料、特种不锈钢、玻璃纤维及其复合材料等领域的产能居世界前列。四是数字创意产业发展迅猛。受移动互联网和大数据技术的推动，一批新兴数字文化行业蓬勃发展，成为数字经济中一股重要力量。

（五）科技孵化器蓬勃发展，孵化效益不断提升

科技孵化器的功能在于将各种创新资源汇聚并有效结合，为创新者提供创新发展的环境，并促使科技成果商品化、企业市场化、国际化。根据 2018 年数据显示，全国大大小小孵化器多达 4849 家，其中专业孵化器占比达到 30%，孵化器的面积接近 1.4 亿平方米，年总营业收入高达 463 亿元，带动纳税额为 37.2 亿元。孵化器的孵化重心开始随着产业链条的不断细化产生了转移，从最初主要服务于初创企业

转变为更多聚焦于精细的产业化服务。在运营模式上，投资主体的构成也更加多样，既有政府主导的公益型，也有市场推动的盈利型，两者互相促进、互相补充。服务模式也更趋多样化，其中以"互联网＋"为导向的，推动互联网、智能制造为代表的新产业、新兴服务业与传统产业融合融合发展，从而催生新的产业形态，最终带动传统产业转型升级。

（六）区块链技术成为技术产业化新引擎

2019 年 10 月 24 日，中央政治局进行了第十八次集体学习，就区块链技术的应用前景进行了深入研讨，并强调区块链将成为中国核心技术自主创新的重要突破口，在新的技术革新和产业变革中将起着重要作用。[①] 当前，中国区块链技术发展迅速，产业投入快速增长，企业数量不断增加，应用范围逐渐拓宽。专利申请量上，中国牢牢占据世界第一的位置，专利申请比重占到全球的 50% 以上。在世界排名前 20 的区块链专利申请机构中，阿里巴巴和中国联通的申请量分别位列世界第一和第五；而在区块链企业数量，我们也处于领先地位，达到 553 家，在全球中仅次于美国；应用领域上，衍生出信息共享、版权保护、供应链金融、跨境支付、资产数字化、代币等七大应用场景，场景的深入化和多元化不断加深。[②]

A 参见《习近平在中共中央政治局第十八次集体学习时强调 把区块链作为核心技术自主创新重要突破口 加快推动区块链技术和产业创新发展》，2019 年 10 月 25 日，见 https://www.xinhuanet.com/politics/leaders/2019–10/25/c_1125153665.htm。

② 参见《信通院区块链白皮书：中国专利申请量居全球第一》，2019 年 11 月 12 日，见 http://www.sohu.com/a/353246878_166680。

二、中国科技成果转化中存在的问题

（一）风险投资发育不充分，难以形成支撑新兴产业发展的重要力量

经验表明，风险投资是解决新兴产业融资问题、加强企业治理的重要力量。中国从 1985 年开始成立第一家风险投资机构到现在，风险投资建设已经开展了 35 年，取得了不少成就，为新兴产业发展提供了很多帮助，成为多层次资本市场的重要组成部分。但相较发达国家的风险资本市场，中国尚存在以下几个问题：一是投资主体错位。当前，风险投资的主体主要以政府出资为主，市场为辅，由此造成了效率上的低下，没有很好激发民营企业、个人、金融及非金融机构的投资活力。二是融资渠道单一，融资规模较小。发达国家的融资渠道较为丰富，既有公共及私人的养老基金，也有银行持股公司，还有保险公司、个人家庭等，而中国主要以政府出资为主，民间资本较小，容易收到政府财政状况的影响，具有不稳定性。三是高素质的风险投资从业人员较为缺乏。风险投资是一个专业性强的行业，需要从业人员具备复合型的专业知识，既要懂金融、证券、理财，又要对管理、法律等较为熟悉，我们现在的教育体系下较难培养出大量符合要求的风险投资人才，而国际性人才引进又存在制度性障碍，阻碍了风险投资专业化的发展。四是退出机制不健全。风险投资主要是以股权形式进入，因而退出渠道更多依靠股权交易的形式，但由于中国产权交易不健全，产权的流通性较差，使得风险投资的退出渠道主要依赖企业上市或被收购等，极大增加了投资风险。

（二）创业板存在制度性障碍，难以激发中小企业创新热情

创业板是帮助高成长潜力的中小型企业和新兴公司发展的重要金融工具，也是多层次资本市场的重要组成部分。纳斯达克作为世界"创业板"的典范，培育了大量高新技术公司，截至 2019 年 3 月 26 日，超过千亿美元市值的公司就多达 18 家，极大提升了美国的科技实力。反观中国创业板的发展情况，由于存在各方面的体制机制性障碍，在促进企业培育、发展壮大上并没有发挥好应有作用，并且由于创业板运行以来整体业绩波动剧烈，难以博得以基本面投资为基础的投资者偏好。创业板之所以没能发挥好金融工具作用，根本原因在于从企业新股上市到再融资制度，再到退市机制全链条的行政干预过强，市场化程度不够。如注册制改革太慢，导致新股发行效率低下；"小额、快速"的再融资机制难以满足企业规模成长迅速的需要；退市过程冗长，难以真正发挥淘汰劣质公司；等等。以上种种原因造成了创业板长期效率低下，既浪费了大量的社会资源，降低民间资本的投资热情，又导致了创业者效率低下，难以发挥刺激新技术产业发展的作用。

（三）财政支持效率低下，道德风险问题突出

当前，中国还未形成财政涉企支出基金化的改革方向，财政补贴这种简单粗暴的模式依然是支持中小企业研发发展的重要途径。但我们也应该看到，财政补贴容易引发企业的投机行为，特别是当补贴政策不科学，难以形成强大的激励效应，则会既造成财政资金的极大浪费，降低财政支出效果，又对真正的研发产生明显的挤出效应，减弱创新热情。最具代表性的就属过去长期奉行的新能源汽车巨额补贴政

策，由于初期政策漏洞明显，大量的汽车企业并没有将资金投入技术研发上，而是寻求满足补贴条件，以获得巨额财政补贴，甚至骗补现象也层出不穷。

（四）产业创新孵化器面临转型困境，降低了孵化效益

孵化器作为特殊经济技术组织形态，对科技成果转化、新创企业扶植、区域经济繁荣，以及高新技术产业的发展起到了重要作用。目前中国产业创新孵化器作为产业服务核心环节的中坚力量，正由探索期逐步进入多元发展期，尽管总体上发展良好，但也面临诸多困境，表现为孵化器数量分布不平衡，优秀孵化器的数量占比偏少，项目引进筛选机制不完善，孵化器服务能力较弱，孵化基金和投资覆盖率偏低，以及过度依赖政府的优惠政策等方面。这些孵化器发展中存在问题大大降低了孵化效益，阻碍了新技术产业化的前进步伐。

（五）海外人才引进存在困境，制约科技创新"软实力"提升

海外人才是中国创新人才队伍的重要组成部分，为创新发展做出了重要贡献。然而，由于一直以来中国在海外人才引进手段和模式、用人理念和管理方式上趋于保守，已经难以适应高烈度竞争需要，尤其是在引进、薪酬、激励、考评等方面的一些做法还带有计划经济的印记，人才政策开放力度严重滞后，尚未形成国际化的人才制度，一定程度上阻碍了创新的发展。具体表现为四大方面：一是引进海外人才的管理体制机制不够完善，表现为海外人才引进和培养的主管部门多缺乏统筹牵头部门、人才引进的市场化程度不高、缺乏人才信息共享机制、缺乏统一科学的人才评价体系、海外人才与本地人才关系失衡等问题。二是引进

海外人才创新创业政策不够系统和专业，表现为一些部门对海外人才的引进、任用存在临时性和局部性问题，缺乏系统、可操作的中长期海外人才引进计划，任用过程中也未考虑相应的配套团队。三是引进海外人才的平台不够，渠道单一，表现为平台总体数量偏少、层次不高，企业、科研院所、高校、人才中介机构等组织参与度不够，未充分发挥官方渠道与民间渠道、虚拟市场与实体市场的作用，引才效果总体不佳。四是市场化程度不高，表现为各类海外人才引进工程、计划均未严格按照国际人才市场价格设定引进对象的薪酬标准、福利形式、保险类型、参股权限、激励方式等。

（六）创造市场、开拓市场的能力不足，降低了创新的原始驱动力

中国需要用市场需求引进高新技术产业化方向，用高新技术产品造就市场，从而形成新的市场空间，而中国国内初创企业在这方面没有能够得到实训，创业缺乏国际视野，创业企业参与市场竞争的能力较差。既是已经成长的高新技术企业更多的还是通过参与全球化产业的装配环节挤占出口市场，一方面会使高新技术产品的附加值率大大地降低，导致出口效益没有实质性的提高；另一方面当要素成本升高时，由于不具备技术垄断性地位，相关产业存在向国际转移的风险，不利于形成稳固的制造业产业链条。

三、推进新技术产业化的重要举措

从技术创新链的角度，科技成果产业化的关键在于技术链与产业

链之间实现有效对接。① 基于各自的组织特点与资源配置方式，实现技术资源和产业化资源的整合，促进技术创新环节有效衔接与整体优化。

（一）积极推动专利技术产业化

新技术的产生，绝大部分最早是以专利形式出现，特别是对专利保护较好的国家和地区，以专利为载体的新技术产业化可以规避技术窃取、技术侵权等引发新技术产业化过程中存在的不确定性。新技术的专利化一般要经过法律确权、执法保障、行政和法律维权等多方面程序保护，能显著保障技术研发的预期收益不被侵犯。但专利技术仅是新技术产业化的最初一环，而通常认为专利技术只有通过产业化之后方能创造价值，而非仅停留在一纸文书形式的专利授权书，必须要带来实质的真金白银的收益，方才体现新技术研发的本质目标。推动专利技术产业化关键要破除体制机制性障碍，完善专利申请—专利保护—专利服务—专利融资的全链条建设，具体要做到以下几点：一是在专利技术发明源头，要发挥高校及科研院所在技术研发上的先天优势，在保证国有资产不流失的前提下，对发明人的智力创造给予充分激励。二是政府要做好创新环境建设，提供专利技术产业化过程中必备的公共基础设施建设，降低综合性成本。三是在市场端，要充分引入市场化的运作机制弥补政府在专利技术服务方面的专业化缺陷，通过专利与市场之间信息沟通的桥梁，让市场机制在专利技术的优胜劣汰中发挥导向作用。

---

① 参见洪勇、苏敬勤：《发展中国家核心产业链与核心技术链的协同发展研究》，《中国工业经济》2007 年第 6 期。

（二）加速培育专利资产证券化的体制机制

专利资产证券化是新兴的金融创新工具中的一种，主要是将专利技术进行产品结构化设计，转移到特设载体，并由该载体进行资产担保，并对专利资产进行风险评价和信用评级，以及信用增强后，投放到市场，使之成为可流通的有价证券。它的特点是融资风险小、融资规模大，因而受到新兴企业的广泛关注。专利资产证券化也是专利技术产业化过程中，开拓融资渠道的一种关键方式，有利于解决中小企业融资困难的问题。促进专利资产证券化要加强体制机制建设，重点在于：一是在引进传统金融机构（如银行、保险公司）为专利资产进行外部增级的同时，要善于运用新技术（如大数据、区块链）对专利资产债券化的权利人进行监督，以规制权利人行为。二是针对传统的资产评估手段不能很好地评估专利资产，应设计出更科学的评估方式加快专利资产的证券化的实施。三是完善信息披露制度，降低专利资产证券化的风险。

（三）大力促进创新型金融发展

创新活动需有强有力的金融支持，科技创新具有预期成果高度不确定性、现金流不稳定等特点，这与传统金融市场的投资取向（如银行）有很大不匹配性，所以尤其需要长期资金支持。创新型金融业态作为传统金融的有益补充，是缓解中小微企业融资难的重要途径。一是要鼓励创新型金融机构发展，抓紧完善金融服务业态。在把好监管大关的前提下，鼓励和支持有经验、有影响、有技术实力、有资金实力、信誉良好的企业设立创新金融机构，完善创新金融业态，推动创新型金融加快发展步伐。二是发挥天使投资人的重要作用。天使投资人是创业者初期阶段资金的主要来源之一，既能帮助创业者实现从理想到产品的过程，也能通过入股方式加强规范运营，降低风险。促进天使投资发展，关键要建立广泛的信用机制，畅通信息交流，降低信息不对称带来的投资风险。三是加快区块链对传统金融的改造，以技术驱动推动金融创新，降低融资成本。区块链的技术特点非常适用于跨机构的金融业务场景，同时也能使企业和企业家的经营行为可追溯，有利于金融机构对企业信用进行精准、全面地评价，从而降低风险。

（四）提高对高新技术企业税收优惠政策的精准性

一是在优化税收优惠政策结构的基础上，进一步将高新技术产业税收优惠政策调整为更多针对创新过程的税基式优惠，对自主创新的研发、中试、产业化等环节都给予税收优惠，优惠重点从产业链的下游向上游转移，由终端环节向中间环节转移。特别是种子期和成长期的中小企业，重点加大对技术研发前期、中期阶段的税收支持力度，提高税收优惠政策的实效，通过税收优惠体现"鼓励自主创新"的政策导向。对于技术密集型企业，成果转化时间较长，税收优惠要保证企业持续创新的需求。二是逐步扩大税收优惠对象范围。减轻以增值税为主体的流转税税负，对高新技术企业扩大生产以及企业盈利能力的提高具有积极的影响，因此，建议国家出台相应的增值税优惠政策，进一步扩大增值税优惠的范围，降低企业的增值税税负。三是加大优惠力度。建议加大风险投资方面的税收优惠力度，对一般企业和个人投资于高新技术企业获得的收入也制定相应的税收优惠政策，以拓宽高新技术企业的融资渠道，为其技术创新和可持续发展提供资金支持。四是制定对高科技人才个人所得税的优惠政策，鼓励其从事科技创新活动，为高新技术企业提供人力资源保障。

（五）培养和吸附全球高峰人才

当前，我们正处在知识经济时代，以经济、科技为重点的国家间竞争日趋激烈，而这背后凸显的是人才的竞争。开发本国人才永远赶不上时代的要求，因此，除了建立比较完善的培养机制，还需要提供奖学金接受各国学生及高级访问学者来中国学习交流，并利用机会不断优化研发、创新条件，吸引外国专家学者充实中国的科研队伍和创新创业团队。另外，定期举办全球性的创新创业大赛，海选全球青年科技人员，并通过设立研究员薪金制等制度激励科技人员岗位竞争和合理流动。同时，要把未来高端人才与本土人才培养相结合，不断丰富中国的国际级人才库。具体举措有：一是中央政府加大教育投入，地方政府也要加大教育尤其是职业教育和基础科研的投入力度。中央政府需要提供职业教育专项补助经费，并建立和完善职业教育资格证书和资格鉴定制度，地方政府要积极发展有社区特色的高等职业教育。二是企业要重视职工教育和培训。例如，可以用法律的形式要求雇主每年至少以全员工资总额的 1%用于雇员教育培训，逐年递增，不达标公司和机构须上交同等金额的国家技能开发资金。三是把继续教育及培训提到社会能力建设的高度。

（六）构建多元开放平台，形成新技术产业化的催化机制

多元平台的功能就是通过把各个创新要素的集成，实现三大功能：第一，及时挖掘探寻新的创富机会。第二，不断地催生设计新兴商业模式。第三，捕捉网联固化新型的产业联盟。多元开放平台有四种类型：第一，基于产业链自发形成的产业集群。第二，基于企业形成的产业集群，最典型的是淘宝、拼多多等。第三，基于政府搭台形成的产业

集群，如深圳的会展产业集群。第四，基于高校形成的产业集群。对于多元开放平台而言，技术性公共基础设施的建设至关重要。多元开放平台的技术型基础设施有四块：第一，专业的或综合的公共试验平台。第二，产品检测中心或认证服务体系。第三，公共信息的社会普遍服务。第四，公共知识的社会普遍服务。多元开放平台还要具备四套政策支持体制机制：第一，金融和产业的直接融合体制。第二，政府采购政策和产业扶持。第三，税收优惠政策和产业激励的制度安排。第四，产权激励制度和资本退出机制。

（七）培育形成创新生态系统

创新生态系统就是政府公共部门、市场主体和其他创新主体与利益攸关方合作的创新机制和环境。构建竞争力强的创新生态系统，就是要增强创新的体制机制活力，增强科技政策的吸引力，增强各类创新平台的集聚力，增强创新文化的渗透力，在全社会形成浓郁的创新文化氛围。培育形成创新生态系统，一是要通过战略规划和政策的调控，加强基础建设，营造商业环境，激活研发能力。二是紧抓"可持续发展"作为创新生态系统建设的目标定位，以"创新"为工具不断完善生态系统建设。三是支持与全球利益相关者合作开发创新解决方案（包括促进开放式创新），为解决方案数据库提供本地化的证据和指导，以及作为创造全球创新生态系统的催化剂。

（八）建构弹性智慧型社会，培育创新为生存发展第一方式

弹性智慧型社会是继信息社会之后的一种最新的社会形态，它被认为是信息社会的高级阶段，旨在不断满足人民日益增长的美好生活需要、逐步解决经济社会发展不平衡不充分的问题，并由科技创新引领社

会变革所诞生的新型社会。在信息、通信及大数据等新技术取得重大突破和广泛应用之后，现实世界中的"物"逐渐被"网络化"和"系统化"，"万物互联"的形态激发了许多新的社会价值，并且不断改变我们看待世界、处理工作、享受生活的方式。如它可以精细地了解和掌握社会的不同需求，将服务和产品以智慧化的方式最为便捷有效地提供给需求者，并覆盖到全社会。建构弹性智慧型社会重在推进知识产权化和国际标准化。重点在于：一是推进数据接口和数据格式等的标准化。二是强化信息基础技术的开发以应对系统的大型化和复杂化。三是积极应对个人信息保护、制造商及服务提供者的责任等问题，推动伦理、法制和社会举措等建设，破除能够催生新服务和新业态的制度性障碍。

区域发展探索篇

创建中国（甘肃）专业（有色金属）
自由贸易试验区的建议

　　甘肃处于"一带一路"的黄金地段，天然具有资源网联与配置的时空条件，建设专业（有色金属）自由贸易试验区成为落实习近平总书记指示的具体举措和战略抓手，实现习近平总书记对甘肃省委省政府的厚望和嘱托。在当今全球贸易保护主义日益加剧，中美贸易摩擦激烈化、持久化、全面化的背景下，建立中国（甘肃）专业（有色金属）自由贸易试验区能够统合全球有色金属供应链，提升中国在有色金属产业价值链，布局有色金属产业创新链，融合有色金属产业金融链，网联有色金属产业的信息链，增加有色金属产业的话语权，主动参与、引领和创新全球有色金属产业的经济治理模式，保障国家产业安全，优化"一带一路"沿线国家和地区有色金属产业战略合作框架。

一、中国亟须提升有色金属产业的全球调控力

当前，有色金属产业已经成为决定一国经济、科技、国防、安全等领域发展的重要物质基础，是战略性新兴产业不可或缺的新材料和物质基础，是提升国家综合实力和保障国家安全的关键性战略资源。国防建设和科学技术现代化都离不开有色金属，航天航空、火箭导弹、卫星、核潜艇等尖端武器以及原子能、通信、雷达、电子计算机等尖端技术所需的构件或部件大都由有色金属中的轻金属和稀有金属制成。同时，有色金属产业应用领域广、产业链长、关联度高，日益成为促进国民经济现代化，推动科学技术发展，保障国防安全，改善人民生活的关键性、战略性核心产业。

（一）中国有色金属体量大，进出口活跃

从 2010 年到 2018 年，中国 10 种有色金属产量从 3136 万吨增至5703 万吨，增长 81.9%；其中矿产产量从 2819 万吨增至 5173 万吨，增长 83.5%。早在 2002 年，中国 10 种有色金属产量就达到 1012 万吨，超过美国跃居世界第一位，截至 2018 年，已连续 17 年居世界第一位。2003 年 10 种有色金属消费量跃居世界第一位，截至 2018 年，已连续16 年为世界最大消费国。目前，中国常用有色金属产量、消费量均超过世界总量的 40%。2018 年中国铜铝铅锌镍产量和消费量居世界第一位。稀土冶炼分离产品产量占全球总产量的 88%。有色金属进出口保持增长势头。根据中国有色金属工业协会的数据，有色金属进出口额从2010 年的 1203 亿美元增至 2018 年的 1605 亿美元，增长 33%，其中出口由 282.6 亿美元增至 453.7 亿美元，进口由 920.8 亿美元增至 1151.6

亿美元，分别增长 60.5% 和 25.1%。

（二）有色金属治理话语权成为中美贸易摩擦的重要筹码

美国内政部和商务部于 2018 年和 2019 年公布的"确保关键矿物安全可靠供应的联邦战略"中列出了 35 种关键矿物，30 种是有色金属矿产，若考虑稀土族和铂族金属，共有 51 种是有色金属。美国国务院 2019 年 6 月 11 日制订了"能源资源治理倡议"计划，该计划帮助世界各国开发锂、铜和钴等矿产资源，这是一项多管齐下全球战略的一部分，目的是减少美国在高科技产业关键原材料方面对中国进口的依赖。"对任何单独一个货源的依赖都会增加供应中断的风险。"根据该计划，美国将与其他国家分享采矿专业知识，帮助它们发现和开发矿产资源，并就管理和治理框架提供建议，以帮助确保这些国家的行业对国际投资者具有吸引力。

（三）增加有色金属的国际调控力势在必行

尽管大多数有色金属是战略性产业的基石，但长期以来一直被定义为大宗资源型产品。有色金属的国际定价权主要来自伦敦金属交易所等世界影响力较大的交易所，受有色金属跨国公司及在矿业企业拥有大股东地位的国际金融集团的影响和操控。中国有色金属资源保障能力严重不足，2018 年铜、铝、铅、锌、镍等原料的对外依存度分别达 75.9%、41.8%、35.7%、40.5% 和 80%。同时，在境外已形成的有色金属原料权益产能不多，铜矿资源实际权益仅占矿产原料进口量的不足 4%；铝资源仅为 3%；锌资源仅为 2.8%，远不能满足有色金属产业发展需要。

二、在甘肃建立有色金属自由贸易试验区条件完备

创建中国（甘肃）专业（有色金属）自由贸易区试验区可以参与甚至主导、重塑有色金属领域全球治理秩序和规则制定，影响国际贸易定价权和话语权。可以充分利用贸易便利化和自由化措施，改变把有色金属视为大宗商品的传统观念，打造基于价值链的具有国际影响力的有色金属资源配置中心。完成习近平总书记 2013 年 2 月视察甘肃时作出"八个着力"重要指示，实现经济发展方式的转变，推进甘肃乃至整个西部地区经济结构的战略性调整。

（一）甘肃建立有色金属自由贸易试验区区位优势明显

甘肃作为丝绸之路经济带重要节点承东启西、南拓北展的战略地理优势明显；有丰富的有色金属资源，具备资源禀赋优势、拥有深厚的有色金属产业积淀和企业规模优势；拥有先进的工艺技术和装备，雄厚的人才基础；国际化营运潜力巨大；有色金属产业区位优势突出，大幅提升对外开放水平和质量，强化与世界经济体系的有机联系，打造甘肃经济新的发展极，激活发挥欧亚的重要通道作用，将甘肃打造成对俄罗斯、中亚、西亚开放合作的重要窗口，促进西部地区有色金属产业创新链发展，推动"一带一路"建设。

甘肃具有独特的区位战略优势，可以促进及辐射西部周边省区市、"一带一路"尤其是丝绸之路经济带有色金属产业链发展，因此，甘肃有必要也最适宜建立有色金属自由贸易试验区。

（二）有色金属产业是甘肃的重要支柱产业

产业规模稳步提升，产品结构不断优化。2017年110家有色金属工业企业总资产2707亿元，主营业务收入3613亿元，利润额51.5亿元，分别占甘肃总量的22.1%、42.6%和20.9%。2018年，规模以上有色金属工业企业主营业务收入3774亿元。拥有一批位居中国前列，且被称为"共和国长子"、在国际有影响力的有色金属企业。2018年在全国有色金属工业销售收入前50名企业中，金川集团股份有限公司以销售收入2170.4亿元而居全国第2位，白银有色集团股份有限公司则以566.3亿元居第12位，酒钢东兴铝业公司以193亿元居第29位，三家企业销售收入2930亿元，占全国50家总销售收入的11.4%。2018年甘肃5家企业入围中国企业500强。甘肃稀土集团有限责任公司是中国稀土工业的奠基型企业之一，是集稀土冶炼、分离、产品深加工于一体的中国稀土行业优势企业。

（三）雄厚的人才储备为产业向高端升级奠定了基石

甘肃科技发展基础良好，据调查2018年科技综合实力挺进全国第二梯队，科技创新指数提升到51.38%，科技进步对经济的贡献率达到52.8%。甘肃拥有各类研发机构400多家，各类专业技术人才58.07万人，研发人员4.1万人，其中两院院士19人（有色金属相关领域两院院士4人），享受国务院政府特殊津贴专家1393人，国家"千人计划"特聘专家24人，"万人计划"学者28人，"长江学者"28人，"百千万人才工程"国家级人选29人，领军人才924人，优秀专家770人，高技能人才33万人，科技创新团队38个。拥有国家重点实验室12家（含培育基地）、国家工程技术研究中心5家、国家野外科学观测研究站6

家。新建和优化整合省重点实验室 20 家、技术创新中心 13 家、科技创新服务平台 12 家，拥有国家国际科技合作基地 18 家，省级国际科技合作基地 70 家，分布在兰州、白银、定西等 10 个市州。在有色金属领域，有国家重点实验室 1 家、国家和省级国际科技合作基地 12 家、省部共建国家重点实验室 1 家、甘肃省重点实验室 4 家。

（四）拥有先进的工艺技术和装备

甘肃有色金属采选冶生产主要工艺装备技术整体已达到国际先进水平，主要工艺技术指标达到国内先进水平。大多数有色冶金企业及研究团队以湿法冶金和电冶金为主进行生产及研究，并朝着绿色环保、资源利用及金属替代品的开发等方向发展，有色金属冶金产业在关键技术和新材料开发方面取得新的突破，国内自主研发出三连炉直接炼铅技术、精密铜管短流程高效生产工艺，同时铝合金中厚板项目也相继投产。

甘肃拥有世界首座富氧顶吹镍熔炼炉、世界首座铜合成熔炼炉、世界第五座（亚洲第一座）镍闪速熔炼炉、世界上连续回采面积最大的机械化下向充填采矿法等国际领先的装备和工艺技术。多项成果获国家科技进步奖一、二等奖。

丰富的有色金属资源禀赋夯实全球有色金属产业供应链的基础；产业基础和企业能力积淀为全球有色金属产业价值链的形成提供了条件；先进的工艺技术和装备，雄厚的人才基础为产业向高端升级奠定了基石；国际化主导权潜力巨大，机不可失；独特的区位战略优势有待进一步开发。

（五）甘肃处于国际有色金属富矿聚居区中央

中亚的哈萨克斯坦等国、俄罗斯、蒙古、阿富汗、刚果金等诸多

"一带一路"沿线国家和地区有色金属矿产储量丰富，但工业基础较弱，产能较为匮乏。依托有色金属自由贸易试验区，可进一步丰富同"一带一路"沿线国家和地区产业、技术和贸易投资等合作内涵。未来，可立足夯实同沿线国家和地区有色金属产业链、供应链、价值链合作基础，充分利用沿线国家和地区有色资源禀赋，形成产业优势互补，建设全球高端有色金属产业集聚基地，形成具有重要影响力的有色金属创新圈，共同参与国际治理规则的制定。

三、建设中国（甘肃）有色金属自由贸易试验区的政策建议

从全球范围看，设置单个产业聚集的自由贸易试验区日渐成为自贸区的新形态。例如，尼日利亚的专业自由贸易园区包括石油天然气自由贸易园区和提纳帕旅游自由区；阿联酋有富查伊拉石油工业区、迪拜国际金融中心等；博茨瓦纳的全球钻石中心、巴基斯坦的山达克铜出口加工区和杜达铅锌矿出口加工区；等等。创建有色金属自由贸易试验区将有助于发展有色金属进出口贸易、对外投资和利用外资，保障中国战略性有色金属资源安全，有利于推动有色金属领域的国际技术合作和人才交流。

（一）以交易平台建设为抓手，增加中国的全球产业网联力

建设甘肃有色金属自由贸易试验区，建立有色金属交易所，提升有色金属交易平台的国际辐射能力，强化与国际接轨的贸易便利化措施，将形成中西部地区有色金属及相关产业进出口的关键通道。金融、技

术、咨询等服务领域的对外开放，将有助于拓展中西部地区有色金属产业的融资来源，加快产业在技术、品牌、产品、渠道的提升，推动整个产业转型升级。外商投资准入的进一步放宽，将有力推动有色金属开发生产领域主要跨国公司落地开展技术研发、矿产开发、材料生产等业务，与中西部地区有色金属产业链企业建立更加紧密的业务关系。甘肃有色金属自由贸易试验区将成为中西部地区有色金属产业高端发展的聚集平台和国际产业合作基地，对中西部地区其他有色金属主产省份形成辐射效应，打造中西部地区产业链完备、高度联动、与国际接轨的现代化有色金属产业体系。作为西部地区对外开放的基地，在甘肃创建有色金属自由贸易试验区可以促进和带动及辐射其周边西部地区形成国际有色金属产业集群，推动有色金属产业链发展，提升价值链和质量。扩大外资参与交易准入，推出中国优势的主要有色金属交易产品和交易所，将有助于推动形成中国参与并逐步主导的有色金属话语权和定价机制，从而稳定有色金属价格，维护有色金属产业链各个环节的合作共赢。通过建立有色金属自由贸易试验区，在有色金属国际贸易和投资过程中形成"成本＋利润"的产业链合作共赢模式，并借助"一带一路"的发展，形成更加合理的有色金属行业可持续发展评价标准，形成逐步由中国主导、引领的有色金属全球治理新秩序和新规则，增创国际竞争新优势，创建有利于有色金属产业良性发展的国际环境。

（二）优化全球有色金属产业链布局，保障国家产业安全

有色金属是支撑战略性新兴产业创新发展和国家安全的战略资源。全球围绕有色金属资源、产业、技术、市场、规则治理的竞争日趋激烈，有色金属产业成为大国博弈的战略领域和必争、必占、必保的重要高地。中国有色金属产业大而不强，在技术、市场等领域还受制于人，

目前仍是国际价格和规则的被动接受者。为应对日益严峻的挑战，加快建设专业自由贸易试验区模式，积极推进有色金属专业自由贸易试验区建设，促进产业高质量发展，在国际竞争中掌握主动权、话语权。从战略高度打造全球独有的有色金属专业自由贸易试验区，整合国内外两种资源和市场，发展有色金属全产业链，提升加工技术水平，力争在日趋激烈的国际竞争中掌握主动局面，为保障产业可持续发展，维护国家安全提供坚实的战略支撑。

（三）试水创新供应金融链，催化衍生新的产业体系

全球产业链融资方式突破了买卖双方形成的基础贸易交易关系的局限，使融资活动沿着创新链、供应链、物流链、价值链将生产商、供应商、第三方物流机构、金融中介机构、分销商及消费者联结在一起，通过对整个产业链交叉形成的需求网络中的资金流进行合理的安排与管理，提高整个供应链中流动资金的效率，从而可为产业链各方提供多赢的融资解决方案。

供应链金融创新丰富繁杂，以贷款为例，衍生出应收账款融资、应付账款融资、存货抵质押融资、联合保理、贴现再贴现转贴现、延伸产业链贴现、委托贷款、支付、结算、结汇、保函、担保、代理保险、池化融资、融资租赁、投资、证券投资、股票投资、财务管理、财务咨询、企业债等，金融与产业链发展紧密结合，深知行业前景、技术、风险、关键，也深知企业融资的需求、规模、节奏和周期，从而服务更加周到，提高了资金的使用效率和周转速度。随着区块链等信息技术的发展，关联企业间以类数字货币解决相互间的债权债务。产品销售也会收下不少商业票据，这些票据存在期限和金额不匹配，继而会出现票据闲置和短缺，这又催生智能配票业务的发展。

力争经过 3—5 年改革探索，初步建成规则透明、监管高效的专业型自由贸易试验区先行区。先行区作为具有较强国际市场和技术竞争力的有色金属高端产业集聚平台，在增强我国有色金属全球资源配置能力及参与全球治理能力及显著提升投资、贸易、金融便利和自由化水平方面，发挥更为积极的作用，成为我国深度融入经济全球化的重要载体。

建设中韩未来城，试水新型城市化道路

　　城市化是引领人类文明进步的强力引擎。随着社会经济的发展和人口的迅速增长，世界城市化的进程，特别是发展中国家的城市化进程不断加快，全世界目前已有一半人口生活在城市，预计 2025 年将会有 2/3 人口居住在城市。中国城市化在近几十年中迅猛发展，自 1990 年以来，中国城市新增人口接近 4 亿，城市人均 GDP 提高了 5 倍，中国城市平均每周吸纳高达 36 万人口。据国际研究机构预测，到 2030 年，中国的城市人口将增长到 10 亿左右，占同期全球城市人口增量的 1/4。中国广阔的城市化空间与前景迫切需要借鉴先发国家城市化经验，顺利实现迈向城市化的社会转型。韩国作为人口高度城市化的国家，城市化率由 20 世纪 60 年代的 28.3% 发展至 82%，韩国城市化经验值得学习与借鉴，在中韩合作的框架下，可考虑启动中韩未来城建设，把中韩未来城打造成生态城市，树立中国未来新型城市化的风向标；打造"智慧城市"，率先普及城市物联网；建设创意城市，占领未来城市竞争制高点；试水新型城市化道路，为未来中国城市化积累经验。

一、建设生态城市，树立中国新型城市化的风向标

城市不仅是人类社会的一种特殊集居地，也是一种生产生活方式，由于聚集效应及城市生产生活成本低的区位优势，城市越来越成为一个国家或地区的生产、生活和财富创造中心。城市集中了大量社会物质财富、人类智慧和古今文明；同时也集中了当代人类的各种矛盾，产生了所谓的城市病，诸如城市的大气污染、水污染、垃圾污染、噪声污染；城市水资源短缺、能源紧张；城市的人口膨胀、交通拥挤、住宅短缺、土地紧张等。这些都严重阻碍了城市所具有的社会、经济和环境功能的正常发挥，甚至给人们的身心健康带来很大的危害。伴随着现代生产力的发展和国民生活水平的提高，人类对生态环境质量的要求越来越高，现代人对生态需求与消费比以往任何时期都显得重要。

21 世纪是生态世纪，即人类社会将从工业化社会逐步迈向生态化社会。建设生态城市已成为下一轮城市竞争的焦点，许多城市把建设"生态城市"作为奋斗目标和发展模式。"生态城市"是在城市生态学的基础上发展起来的一种人居环境模式，是生态上健康的城市。它是技术和自然的充分融合，创造力和生产力得到最大限度的发挥，居民的身心健康和环境质量得到最大限度的保护。

发展循环经济，引领低碳经济之路。"循环经济"是以资源的高效利用和循环利用为目标，以"减量化、再利用、资源化"为原则，以物质（水、二氧化碳）闭路循环和能量梯次使用为特征，按照自然生态系统物质循环和能量流动方式运行的经济模式。它要求人类在社会经济中自觉遵守和应用生态规律，通过资源高效和循环利用，实现污染的低排放甚至零排放，走向低碳经济，实现经济发展和环境保护双赢。中国正

处于工业化的快速发展阶段，城市中传统工业在整个城市经济体系中仍然占有相当比重。这些工业部门的生产是和资源的高投入，环境的高污染密切相连的。为了实现城市经济的快速、健康和可持续发展，必须试水新型城市化道路，大力发展城市循环经济。

建设生态工业园，实现水—二氧化碳—物质零排放。生态工业是仿照自然界生态过程物质循环的方式来规划工业生产系统的一种先导性工业模式，生态工业园（Eco-industrial-Park）是生态工业的实践，是包含若干工业企业、农业、居民区等的一个区域系统。它通过模拟自然生态系统建立工业系统"生产者—消费者—分解者"的循环途径和食物链网，从而形成一个相互依存、相互共生的工业生态系统，最大限度地充分利用资源和减少环境的负面影响，最终达到工业可持续发展的目标，实现经济发展和环境保护双赢。这也是解决中国人口、资源、环境与经济社会发展问题的重要途径之一。生态工业园不同于传统工业园，在园区内有着各种副产物和废物的交换、能量和废水的梯级利用、基础设施的共享以及完善的信息交换系统。生态工业园区与传统的废物交换项目的区别，也在于其不满足于资源、能源相互间一对一的简单循环，而旨在系统地使一个区域总体的资源、能源增值。由此，园区内企业之间的关系是互动的，园区与自然环境之间是协调的，这种互动与协调又使得企业获得丰厚的经济、环境和社会效益。

二、打造智慧城市，率先普及物联网

后危机时代，全球进入了空前的创新密集和产业振兴时期。世界各国纷纷聚焦于抢占以物联网为代表的先导产业制高点，大力催生战略性新兴产业，加速经济振兴与社会转型。物联网是继计算机、互联网、移动通信之后的世界信息产业的第三次浪潮，被称为下一个万亿级的通信业务。物联网概念一经提出，便引起了美国、欧盟、日本等经济体的极大关注，它们普遍把物联网提升为国家战略级层面的先导产业。韩国政府于2004年推出了u-Korea战略（"u"是英文ubiquitous的缩写，意为"无所不在"），结合韩国城市管理与建设，制定了u-City战略。中国在早期启动了物联网核心传感网技术研究，在研发水平、技术标准、专利拥有方面具有优势，具备实现物联网完整产业链的能力。在新一轮国际城市竞争中，把中韩未来城建设成智慧城市，率先普及物联网。

（一）借鉴韩国u-City战略，建设智慧城市

针对以无线传感网络为标志的物联网信息时代的到来，韩国政府于2004年推出了u-Korea战略。u-Korea战略的核心是"IT839"行动计划，该计划的主要内容包括8项服务、3个基础设施、9项技术创新产品。在9项技术创新产品中，都引入了无线传感网的核心部件RFID/USN（ubiquitous network society），支撑物联网战略。建设u-City是u-Korea战略在韩国城市的具体实施。u-City是一个可以把市民及其周围环境与无所不在技术（ubiquitous technology）集成起来的新的城市发展模式。u-City把IT包含在所有的城市元素中，使市民可以在任何时间、任何地点从任何设备访问和应用城市元素。

在中韩未来城率先普及物联网体系，建成智慧城市，城市设施管理、城市安全、城市环境、城市交通、城市生活等方面实现智能化。在城市设施管理方面，利用物联网，管理人员可以随时随地掌握道路、停车场、地下管网等设施的运行状态，减少城市资源浪费。在城市安全方面，利用红外摄像机和无线传感器网络，在监测火灾时，可以突破人类

视野限制，提高火灾监测自动化水平，利用地理信息系统（GIS）可以对火灾发生地点进行定位，LCD 大屏幕可以播放火灾现场情况，视频监控系统可以实时监控火灾现场。在城市环境方面，u- 环境系统可以自动给市民手机发送是否适宜户外运动的提示，市民还可以实时查询气象、交通等方面的信息。在城市交通方面，安装在路口的传感器可以感知路口车辆，智能交通信号控制系统可以根据各路口的车辆数来决定红绿灯时间，提高路口通行效率。

（二）以物联网为突破口，抢占国际先导产业竞争的战略制高点

纵观全球经济社会发展史，经济危机往往催生具有战略性、先导性的新兴产业。1857 年波及全球的生产过剩危机引发了电气革命为标志的第二次产业革命，催生了电力、石油化工、内燃机等新兴技术和先导产业群；1929 年的世界经济危机引发了电子革命为标志的第三次产业革命，世界工业体系发生了剧变，核能、航空航天、计算机、IT 网络信息等产业迅猛发展，并成为推动经济增长的主导。2008 年，突如其来的国际金融危机引发全球性的科技革命，催生了先导性、战略性新兴产业。战略性新兴产业是融合了新兴科技和新兴产业，代表科技创新和产业发展方向的具有战略性、基础性产业。当前，在全球范围内，都已兴起战略性新兴产业的发展浪潮。

物联网是"物物相连的互联网"（the internet of things），即通过射频识别（RFID）、红外感应器、全球定位系统、激光扫描器等信息传感设备，按约定的协议，把任何物品与互联网连接起来，进行信息交换和通信，以实现智能化识别、定位、跟踪、监控和管理的一种网络。物联网用途广泛，遍及智能交通、环境保护、政府工作、公共安全、平安

家居、智能消防、工业监测、老人护理、个人健康、花卉栽培、水系监测、食品溯源、敌情侦查和情报搜集等多个领域。物联网产业作为中国首次明确的 5 大领域的新兴产业,在战略性新兴产业培育中具有基础性、先导性作用。美国权威咨询机构 FORRESTER 预测,到 2020 年,世界上物物互联的业务,跟人与人通信的业务相比,将达到 30∶1。

物联网产业目前已经成为大国博弈、赢得先导产业竞争优势的战略制高点。2008 年年底,IBM 向美国政府提出"智慧地球"的战略,强调传感等感知技术的应用,提出建设智慧型基础设施的构想;2009 年 6 月,欧盟 ichu 物联网行动计划强调了 RFID 的广泛应用,并注重信息安全;2009 年 8 月日本提出了 i-Japan 战略,强调电子政务和社会信息服务的应用。

(三) 加强物联网技术研究与开发,突破和掌握核心关键技术

发展以物联网为代表的战略性新兴产业,成败关键在于核心关键技术的掌握。目前,美国、欧盟等经济体都在投入巨资深入研究探索物联网。美国政府积极回应 IBM 提出的"智慧地球"的概念,将物联网升级为国家战略,是振兴经济、确立全球竞争优势的关键战略。欧盟委员会宣布 14 点行动计划,确保欧洲在构建物联网的过程中起到主导作用。作为战略性先导产业,物联网对优化中国经济结构、提升国家信息安全、加快自主创新、引领下一代通信和互联网应用、占据全球信息产业链主导地位均具有十分重要的意义。长远来看,如能推动物联网在全球市场的大规模应用,有利于改善中国在全球经济合作与发展的舆论氛围和外部环境。

立足物联网产业需求,加强物联网技术研究与开发,突破核心技

术。一方面，加快基础研究突破，要对物联网技术基础研究需求进行分析并预测其发展趋势，对其相关基础科学、前沿技术研究进行超前部署，促进原始创新，为未来的发展奠定坚实基础，这是中国物联网产业自主创新能力不断提高的长远保障；另一方面，立足国内外资源，瞄准国际科技前沿，加大研发力度，加强产学研合作，组建由政府、上下游企业、科研院所、金融机构、行业协会等组成的物联网产业联盟，加快建立以企业为主体、市场为导向的产业创新体系建设，完善创新支撑体系建设，努力在关键技术、高端共性技术的研发上取得重要突破。

建设物联网产业创新支撑平台，加强产业共性技术研发与服务，降低新兴产业研发风险与成本。产业创新支撑平台为产业提供共性技术研究与开发服务，加速先导技术在全行业的扩散，促进技术溢出；平台还可以利用丰富的科教资源，开展产业技能培训服务，把高端的行业技能向全行业普及与推广。通过平台机制，耦合当前科技需求、研究和开发、产业化等"割裂"的创新链，整合分散的科技资源，实现产业创新资源的共享，提高科技基础设施的利用效率，牵引行业科技创新活动、培养高层次的科技创新人才队伍。

三、建设创意城市，占领城市竞争制高点

未来学家阿尔文·托夫勒认为，知识经济时代，谁占领了创意的制高点谁就能控制全球，主宰 21 世纪商业命脉的将是创意。韩国在"资源有限，创意无限"的理念指导下，较早认识到文化创意产业对经济发展具有巨大推动作用，把文化创意产业看作 21 世纪最重要的产业之一，并纳入政府主持发展计划。在健全的文化创意产业政策刺激下，韩国文

化创意产业蓬勃发展，首尔被联合国评为 2010 世界设计之都。中韩未来城建设，可借鉴韩国设计创意城市发展的经验，建设创意城市，打造城市发展中的"引擎"，占领下一轮国际城市竞争的制高点。

创意产业是战略性新兴产业，具有先导性。创意产业，又称创意工业、创造性产业、创意经济，是"源于个人创造力与技能及才华、通过知识产权的生成和取用、具有创造财富并增加就业潜力的产业"，主要包括广告、建筑、美术和文物交易、手工艺、设计、时尚、电影、互动休闲软件、音乐、表演艺术、出版、软件及电视、广播等行业。伦敦、纽约、东京、首尔等城市在世界上率先发展创意产业，已成为世界著名的创意城市。创意产业正表现出强有力的发展后劲，成为下一轮城市竞争的主要目标之一。

发展创意产业是占领城市竞争制高点的关键。城市里，人口、知识、资本高度积聚，城市是创意产业的重要载体。城市的优势在于人的活力，它集中了各种有创造力、有才华的人，并且通过工业制造、金融体系、政策扶持、市场传播等配套体系，把人的创意转化成巨大的社会财富。创意产业是知识密集性产业，不像传统制造业那样对土地、资源有巨大需求，它能够不受城市土地、资源相对稀缺的限制。因此，基于创造力的创意产业正符合了当今国际大都市之间激烈竞争的特性，是大城市特别是国际大都市真正拥有的比较优势，也是一个城市综合竞争力的精髓所在。

韩国为取得文化创意产业竞争优势，探索了一条独特的发展模式。1997 年亚洲金融风暴将韩国文化产业推入濒临破产的境地，迫使韩国政府必须重新思考新的经济增长方式和经济增长点。制定专门法律法规确立"文化立国"的国家方针，从国家意志高度明确发展文化产业的方向。制定文化创意产业具体的实施规划和具体计划，明确发展目标。在组织管理、人才培养、资金支持、生产经营等方面逐步加强机制建设，对文化产品的研发、制作、经销、出口、实施系统支持。在政策方面构建发展文化产业的法律支持及服务体系，制定法律法规保障文化产业发展。

设立中俄对冲型自由贸易区，
培育合作新动能

在中俄双方深化共建"一带一路"、农业合作进入产业升级的新阶段背景下，应对中国在俄罗斯租赁土地种植粮食面积不断扩大、中俄陆海联运过境运输成本不断增加等新情况、新问题，可在中国东北地区与俄罗斯远东地区设立基于粮食产业的中俄"东北—远东"对冲型自由贸易区，积极利用国内国际两种资源、两个市场，将单一的"通道经济"升级为综合的"节点经济""产业经济"，着力解决中国粮食产业经济结构性矛盾，从根本上保障中国粮食安全，推进东北地区产业升级，升级中俄农业合作。

一、中国东北地区与俄罗斯远东地区农业合作现状与主要问题

（一）发展现状

中国东北地区与俄罗斯远东地区毗邻，双方合作占据天时、地利、

人和的优势，经过多年发展，中方已成为俄远东地区最大合作伙伴和外资来源国，中方参与远东跨越式发展区和自由港项目几十个，远东地区一半以上的投资项目由中方实施。

中国东北地区与俄罗斯远东地区农业合作以黑龙江为代表。2016年5月，习近平总书记视察黑龙江时指出，黑龙江肩负着保障国家粮食安全的重大责任，战略地位十分重要。黑龙江与俄罗斯远东地区接壤，拥有2800多公里长的边境线和25个国家级口岸，对俄合作区位优势突出。近年来，随着"一带一路"倡议的实施以及中蒙俄经济走廊建设的推进，黑龙江在俄罗斯的农业投资合作规模不断扩大，成为中俄地方合作的"排头兵"。2017年黑龙江对俄合作种植土地面积达到870万亩，在俄从事农业开发的企业超过200家，对俄农业合作已基本形成从种植、养殖，到加工、仓储物流、批发的全产业链发展态势。

（二）主要问题

一是在俄粮食种植生产规模扩大，粮食回运上升趋势明显，进一步凸显粮食加工业发展不足短板。黑龙江是全国第一产粮大省，粮食总产量连续5年稳定在1200亿斤以上，商品化率达到92%—98%，但是其粮食加工转化率总体不高，2017年全省粮食加工转化率为46%，低于全国平均水平（51%）。黑龙江在俄罗斯境内种植粮食的规模较大，每年有大部分自产的粮食回运国内。根据牡丹江市测算，该市在俄远东地区的农业园区有530万亩耕地，2017年共回运粮食十几万吨，截止到2018年7月已达到10万吨，年内将实现翻倍。总体上看，目前从俄远东地区进口和回运的粮食数量虽然基数很小，但是上升趋势已经比较明显。粮食是季节性明显的产品，极易对短期运输、及时收储、深化加工等造成非常大的压力。自身粮食加工能力不足，加之在俄种植粮食回运数量上升，进一步凸显了黑龙江及东北地区粮食深加工不足短板。

二是中俄陆海联运过境运输日益饱和且成本增加明显，通道优势出现减弱迹象。东北地区是重要的粮食生产基地，而粮食消费市场主要是在南方地区，"北粮南运""北粮外运"仍是黑龙江粮食产业经济发展的重要任务。2007 年前后，黑龙江建立中俄陆海联运过境运输"中俄中"线路（俄方称"滨海 1 号"国际运输走廊），借道俄罗斯远东地区港口（符拉迪沃斯托克、东方港）将粮食运到中国华东、华南地区。相比较传统运输通道（通过铁路到大连港，经由大连港海运到华东、华南地区），中俄陆海联运过境运输通道可节约路程 1000 多公里。近几年，受运输需求旺盛以及俄罗斯方面的政策变动、线路垄断等原因，"中俄中"线路运输成本问题日益突出，突出表现在：俄方铁路垄断导致运费不断升高，从绥芬河口岸到俄罗斯符拉迪沃斯托克 210 公里铁路运费已从 134 美元上涨到 750 多美元，折合 1 公里 3.57 美元，是从俄罗斯符拉迪沃斯托克到莫斯科近 1 万公里铁路运费的 21 倍，与国内牡丹江到大连港 1300 公里的运费差不多，加之俄铁路对运输粮食包装要求（用袋装，每吨增加 80 元人民币的成本）、通关前、报关前费用、双方轨道技术标准不一致等，使得"中俄中"线路运输成本上升明显。此外，由于哈绥俄亚班列没有纳入国家的国际线路规划，尚未享受国家优惠运价；中方对边境货车改装监管、通行证发放均严于俄方，造成俄货运垄断等因素，又进一步增加中国企业的运营成本。

三是单一粮食"通道经济"已经难以满足中俄农业合作产业升级需要。随着"一带一路"北方丝绸之路开通，东北地区已经成为中国向北开放的重要窗口和东北亚地区合作的中心枢纽。同时，俄罗斯在受西方制裁影响背景下，密集出台优惠政策，加快促进远东地区发展。在新的国际环境下，东北地区与俄罗斯远东地区从过去的发展末端正转变为开放前端，战略地位日益突出，需要提前谋划布局。从产业发展来看，中国东北地区与俄罗斯远东地区都是重要的粮食基地，但也都不是主要的粮食加工区，急需进行产业结构调整和升级，实现从单一粮食生产基地升级为综合性粮食生产及深加工基地。现有依托铁路、港口运输的粮食"通道经济"已经不能满足中俄农业合作进入产业升级新阶段的要求。值得注意的是，现代的港口不仅仅是一个物流的概念，也是一个产业园区、产业集群，更是一个自由贸易区的概念。面对从俄罗斯进口回运粮食数量和中俄陆海联运过境运输成本"双增长"的现实，如何将"通道经济"升级为"节点经济""产业经济"，从大物流升级为大产业，从单一港口、航线建设升级为自由贸易区、产业新城建设，是当前急需考虑的战略问题。

二、建议建立中俄"东北—远东"对冲型自由贸易区的构想

中俄农业合作进入产业升级新阶段，不是简单的运力提升、线路拓展问题，而是要从根本上把"通道经济"升级为"产业经济"，通过粮食产业的升级发展，巩固提升东北地区优势产业，加快结构调整和新动能培育，推进东北地区深度融入"一带一路"建设，建设开放合作高地。

在中国黑龙江省和俄罗斯符拉迪沃斯托克各选择相应地区，建立基于粮食产业的对冲型自由贸易区，在满足传统贸易功能之上，叠加粮食深加工、中间产品贸易、转口贸易、离岸服务、资本市场交易等要求，集聚粮食深加工企业、粮食贸易企业以及相关市场主体，配备良好的金融服务体系，把单一的港口空间和物流功能，升级为产业综合体和城市

综合体，着力建设和培育成为"一带一路"重要港口和节点城市。

该自由贸易区具有以下五个特点：

一是共建共管。由中俄两国政府出面，共同成立管理委员会或集团，构建广泛的利益共同体，对双边建立的自由贸易区实行共同管理，面向世界开放，努力建设成为"一带一路"的重要节点。

二是闭环运行。为减少自由贸易区对两国其他经济结构的冲击，将双方的自由贸易区及中间通道全部封闭起来，实行闭关运行，不对普通民众开放，仅允许双方工作人员出入。双方在自由贸易区内的生产经营活动可由所在国管理，也可由中俄共同成立的管理委员会进行管理和经营。

三是便利化。在确保公共安全和环境安全底线的基础上，进一步放宽双边自由贸易区进出境货物管制，整合优化口岸功能、保税功能，在国际贸易"单一窗口"、无纸化通关、监管透明度、风险分类监管等方面，加强制度设计和政策创新合作，将两国之间货物往来都视同在本国，不再通关和验关，切实提升便利化水平和质量。

四是标准互认。在双方的自由贸易区、自由港建设和运输通道中，采纳国际通用标准，实现中俄标准互认，共同促进中俄双方认证的标准、检测的产品可以得到"一带一路"沿线国家和地区的认可。

五是突出金融设计。中俄双方设计一些共同认可的金融、结算标准，一旦即期清算以后，不再进行二次结算、价格结算，有效避开国家通货膨胀和国家内部经济对冲对整个贸易区的影响。积极争取丝路基金、亚洲基础设施投资银行、金砖银行、国家开发银行的项目融资支持，双方共同打造粮食自由贸易的国际结算母中心、货币通兑中心、跨境电商—离岸金融、国际风投、国际粮食要素交易中心、国际粮食跨境电商、粮食产品保税区，并探索相应的实现路径。

三、建立中俄"东北—远东"对冲型自由贸易区有关对策建议

（一）将自贸区建设纳入中俄地方合作重要内容

2018 年 9 月 11—12 日，习近平主席出席俄罗斯第四届东方经济论坛期间强调，中俄双方要深化共建"一带一路"和欧亚经济联盟对接合作，扩大能源、农业、科技创新、金融等领域合作，推动重点项目稳步实施，加强前沿科学技术共同研发，利用好今明两年中俄地方合作交流年契机，调动两国更多地方积极性，开展更加广泛合作。中俄"东北—远东"对冲型自由贸易区的建设，对于加深中俄在农业方面的合作具有战略意义，特别是对于黑龙江及东北地区而言，是巩固提升优势产业，加快结构调整和新动能培育，加快融入共建"一带一路"，建设开放合作高地的重要契机和有力抓手。建议把中俄"东北—远东"对冲型自由贸易区作为中俄地方合作交流年的重要内容，支持中国黑龙江与俄罗斯滨海滨江区、符拉迪沃斯托克开展多层面的专题合作交流，开展专项前期研究，进一步理清思路，明确重点。

（二）协同推进东北地区及在俄自由贸易港建设

港口是物流的重要节点，也是自由贸易区的支撑。粮食作为大宗商品需要专业化的码头进行集散运输，目前，俄罗斯远东地区还没有专业化的粮食码头，而中国东北地区的港口也面临这转型升级的要求。建议将东北地区及在俄的自由贸易港建设与中俄"东北—远东"对冲型自由贸易区建设有机关联、有效联动、统筹推进。一方面，支持有条件的企业"走出去"，发掘俄罗斯远东地区发展机遇，提前做好战略布局，在

符拉迪沃斯托克大地湾投资建设散粮专业化码头，辐射中国东北地区，降低"中外中"线路运输成本，满足内贸外运需要；另一方面，加强对有条件港口的升级打造，如秦皇岛港作为以大宗散货运输为主的港口，正加大从煤炭向粮食货类转变的结构调整力度，将秦皇岛港升级为面向东北亚的自由贸易港，既能辐射庞大的京津冀粮食消费群体，又能充分发挥秦皇岛作为北方地区最大的农产品优质加工基地的作用，提升粮食贸易和粮食加工贸易规模和效益。

（三）对俄合作既要讲战略也要讲策略

考虑到俄方发展理念、法律限制、政策变动、行业垄断、投资环境等原因，吸取已有的中俄合作项目（黑河大桥、中俄跨境经贸合作区）经验教训，建议对俄采取"被动的积极"态度和方式，开展自由贸易区合作交流，注重战略与策略相结合，充分利用俄方加快远东地区发展的政策导向和有利时机，突出粮食产业升级发展核心问题，积极调动俄方在对自由贸易区建设上的积极性，构建广泛的利益共同体，共同成立公司，坚持"对冲"建设和发展，以技术促规制，以标准带制度，通过战略与策略相结合有效推进对冲型自由贸易区合作建设。

唤醒"沉睡"土地，培育地方发展新动能

　　土地是国民经济的基石，随着各地城市化进程的不断推进，土地作为当前最大的国有资产，备受不同利益者的关注，同时也成为制约众多用地企业、用地单位甚至制约一些地方发展的重要"瓶颈"。然而，在国家不断从严节约集约用地的大环境下，在有些地方，部分土地征而未用、土地荒芜、土地闲置甚至土地无主的现象也大量存在。如何唤醒这些"沉睡"土地，使之成为地方发展的新动能，是亟待研究的课题。

一、"沉睡"土地包括城市"沉睡"土地和农村"沉睡"土地

　　城市"沉睡"土地主要包括闲置的或者低效利用的国有建设用地；农村"沉睡"土地包括闲置或者低效利用的国有建设用地和集体建设用地、闲置或者低效利用的留用地、闲置宅基地、低效利用或者难以利用

的土地。

(一) 城市"沉睡"土地

第一，长期闲置的国有建设用地。现行的《闲置土地处置办法》中的闲置土地，是指国有建设用地使用权人超过国有建设用地使用权有偿使用合同或者划拨决定书约定、规定的动工开发日期满一年未动工开发的国有建设用地。已动工开发但开发建设用地面积占应动工开发建设用地总面积不足三分之一或者已投资额占总投资额不足百分之二十五，中止开发建设满一年的国有建设用地，也可以认定为闲置土地。据国土资源部节约集约用地专项督察结果，全国2009—2013年已供应的建设用地中，存在闲置土地13718宗、105.27万亩。另据2015年5月下旬至6月中旬国务院针对重大政策措施落实情况而开展的第二次大督查结果，截至2015年6月底，全国已处置闲置土地24.24万亩，占发现的闲置土地总量的23%，其中动工建设12.96万亩、收回10.28万亩、置换1万亩。

第二，低效利用的国有建设用地。低效利用的国有建设用地是指虽已动工开发建设，未达到闲置土地认定标准，但是集约利用程度不高，投资强度、年产值或者年入库税收额未达到招商引资协议约定标准的用地，或者未达到土地出让合同约定标准及国家《工业项目建设用地控制指标》规定最低标准的用地，包括由于经营管理不善等原因，企业处于停产、半停产状态的建设用地。主要范围包括：(1) 国家产业政策规定的禁止类、淘汰类产业用地；(2) 不符合安全生产和环保要求的用地；(3) "退二进三"产业用地；(4) 布局散乱、设施落后，规划确定改造的城镇、厂矿和城中村等。例如，南华集团是武汉市东湖高新区控股的造船企业，与黄冈江北造船厂合并后，由于经营原因导致破产，该企业处于武汉长江大桥旁边的厂区 202 亩进入了"沉睡"状态，由于这块地是老工业划拨地，按照规定由政府无偿收回，据估值，这块地价值高达 20 亿元以上，不仅能够覆盖企业全部债务，还能完全负担人员安置费用。

（二）农村"沉睡"土地

农村"沉睡"土地是指，农村地区由于自然或人为因素导致无法发挥土地有效性能或使用价值的闲置非农用地和未利用地等。主要包括闲置或低效利用的国有建设用地和集体建设用地、闲置或者低效利用的留用地、闲置宅基地、低效利用或者难以利用的土地（如废弃的工矿仓储、荒地、荒山）等。一方面，城市土地的供给成为制约企业和城市发展的重要"瓶颈"；另一方面，由于淘汰落后产能、城镇化和农民进城等导致的农村土地"沉睡"现象愈发严重。例如，据中国科学院 2013年的测算，全国共有农村宅基地约 1800 万公顷，空置的约 760 万公顷，几乎占全国宅基地总量的 40%，差不多相当于 5 个北京市的大小。

二、佛山市禅城区唤醒"沉睡"土地的一些尝试

许多地方政府按照发挥市场在资源配置中决定作用的原则，将政府引领与市场推动有机结合，分类化解，综合施策，有效唤醒"沉睡"土地，下面列举一些做法。

（一）前期准备阶段

第一，建立制度体系，保障土地使用的合规性和时效性。佛山市

禅城区建立《禅城区"三旧"改造联席会议审批制度》《禅城区土地招标拍卖挂牌联席会议制度》《佛山市禅城区违法用地动态巡查工作责任制度》等制度保障土地的合法合规、有效及时使用。杜绝"圈地闲置",规定凡取得"三旧"改造批复的项目,在批复之日起 18 个月内,未办理公开交易等用地手续的,"三旧"改造批复予以作废,保障改造效率出效益。对于项目审批的各个环节,规定审批时间,保证审批工作的及时有效推进。从 2008 年至 2018 年,禅城区"三旧"改造项目共 218 个,总面积达 25454 亩,为禅城区拓展了发展空间。

第二,摸清底数,理顺历史,规范今后。禅城区在 2008—2009 年开展第二次土地调查城镇地类调查工作,生成禅城区第二次土地调查土地利用数据库汇总表,获得禅城区全面、真实的土地基础数据,为规范国有建设用地登记发证和开展农村集体建设用地有偿使用和流转建立了统一的基础。进而完善土地资源配置机制,构建城乡统一建设用地市场。充分依托国有土地市场加快统一土地市场建设,促进集体建设用地进场交易规范流转。同时,在摸清底数的基础上,及时制定批而未征、征而未供、供而未用、用而未尽土地的处理意见和整改方案。几年来,禅城区共释放了农村 2 万多亩土地参与城市升级和产业发展,打造了华南电源创新科技园、欧洲工业园、华南金谷、华南交通电子产业园等一批标杆产业项目,激发了禅城区可持续发展的动力。

第三,规划先行,推动产业发展。使用土地利用总体规划进行整体管控,在各部门、各行业编制城乡建设、区域发展、产业布局、基础设施建设、生态环境建设等相关规划时,提出各类规划在土地利用上与土地利用总体规划的衔接意见,强化土地利用总体规划对土地利用的整体管控作用。在此基础上,参考社会舆论和居民意见,制定各片区整体规划方案,完善法定控规,促进产业升级、城市升值和环境再造。华南电源创新科技园位于佛山国家高新技术产业开发区，项目总投资约 8 亿元，占地面积约 330 亩。核心区原地上物建筑面积约 5 万平方米，以低矮旧厂房为主。通过产业规划调整、产业结构优化和经济结构升级，引入科技服务平台、金融服务平台、人才服务平台、招商服务平台、园区合作平台五大平台。

第四，强化资金保障。大胆创新思维，科学调度资金，将所有涉及改造项目资金的文件加急办理，及时拨付各项工程资金，以及拆迁安置用房用地款和其他各项工作经费。同时，主动接受社会各界监督，制定项目资金管理办法。例如，在祖庙东华里片区改造项目中，通过政府公开招标引入国际知名的毕马威会计师事务所为片区改造项目提供财务咨询和审计服务，确保资金规范高效和安全运作。

（二）土地收储阶段

第一，创新收储模式，实行区镇（街）联动。以"区镇联动，利益共享"的工作思路，由区土地储备中心作为收储主体，区、镇（街道）公有资产管理部门成立联合公司，作为具体实施单位提出收储方案，土地收储成本及土地平整费用由联合公司负责筹集、支付，实现成本区镇（街道）共担，收益区镇（街道）共享。各方分工清晰，职责明确，最大程度保障各方利益，土地收储效率明显提高。例如，南浦村地块仅用100 天就完成了95%的拆迁，100%村民同意拆迁；华南金谷项目 5 个月就完成约 550 租户的动迁；文沙路旧厂房改造项目短期内完成了征地拆迁……展示了令人惊讶的"禅城速度"。

第二，创新奖励补偿机制，引入"前期投资人"，鼓励社会资金参与"三旧"改造项目前期开发。前期投资人是指在存集体土地"三旧"改造过程中，通过镇（街道）公共资源交易中心公开选定，与村集体签订合作意向书确定合作关系，在土地交易、收储前投入资金，用于土地整合、建筑物拆迁、办理用地手续等工作的投资主体。"三旧"改造项目由于其前期的土地整合、用地报批等手续较为繁杂，村集体缺乏相应的资金，往往需要引入社会资金参与前期工作。村集体经营性商住用地收储后公开出让的，区政府将对收储前参与土地整理的前期投资人给予补贴或奖励，吸引更多的社会资金参与到"三旧"改造前期工作。

第三，严控土地功能转换，规范收储管理。为推动项目实施，促进"三旧"改造，根据《禅城区通过"三旧"改造进一步促进产业提升发展的意见》及《佛山市禅城区通过"三旧"改造进一步促进产业提升发展的实施细则》要求，工业用地改为经营性商住项目土地，须由区土地储备中心纳入储备管理后进行公开出让；工业用地改为非经营性商住项目土地，符合土地使用权人不变，经区政府审批同意不纳入土地储备计划的，可经区政府常务会议研究批准后，申请以协议出让方式按原用途补办出让或转变功能。

（三）土地出让阶段

第一，创新管理机制，实行土地"双推"模式。土地出让"双推"制度即在地块正式推出市场时同步进行推广宣传，切实体现土地最优价值，实现土地资源的优化配置。区国土部门每季度举行一次土地供应介绍会或举办相关宣传活动，公布本季度或近期举办出让条件的土地，实现土地供应信息的透明化。以南浦村地块为例，该地块在"双推"助推下，经各大媒体的广泛宣传，使这一旧改项目地块刷新区交易中心成立以来土地交易纪录，为禅城区"三旧"改造注入强力资金支持。该地块由 8 家开发商竞拍 5 个半小时经 437 轮竞价后，由广州越秀集团以 17.72 亿元竞得，溢价率 96.2%。

第二，采用信息化手段，规范交易，杜绝"暗箱"操作，保障土地市场"公平、公正、公开"秩序。规定村集体"三旧"改造用地，无论收储后公开出让，还是村集体自行转让，都不能够设置限制性条款，不能量身定做。保障土地市场的健康发展，有利于吸引更多、更有实力的开发商参与。一是建立公共资源交易中心网上平台，经营性用地以招标、拍卖或者挂牌方式出让，其中经营性商住用地公开出让时，必须通过网上挂牌交易的方式进行。二是着力打造农村集体资产管理交易和农村财务网上监控"两个平台"。通过"两个平台"的建设，封堵了资产和土地交易"暗箱操作"的可能性，资产和土地交易更加透明、公开，实现价值最大化。54个村委会398个村民小组实现"两个平台"全覆盖，全区农村568套账全部纳入平台监管，村集体资产和土地必须进行公开交易。通过规范管理，违纪发案率大大降低。近两年，由于"三旧"改造利益问题而引发的农村矛盾大幅减少，村民收益大幅增加，由于土地问题引发的猜疑、纷争大幅减少，社会更加和谐稳定。

第三，调整土地出让收入分配机制，调节房地产市场，扶持产业项目发展。对于经营性商住项目的地块，按照政府、土地权属人7∶3的比例分配土地出让价款；另外在政府的出让金分成中，按出让总价款比例的20%提留专项资金用于产业提升发展，引领产业提升，保障片区的长远发展。同时规定产业用途占80%以上的村集体建设用地免予收储，其余的均须纳入储备管理后进行公开出让，有效防止房地产一拥而上。推动现代服务业、先进制造业、战略性新兴产业等都市型产业发展，防止禅城变成"睡城"，推动改成"税城"。2008—2017年，产业项目所占"三旧"改造项目的比例，从55%上升至67%，而房地产项目所占比例由原来45%急速下降至33%。目前，禅城区产业蓬勃发展，土地资源从获取一次性短期收益向可持续长远利益转变。

（四）出让后监管

第一，建立土地动工、竣工申报制度。受让人应当在项目开工、竣工时，向区国土部门书面申报。

第二，建立土地开发利用动态监控制度。区国土部门在地块动竣工期限届满前半年及届满前三个月时分别进行现场巡查，并发出提示函。

第三，建立违约行为公示制度。对超期开、竣工的情况进行公示。对不履行出让合同竞买人（单位），依据合同约定，严肃处理，同时在区国土部门及相关网站上向社会公布，主动接受社会监督。

通过出让后监管制度体系的监督，禅城区实现了存量建设用地零违法的目标。

三、唤醒"沉睡"土地的启示和建议

第一，唤醒"沉睡"土地要有"集成"理念，要将唤醒"沉睡"土地与产业发展和城市化战略通盘考虑。通过"三旧"改造唤醒"沉睡"土地的同时，要考虑与片区长远的产业发展升级相适应，符合城市整体规划，提升城市价值。一是坚持市场的决定作用，在具体实施过程中注意调动市场主体的积极性，勇于尝试引入社会力量、社会资金为唤醒"沉睡"土地服务。二是政府支持至关重要，政府给予产业培育的导向支持和产业转型的指导扶持，做好基础设施建设，不介入市场竞争性领域，"不越位、不缺位"。

第二，勇于将新技术、新模式引入进来，建立信息共享机制，提升效率出效益，保障市场"公平、公正、公开"秩序。一边是用地"瓶颈"，一边是土地"沉睡"，这种矛盾的根源是信息不对称。运用大数据、云计算、物联网、智慧城市来建立管理平台、交易平台、数据平台，促进供需双方的信息互通、政府和市场主体之间的信息共享。运用技术手段直观、快速、准确地掌握土地信息、人财物归属、动迁情报、项目进度等，及时锁定并发布"沉睡"土地信息，疏通项目拥堵环节；使用数据信息推进土地市场的公平公正，保障土地交易的透明高效，缓解信息不对称的状况，建立政府部门内部以及政府和市场之间权责分明的信息共享体系，提升全社会的效率与公平。

第三，发挥市场主体和社会公众在唤醒"沉睡"土地中的积极作用。一是打开社会资本和社会"智"本参与建设的通道，引入社会资源，为唤醒"沉睡"土地过程中遇到的资本短缺难题和智力短缺难题找到优质的解决办法。二是加大社会舆论宣传力度，破解信息不对称矛盾，加强市场竞争，提升土地价值，促进社会公众对唤醒"沉睡"土地工作的了解和参与程度。三是强化社会监管和监督，引入社会力量进行财务咨询和审计监管工作，发挥社会舆论的监督作用，保障土地市场的公平公正和规范透明。

改造城中村打造新局面，化解社会深层矛盾

——威海市平稳推进城市化改造的经验

近年来，随着各地大规模的城中村改造，"拆迁"造成的社会不稳定因素成为广泛关注的焦点。"城中村"改造问题的实质是利益群体之间的博弈，改造过程是各相关主体之间重新进行利益调整的过程。正确解决城中村改造问题所造成的社会问题既有必要，又很紧迫。威海城中村改造一步到位，并且城中村改造过程中的经验值得学习与借鉴。

一、威海市城中村改造工程的主要做法及成效

威海市建地级市 20 多年来，城市建设取得很大成绩，但在城市快速发展的同时，中心市区的城中村数量也随之增加。城中村配套设施不完善，环境脏、乱、差，不仅影响了人居城市形象，还制约了城市空间的拓展和群众生活环境的改善。2007 年，威海市委、市人民政府作出

用 3 年左右时间完成市区城中村改造的决策。2018 年年底 66 个村居、8.23 万居民喜迁新居，市区 146 平方公里范围内将全部实现真正意义的城市化。

做法一：坚持政府主导调控，建立高效的组织领导机制，密切配合，形成城中村改造的强大合力。威海市委、市人民政府把城中村改造作为改善民生的一号工程，通过组织有关单位、村居负责人到城中村体验群众生活、外地参观学习等，进一步增强了加快城中村改造的责任感和紧迫感。市委、市人民政府主要领导决心足、魄力大，坚持亲自抓、亲自促，召开专题会、座谈会 60 余次，批示近百次，还多次下基层，走门入户，面对面听取意见建议。市人大、政协多次进行专题调研，并提出了许多合理化建议。市里成立了联席会议办公室，制定了工作规则，切实加强对工作的统筹协调。强化了考核奖惩，把任务分年度落实到各区，作为"一把手"工程层层签订责任状，每个村居都落实了牵头领导和工作班子，拆迁计划直接分解到镇（街）。市村改办认真搞好协调、督查、调度，实行了"周调度、月观摩、季分析"制度，有针对性地解决工作中遇到的问题。每年威海市都召开高规格表彰会议，对涌现出来的先进单位和个人进行表彰，营造了良好的社会氛围。

做法二：坚持政策扶持，制定实用到位的优惠政策，建立以公共利益为导向的改造政策。威海本着"宁可减少财政收入，也要让群众早日住进新楼房"的原则，先后制定出台了村庄改造暂行办法及一系列配套措施。比如，实行了土地纯收益"二八分成"：将土地出让纯收益扣除农业土地开发资金后，余者 20% 部分，由土地收益所在政府或两个开发区管理委员会用于公益公共服务设施和基础设施建设；其余 80% 返还村居集体，用于村庄改造建设和集体经济发展，返还数额近 20 亿元。兼顾了开发商利益，出台了减免缓政策，取消和免征收费项目 16 个，减半收取 3 个，缓缴 5 个，还全面开放了小区配套的附建式人防工程的施工图设计、工程监理和检测市场，对土地出让金实行分期付款，开发成本平均每平方米下降了 400 多元。

做法三：坚持公正透明，让群众成为改造的最大受益者，最大程度获得群众的认可和同意。在改造中，千方百计保障群众的利益，使人民群众成为最大受益者，拆迁改造由"要我拆"变成了"我要拆"，特别是 2009 年以来实施改造的村都是一次性整体拆迁。一是请群众参与。在制定规划方案、补偿政策、户型设计时，全部民主公开、民主决策，给予群众充分知情权和决策权，达到了入户率 100%、见面率 100%、参与率 100%。二是以制定惠民的补偿政策。回迁房按照宅基地面积给予补偿，四间平房能换 133 平方米楼房，"拆一还二"。各村居还实行了一些奖励政策，有的送 10 年暖气费和水费，有的送 5 万元的装修费，有的多送 1.8 万元的躲迁费，还有的在"拆一还二"的基础上再送 15 平方米。三是以公正之心严格落实政策。坚持规范操作，实行一碗水端平，做到"政策以内不克扣、政策以外不松口"，杜绝了"暗箱操作"、互相攀比等行为，确保了工作的公开透明。四是解决群众难题。充分考虑群众实际困难，全力帮助解决搬运物资、用水、用电等问题，有的村还为躲迁群众办理了原座机与小灵通同号业务、减免了有线电视费。五是以责任之心破解拒迁难题。对个别不顾政策、漫天要价的"拒迁户"，实行责任到组、包户到人，几次甚至十几次登门，不厌其烦地做工作；同时，不断创新方法，采取亲情连线方式，发动拆迁户的亲属、朋友、同事迁回做工作，攻克了一个个拆迁难题。

做法四：坚持分类推进，统筹兼顾经济社会，不断创新开发建设的新模式。在工作中，总结推广了五种模式：一是异地安置模式。依据规划将原村庄占地拆迁腾出，在本村已建成的居住区置换土地进行安置，既照顾了原住户的乡土邻里亲情，又做到了百姓不用躲迁就直接搬进新居。二是连片开发模式。对地理位置接近、人文环境条件相似的村庄，打破村域界限，实行合村并点、整体改造、集中建设，取得了集约利用土地、共享资源的效果。三是商品房改作回迁房模式。将计划用于销售的商品房留下，先用于安置拆迁居民，让社区居民提前住上了新楼房。四是先建后拆模式。利用空闲地建设回迁房，回迁房建设先于拆迁，大大缩短了躲迁时间。五是整体拆迁建设模式。充分做好各项衔接工作，提前办理各项手续，拆迁一结束，回迁房马上开工建设，部分村的拆迁户当年就拿到了钥匙。

做法五：坚持打造精品，建设高品质的城市社区，完善城市功能提升城市品位。按照"拆一个旧村、建一个精品社区"的要求，全面推进城市美化、亮化、绿化工程，进一步完善城市功能、提升城市品位。要坚持高起点科学规划、高标准精心建设、高效能精细管理。既要保持威海红瓦绿树的特色，又要在单体设计上突出多样化，避免千篇一律的火柴盒式的低标准。要鼓励有实力的开发商，建设一批有规模、有档次、有品位、有文化，能够体现威海人居品牌的标志性住宅区。新建小区要一次性规划好配套设施，做到水电气暖路等一应俱全，学校、医疗、安保、市场、停车场等一次性到位。对群众反映强烈的行车难、停车难和背街小巷脏乱差、河道污染严重等问题，有关部门要认真搞好调查研究，一个一个拿出具体的解决方案，不留死角、不留漏洞、不留盲区。要积极推行城市精细化管理，把城市管理区域定位到每条街巷，管理标准分解到每一个细节，管理责任明确到每一个岗位，尽快由过去那种被动应付、突击整治为主的管理方式，转变为主动发现、常态整治为主的管理方式，推动城市管理上档升级。

二、借鉴威海城中村改造经验，化解社会深层矛盾

威海城中村改造经验针对目前中国快速城市化进程中城中村改造存在的普遍问题，提出有针对性、突破性、可操作性的解决措施，借鉴威海经验对中国城市实施城中村改造工程有一定启示意义。

第一，充分发挥政府部门在改造过程中的主导调控作用，政府部门应从公共利益出发，改造政策的制定应能最大限度地体现公众利益的要求。市场这只"看不见的手"并非万能，总会存在失灵问题，市场的缺陷靠市场本身无法解决。这就需要政府这只"看得见的手"进行适度的干预来弥补市场的不足。城中村的改造事关城市的可持续发展，触及各社会阶层的利益重新分配，所以政府按照城市发展的总体目标，推动城中村改造过程中的土地、集体经济、社会保障、公共设施投融资、资源保护、利益分配等方面的制度创新，将发挥不可替代的角色作用。政府应该更好地创造条件，通过公开城市规划的信息等基础工作，为开发商和村民的平等协商提供制度基础和投资环境。因此，"政府主导、企业参与、市场化运作"应该是当前城中村改造的总体操作思路。

第二，在城中村改造过程中，创新公民参与机制，确保满足公众的知情权，加强公众参与的制度化建设，保证公众的监督权。一是建立完善的信息公开制度，城中村改造涉及拆迁补偿、规划指标、公共产品提供、房地产开发，任何一个环节都蕴藏着巨大的经济利益，信息公开才能使公共政策发挥功效，反之，将会遇到极大的改造阻力，甚至会引起村民的不满，导致政府的合法性危机。二是增强村民的利益表达能力，提高村民的利益表达水平。采取有效的措施和方法获得最真实的信息和村民们的真实意愿。向村民们宣传政策、解释规划，最大限度地争取村

民的支持，发挥村民们的积极性和创造力。三是加强公民参与的制度化和程序化建设，通过立法手段推动公民参与的进程，使公民参与做到制度化、规范化、程序化。四是建立结构合理、配置科学、程序严密、制约有效的权力运行机制，改革和完善权力监督体系，加强对权力的监督和制约，确保公共权。

第三，城中村的改造是一项综合性的改造工程，统筹兼顾，分类改造是保证彻底改造成功的重要策略。不仅要对城中村土地、建筑、设施等物质形态结合城市总体规划进行整体布局和功能的调整，还要对集体经济结构与组织、社区结构与管理、生活方式、人口素质等方面进行全面的改造。城中村的根本发展取向是使城中村走向真正的城市化，即农村向城市转变，村民向市民转变，农村管理向城市管理转变。每一个城中村根据本村所处的城市地理位置、经济和人口的状况、结合城市总体规划的功能分区、环境与资源的保护要求等因地制宜地制定详细的实施方案，采用的"分类推进"，只有做到长短期结合、经济社会统筹兼顾，并通过实施制度的完善，才能保障城中村改造的顺利推进。

第四，城中村改造的过程要与城市产业布局的结合，均衡城市化的推力与拉力，达到既通过改造达到发展城市经济，又防止出现贫民窟的目的。按照现代化、高标准规划建设，使商店、学校、医院等生活服务设施布局合理、服务方便；城市基础设施建设上，营造舒适、卫生的城市生活环境，建成现代化的公寓住宅。防止有经济实力的人群居住在城市中心，而经济实力较弱的中低收入人群只能选择在基础设施配套不完善或环境较差的城郊结合部，甚至更远离市中心，防止出现阶层分离对立，加剧社会割裂，居民的居住模式要实现"功能互补，互惠共生"。

佛山禅城以旧厂房改造提升城市发展空间

旧厂房改造是缓解城市土地资源瓶颈、提升城市面貌、促进产业转型升级的重要途径之一。广东作为改革开放前沿，随着产业结构的升级，废弃了一批旧厂房。为有效利用城市土地资源，佛山市禅城区通过不断探索，创新改造模式，在旧厂房改造方面取得了较大成效。

一、禅城区旧厂房改造现状

佛山全市纳入"三旧"改造的总用地量为 50.15 万亩、6201 宗地块，其中近 7 成属于旧厂房，是"三旧"改造主体。禅城区作为佛山市中心城区，截至 2017 年 9 月底，累计启动旧厂房改造项目 196 个，面积 2.34 万亩，占"三旧"改造总用地面积 92.1%。通过改造，禅城区原有旧厂房实现了换新颜、转新途。

（一）主题产业园区泉涌出现

佛山市人民政府明确要求旧厂房改造优先用于发展工业，其中禅城区旧厂房改造用于发展工业的面积不低于40%。禅城区也出台配套政策支持旧厂房改造，如《禅城区关于鼓励制造业企业原有旧厂房用地改造提升发展现代服务业产业认定管理办法》规定，部分较大规模制造业企业的原有旧厂房用地可申请免纳入土地储备。

在一系列政策措施推动下，禅城区出现了多个基于旧厂房改造的主题产业园区。例如，佛山泛家居电商创意园改造前为佛山金意陶陶瓷厂的旧厂房，该旧厂房物业全部为街道所有物业，无民营企业、市国有企业权属厂房，厂房面积3.3万平方米，2014年6月开始启动改造，2018年已全部完成改造，且新建、加建部分物业，总建筑面积达5万平方米。园区待出租物业仅余两栋占地面积为600平方米的二层、三层物业，总建筑面积为3000平方米。创意园于2014年8月18日正式开园，每年总租金约1000万元，开园一年后出租率已超过90%。进驻企业与园区合作良好，流动性低，园区每年租金收入稳定。禅城区政府为园区提供政策支持资金约为20万元/年，政策红利持续三年，预估红利期结束会有企业搬离。租金主要用于园区维持自身运营，举办促进园区发展的活动，并未收归区政府所有。

（二）双创中心纷纷出现

创业氛围和创新环境的好坏是衡量城市竞争力和实现城市可持续发展的重要方面。近年来，随着国家、广东省、佛山市相继出台政策支持发展"双创"产业，禅城区将旧厂房改造与发展"双创"产业载体空间进行有效整合，共同发展形成合力，成为城市产业转型升级的重要契机和新的发力点，显著提升了禅城的创业创新水平。

泛家居电商创意园发展最好的十大企业分别属于电子商务、信息科技、创意设计等行业，成为佛山重要的双创中心之一。园区对企业入驻设置了入孵条件和淘汰机制，重点孵化培育中小企业。入孵企业从入孵之日起满18个月，进行中期评审，评审内容包括经济能力、技术开发能力、企业经营管理能力、产品技术水平和产业化程度、企业发展潜力五个方面。评审采取量化打分形式，总分为100分，60分以下为不合格。园区对于评审不合格的企业予以整改或淘汰处理。

（三）提升产业园区发展能力

产业园区的优势在于产业聚集，园区的管理方在做好自身管理，为入园企业提供工商注册、代理账务、法务咨询、税务咨询、科技项目咨询等服务的同时，为园区企业链接产业上下游资源，并结合互联网资源，为企业提供更大发展空间。

例如，2017年泛家居电商创意园举办"智信禅城·云计算走进园区"暨佛山信息技术论坛、天猫佛山工业电商共享服务中心启动仪式暨天猫专题招商会，以及佛山初创文创企业扶持"展翅行动"。园区共有线上电商企业50多家，利润增长率为5%。2017年，园区引进18家中小文化创意企业为电商企业提供相关的网站设计、软件开发等服务。

二、禅城在旧厂房改造中的一些尝试

第一，从"三旧"改造的实际问题出发，完善政策配套，落实优惠扶持。"三旧"改造的最大难点在于土地变性，难以变更农业用地为其他用地，不少产业园区都会遇到物业权属不明、消防验收标准高、用电分配标准与实际不匹配等问题，园区当中旧建筑没有进行办公、研发等活动的资质。例如，泛家居电商创意园园区占地面积约4.18万平方米，其中约3.1万平方米在城市规划绿线范围内。按照相关规定，临时占用城市绿地最多只有两年，因此必须办理绿地置换手续；园区土地和建筑物需要转变功能（只能办理临时转变功能，以下简称转功），需每年缴纳1000多万元的临时转功费用，为园区造成巨大的负担。新建建筑的消防报建、验收需要施工许可证，该园区新建建筑物由于不符合绿地规划，在建设之前未申领施工许可证，导致无法进行消防报建；而旧物业改造的消防报建、验收问题。由于历史加建和进行了部分改造，导致建筑现状面积与证载面积不符，未能办理消防报建、验收手续。

为鼓励改造提升再利用工业房产，集约用地集聚发展创新创造新产业，禅城区政府于2017年5月出台了《禅城区利用旧工业园区发展创新创造新产业扶持措施（试行）》，明确园区发展新产业新业态免予办理使用功能临时变更手续，以及园区土地及建筑物使用功能临时变更免予办理手续，区直各部门可按照变更后的功能直接加快办理建筑物规划报建、施工报监、消防审批、环保验收、联合验收等手续。

扶持政策下发后，由于各部门之间行业法规有更高的要求，如《国家消防法》等规定，各部门对园区扶持要求的批复非常慢，政策尚未真正落实到位，除绿地置换问题通过调规解决外，其余转功问题、消防问题并未彻底解决。

第二，将城市产业规划与城市更新相结合，编制各项规划，统筹改造工作。从三个方面进行规划，一是编制全区城市总体规划；二是编制完成"三旧"改造专项规划；三是推进各片区控规编制工作。奇槎社区从村级工业园区到现代化国际社区的跨越式转变，就是按照佛山市和禅城区的总体规划，依照奇槎地理位置优势，规划引进大数据、大健康和信息服务业。对片区规划要求包括养生酒店、体检中心、培训公寓、会展中心、总部大厦等在内的综合产业项目与教育街区，形成公办学校、国际学校和教育 MALL 的教育资源布局和产业链条，预计投资近 400亿元，其中社会投资约 300 亿元。

第三，处理好政府、外来资本、村民三者的关系，维护村民的切身利益。禅城区的旧厂房大多集中在村组，土地权属复杂，连片开发难度大，因此在改造中不仅需要政府的引领和推动、市场力量的参与，还需要做好村民工作，实现改造的三赢局面。

华南金谷——中国（国际）五金采购交易中心，是禅城区首个通过区、街联动方式收储的重点项目，由禅城区、祖庙街道公资联合成立公司作为土地整合主体，整合集体土地以及街道下属企业用地 225.5 亩，总建筑面积 57.0938 万平方米，其中产业建筑面积 45.675 万平方米（占80%）、住宅建筑面积 11.4188 万平方米（占 20%），总投资约 30 亿元。改造前村集体物业租金年收入约 1440 万元，改造后村集体物业租金年收入约 5400 万元，增长 275%。

三、推进旧厂房改造的建议

第一，根据城市发展规划，清理统计旧厂房功能、面积，改造推进连片开发。成立"三旧"专责机构，对旧厂房进行统计和规划，完善政策配套和基础设施提升。佛山市禅城区通过成立"三旧"改造服务中心，建立"三旧"改造联席会议审批制度，各镇街设立相应办公室，统筹协调具体"三旧"改造工作，有效地推动了"三旧"改造的顺利推进。统筹城市发展各类总规，以节约集约用地为原则，科学编制用地供应计划，新增建设用地计划应充分保障招商引资、重点项目、优势产业项目用地需求，使新增用地与市、区发展方向保持一致。对于不符合国家产业政策和供地政策的建设项目等，不予安排用地指标，促使城市区域内产业结构调整升级，优化城区土地利用与空间布局。

第二，旧厂房改造引入社会资本，规范市场竞争。促使资源通过资产变成资金，带动社会资本加入改造工作，提升改造项目品质。禅城区政府投入资金与吸引社会资金的比例约为1∶10。通过政府的规划管理，吸引国内优质房地产企业进入改造项目，提高项目的收益率，实现土地价值的大幅提升。

第三，旧厂房改造的目的主要是为了产业升级，对城市新业态的发展形成有效合力，避免商业住宅成为改造的主方向。禅城区规定，旧厂房用地转变功能用于开发建设商品住宅的，土地出让总价款分成比例由现行土地权属人和政府4∶6调整为3∶7，鼓励旧厂房仍用于工业用地，或商业，或公益性设施，并有政策扶持。在引入外来优质企业的同时，禅城区出台《禅城区关于鼓励制造业企业原有旧厂房用地改造提升发展现代服务业产业认定管理办法》，部分较大规模制造业企业的原有旧厂房用地可申请免纳入土地储备，在符合禅城区城市总体和控制性规划的前提下，鼓励和扶持本地优质企业就地转型升级，推动本地上市制造业企业、制造业纳税大户对原有旧厂房用地进行改造提升，并大力发展现代服务业。

产业与行业篇

中国急需构建营养安全型现代农业体系

改革开放 40 多年来，中国农业基本解决了近 14 亿人的温饱问题，但因营养失衡导致的贫血、幼儿出生缺陷、生长迟缓以及发育性残疾等问题却日益突出，严重影响中国人的身体素质和经济发展，带来巨大的经济损失和社会代价。如何打破小农生产方式下农产品非均质、非标准的生产困局，构建营养安全型现代农业体系、改善全民营养状况，成为中国农业现代化的重要命题。

一、营养失衡造成重大社会代价

长期以来，营养失衡被认为是经济发展水平低的结果，其实营养失衡更是制约生产力水平提升的关键原因。营养失衡在影响当代人健康的同时，也会降低其学习能力、阻碍人的潜能发挥，造成贫困和营养不良的代际传递，给整个社会带来沉重的人力、社会和经济代价，威胁可持续发展的实现。

（一）营养失衡损害国民健康

在中国，营养失衡造成的"富贵病"已成为威胁国民健康的头号"杀手"。随着居民生活水平的持续提高，在营养供给不足的状况有所缓解的同时，由于居民膳食结构变化导致的营养过剩以及由此带来的心脑血管疾病、糖尿病、高血压、脂肪肝等慢性疾病发病率持续上升，而且发病年龄日趋年轻化。据卫生部门统计，2015 年中国超过 2.6 亿人口被确诊为慢性病患者，约占总人口的 19%。由慢性病导致的疾病负担占到总疾病负担的近 70%，由营养问题导致中国每天约有 15000 人死于慢性病，占死亡人口总数的比例超过 80%。世界银行报告显示，如果不实施有效的防控策略，40 岁以上中国人罹患心血管疾病、慢性阻塞性肺部疾病、糖尿病和肺癌的人数在未来 20 年将可能增加到现在的两倍甚至三倍。

（二）营养失衡加剧地区贫困

因营养失衡，特别是人体内微量元素失衡导致的"隐性饥饿"带来的地方性疾病正在成为继温饱问题之后威胁中国实现全面脱贫的新隐患。研究显示，蛋白质—能量营养不足可使儿童智商（IQ）降低 15 分，可导致成年劳动生产力降低 2%—6%，铁缺乏也可导致 5%—17%劳动生产力损失。在中国，受碘缺乏病、克山病、大骨节病、氟骨病等地方性疾病威胁的人口数量多达 4.2 亿人，且多分布于中西部的农村、山区、牧区等地区。由地方病带来的劳动力损失以及因此产生的医疗费用开支，使得因病致贫、因病返贫的现象仍有发生，并与生态环境危机、产业基础薄弱、社会治理低效等致贫因素交错叠加，构成顺利实现贫困人口全面脱贫、贫困县脱帽的巨大障碍。

（三）营养失衡威胁经济长期增长

营养失衡将会降低人类的学习能力，阻碍人类潜能的发挥，降低人力资本质量，从而对宏观经济长期健康发展构成威胁。据世界银行统计，后发国家中由于营养失衡导致的劳动能力丧失、免疫力下降等带来的直接经济损失约占其国内生产总值的 3%—5%。按照中国 2015 年国内生产总值 67 万亿元测算，每年中国因营养失衡带来的经济损失约 2 万亿—3 万亿元人民币。目前，在中国 50% 以上的慢性病负担落在年龄位于 15—64 岁之间的经济活跃人口身上，如不加以有效干预，势必将对未来几十年的经济增长埋下隐患。

二、发展营养型农业，提升居民健康水平

纵观先发国家工业革命后数百年的发展历程，营养在人力资本开发、生产力水平提升、国民健康状况改善等方面发挥着举足轻重的作用。其中，通过提高农作物品质、改进膳食营养是提升居民健康水平、减少疾病发生概率、阻断贫困代际传递的重要手段。

（一）农作物微量元素缺乏导致隐性饥饿

农作物中的营养，特别是微量元素的缺乏是导致人体微量元素缺乏，进而造成多种疾病的重要原因。土壤、水等环境介质及其中的微量元素水平决定了农作物本身的生长发育和品质提高，微量元素进一步通过农产品等食物链为人类所吸收，进而对人体健康产生营养。营养失

衡，特别是人体内的微量元素失衡是导致地方性疾病发生的主要致病因子。在中国内陆的山区和地势起伏较大的丘陵地区，由于土壤稀薄且水土流失严重，当地产出的农作物中碘、硒等微量元素含量低，导致当地人无法从本地生产的农产品中摄取足够的微量元素，进而成为甲状腺肿大、克山病等地方性疾病的多发区。

（二）消除隐性饥饿有待于提升农作物营养素含量

实践证明，农作物营养强化是改善人群营养素以及铁锌等微量营养元素缺乏的最佳手段和途径。长期以来，中国的农业政策一直聚焦"量"的保障，而忽视了"质"和营养的保障，农作物中的铁、锌、维生素等微量营养元素含量显著低于国际水平。例如，尽管目前小麦产量逐步提高，其平均铁锌含量仅为每千克 20 毫克，与成人每天所需铁锌量 45 毫克的标准相差甚远。

（三）发展营养型农业亟待跳出小农生产方式

发展营养型农业、确保农产品生产均质化、提高农作物营养素含量，亟待打破落后的小农生产经营方式。现在一家一户的小农生产经营方式导致农产品生产非均质化、非标准化、技术装备水平低等问题，严重约束农产品质量和营养素含量的提升。特别是在农村贫困地区，小农生产经营方式导致农产品商品化率低，膳食品种相对单一，自产自给的生产消费模式加剧了人体对微量元素摄取的不平衡，从而导致地方性疾病的流行，从而陷入"贫困—疾病—贫困"的死循环。

三、建立农产品营养安全普遍服务体系的相关建议

以营养支持为核心，对接现有社会保障项目，构建农产品营养安全普遍服务体系，将提升居民膳食营养纳入国家脱贫战略，确保本国国土范围以内的所有人能够获得均等、全覆盖、可获得、公正、可持续的营养支持服务。依托农业产业功能区建立监测检测平台和技术支撑平台，打造营养安全型现代农业体系，不仅将从制度上降低因病致贫、因病返贫的概率，阻断贫困代际传递的可能通道，还将为推动中国农业供给侧结构性改革，实现从追随型农业升级为引领型农业设计了一条路径。

（一）构建基于营养安全的财政补贴机制

通过农业和农产品来提升居民膳食营养迫切需要政府以更精确的手段和更有效的方式引导居民增加对营养健康食物的消费。研究表明，对于贫困群体而言，其额外收入中几乎40％都用于购买小麦、大米和糖，花费颇多且营养价值不高。通过更加市场化的方式，发挥财政资金的杠杆作用，引导和激励广大居民加大对特定品种食物的消费，可以起到提升消费和营养结构、补充所需微量元素、养成健康膳食习惯的作用。具体而言，可借鉴美国的食品券制度，设置营养食品优惠券制度，并结合互联网、手机应用APP等新媒体渠道，以财政资金补贴消费者的形式允许消费者以一定优惠的价格购买牛奶、豆制品等营养丰富的食物，进而达到提升营养水平的目的。

（二）针对重点人群实施定向营养干预

针对孕产妇、婴幼儿、儿童青少年、老年人等重点人群，分别设置

对应的营养保障项目，进行定向干预，确保营养健康。具体而言，对于孕产妇与婴幼儿，做好孕产妇营养均衡调配，重点改善低收入人群孕妇膳食中钙、铁、锌和维生素A摄入不足的状况，预防中高收入人群孕妇因膳食不合理而导致的肥胖等营养性疾病。大力倡导母乳喂养，重视农村地区6个月龄至24个月龄婴幼儿的辅食喂养与营养补充，加强母乳代用品和婴幼儿食品质量监管。针对儿童青少年，着力降低农村儿童青少年生长迟缓、缺铁性贫血的发生率，做好农村留守儿童营养保障工作。遏制城镇儿童青少年超重、肥胖增长态势。在中小学开展食物与营养知识专题专题教育，加强对教师、家长的营养教育和对学生食堂及学生营养配餐单位的指导，引导学生养成科学的饮食习惯。强化营养干预，加大蛋奶供应，保障食物与营养需求。针对老年人，研究开发适合老年人身体健康需要的食物产品，重点发展营养强化食品和低盐、低脂食物。开展老年人营养监测与膳食引导，科学指导老年人补充营养、合理饮食，提高老年人生活质量和健康水平。

（三）建立国家级监测检测平台，发力供给侧改革

在现有农产品质量监督体系的基础上，联动科技部、卫生健康委、中国疾病预防控制中心等，建立国家级农业与农产品营养监测检测平台，打造集监测、检测、分析、科研、信息发布等于一体的公共服务平台，以营养和质量引领农业供给侧结构性改革。

加强农业科技领域、营养科技领域、加工科技领域的协同与合作，围绕粮食产业结构调整和营养目标改善开展联合科研公关，在合理膳食和有利营养的基础上安排粮食品种选育、生产布局和加工制作。重点对小麦、稻米、玉米等主粮中富含的营养素水平和营养成分进行实时监测；对农产品产地环境，特别是土壤、气候等信息进行监测分析，进行

农产品产地认证；开展农业生产风险分析与预警，为农产品产地溯源管理和相关研究工作搭建信息和数据开放平台。

（四）建立技术开发平台，以营养干预防治地方性疾病

在地方性疾病集中发病地区建立技术开发平台，以改善和提高农产品营养素结构与水平为突破口，开发防治地方病的功能性农作物新品种，改良土壤营养状况，从保障膳食营养均衡的角度对地方病进行未病干预。

运用精准育种技术和纳米技术进行农作物营养素均衡调控。在特定微量元素稀缺地区，增强农作物对该元素的摄取能力，提高农作物中微量元素含量，进而补足、平衡人体中缺少的微量元素；在特定微量元素过丰以及有害微量元素富集地区，减少农作物对该元素的摄取，以维持人体内微量元素均衡，阻断致病元素的传递。通过跨区调配，将当地生产的农产品调运至该元素缺乏地区，如将富硒苹果等作为补硒的膳食手段提供给克山病多发区以及癌症多发区，进而达到干预和防治地方性疾病的目的。

依托土壤改良技术，提高土壤的矿物质含量，增加和更新土壤有机质，促进微生物繁殖，改善土壤的理化性质和生物活性，夯实营养安全基石。对于缺乏或富集某种微量元素的地区，结合人体健康所需的微量元素，利用元素间的协同或拮抗作用，相应地施用微量元素肥料，调控农作物对微量元素的吸收量，从根本上切断有害元素经食物链进入人体的通道。

构建现代邮政寄递业社会普遍服务体系

邮政是国脉所系、国力所依、国政所支。近现代以来，邮政的内容和技术进步速度决定了国家的强大程度。特别是近年来，随着信息技术的突飞猛进，使得邮政业的产业形态和网络基础发生了根本性的改变，只用邮政来概括新业态、新内容和新功能都显得不科学、不全面和不精准。应当用邮政寄递业来代替传统的邮政来描述。现代邮政寄递业越来越具有商务服务综合体、政务服务综合体和民生服务综合体的互联互通和交互通达的兼具社会基础设施的综合服务业特征，所谓商务服务综合体，是物流、信息流、商流、资金流、政策流的多流合一和末端集成；所谓政务服务综合体，就是政务周知、政策投送、政府文书送达、民情网络；所谓民生服务结合体，就是要保证老百姓的生计维护、生活保障、生命健康、生机催生的政策通达和落地。现代邮政寄递业将成为覆盖综合传统邮政业务、价值递送、产业融合、信息服务、管理服务、技术服务及交易服务的多元开放的现代绿色服务平台，成为支撑国家重大发展战略的民生服务中心、技术应用中心和价值创造中心。如何动态调整邮政寄递社会普遍服务，继续提供均等化、全覆盖、可获得、可持续、公正、无差异的普遍服务，形成"强政府，大市场"的格局，为中国从经济大国走向经济强国提供无差异服务的叠加的民生网络综合体。

一、中国邮政寄递业社会普遍服务领域存在的问题

新技术特别是"云物大智"（云计算、物联网、大数据和人工智能技术）等技术正在装备现代邮政寄递业，同时，区块链技术又横空出世，联合国 2030 年可持续发展目标（SDGs）指出，要达到高水平的经济生产率就要通过多种经营、技术升级和创新，包括聚焦高附加值和劳动密集型部门的运营。无人机的使用更使得邮件的限时定点精准投送成为可能，也使得用户对邮政寄递业服务的需求出现更多元、更多层次和业务综合。

（一）邮政寄递社会普遍服务的功能定位不清，缺位严重

现代邮政寄递业社会普遍服务包含着邮政社会人文普遍服务体系、邮政社会产业普遍服务体系和邮政社会知识信息普遍服务体系三大体系和九个子系统，邮政寄递业社会普遍服务同样应当全涵盖，但目前政府仍把邮政社会普遍服务定义为传统的四项邮政业务。这与经济社会发展的需求越来越不相适应。作为最具有牵引和支撑作用的多关联度产业和社会性基础设施，一方面邮政寄递业需要新技术装备，另一方面邮政寄递业又是牵引其他产业发展的平台。邮政寄递业在一个动态变化的数字世界运行，邮政事业的经营要更加符合社区居民的预期并且满足客户消费行为的快速变化。中国到目前为止，没有建立相应的邮政寄递业技术

创新平台和行业检测标准，

（二）技术创新不足，全球结构性竞争力薄弱

邮政寄递业社会普遍服务体系往往是一个国家新技术的创新和应用的示范平台。普遍服务体系的业务发展需要通过应用新技术和新模式实现。2016 年的万国邮联的邮政寄递业发展指数数据显示，中国的综合指数为 78.73，位列亚太区第二，低于新加坡（83.77）。中国在广泛性和关联性指数均达到 100%。但是，可靠性为 56.86，低于工业化国家（79.4）和东欧及独联体国家（74.7）。中国邮政的适应性为 42.34，低于东欧工业化国家（66.1）及独联体国家（67.5），甚至低于非洲国家（46.5），这反映出中国邮政寄递业需要提升创新能力，重视创新可持续，加强包容性业务的发展。邮政发展指数是以邮联大数据为基础，提供了全球邮政行业的运行情况。

（三）与交通、海关、电商等节点资源的衔接严重割裂

邮政寄递业社会普遍服务体系实现的是多流合一的商务、政务和民生普遍服务，是物流、信息流、商流、资金流、政策流的交互，因此，需要与各个专业行业、专业服务政府机构，特别是土地、交通、财政部门的合作发展，邮政寄递业既是现代交通的主要组成部分，交通又是邮政寄递业服务的主要载体，但是在于交通运输业的融合发展中，远远未能体现邮政寄递业的产业牵引、社会融合和民生保障的强国支撑地位。例如，中央和地方政府对邮政寄递企业提供邮政寄递社会普遍服务在设施规划、用地用房、车辆通行等方面的政策支持力度不断加强，但是邮政寄递企业用地难、车辆通行管理不足等问题极大地限制了邮政寄递业务的进一步发展。

（四）监督管理体系权责不对等、没有全覆盖、机制运行不畅

目前国家对邮政寄递业社会普遍服务每年大概有 60 亿元左右的财政补贴使用的有效性不足，但由于补贴发放的预算没有与邮政寄递业应向社会提供的水平挂起钩来，决算没有与绩效考核关联，补贴在企业内部的使用也不清晰，在一定程度上挫伤了基层的邮政寄递业服务人员的积极性。

二、建构新时代邮政寄递业社会普遍服务体系的战略思路

邮政寄递业社会普遍服务体系在两个方向发力，一个是让现代邮政寄递业社会普遍服务体系向弱势群体、边远地区和关键时段都能够享受无差异的现代邮政寄递业服务；另一个就是用现代邮政寄递技术（比如区块链技术）来装备邮政寄递业，进而衍生现代产业体系、优化政府功能和流程、推动社会结构改变和进步。

首先，推进邮政寄递业社会普遍服务范围与国际接轨并适当超前，下好先手棋。国家公共服务作为人类最基本的生存和发展权利，既是维系社会公平和公正的基石，又是实现人的全面发展的基本社会条件。尽可能将所有邮政寄递业社会普遍服务纳入国家公共服务体系，使更多人从邮政寄递业社会普遍服务中受益。实现从单纯的更快到更可靠、更精准、更可信，加快调整邮政寄递业社会普遍服务范围和服务标准；交付方式从单一上门投递到更加多样和灵活；投递时间地点上从确定到更有

弹性、可调节；寄递内容从一般商品到更多、更丰富的物品；服务方式由"人＋机器"到人工智能和无人化。

其次，增强社会融合匹配度，强化绩效考核。邮政寄递业社会普遍服务领域从信报函汇主导向公众生产、工作、生活全方位渗透，与经济、军事、文化、政治等方面发展全面匹配。需要全面开展绩效考核。要根据普遍服务开展的内容和达到的目标，服务水平、服务质量与预算绩效考核挂钩，提高经费使用效能。以健全发展成果考核评价体系为抓手，进而全面革新政府运行理念、机制和手段，将大大提高政府的宏观调控能力和效果，更好地发挥宏观调控"靶向制剂"的作用，充分释放政府作为枢纽在塑造社会秩序、推动社会正向演进中的潜在能量，以政府现代化带动和推动中国经济社会全面现代化。

最后，提升即时社会转化能力。邮政寄递业社会普遍服务体系是一个丰富而巨大的服务网络，这个网络的内在设备设施要具备即时转化的能力。一方面，服务军民融合，成为国家战备能力的储存舱。2017年施行的《中华人民共和国国防交通法》第三十六条规定，"国家以大中型运输企业为主要依托，组织建设战略投送支援力量，增强战略投送能力，为快速组织远距离、大规模国防运输提供有效支持"，这对快递物流行业做好军民融合提出了明确要求，赋予了行业新的使命和任务。例如，让邮政寄递车的设计功能设计与零部件使用都与军用车辆匹配对接，以备在特殊时期立即转为军用。无人机是世界各国物流业寄希望大幅提升速度的一大"利器"，而未来的空战，也将是具有隐身特性的无人驾驶飞行器与防空武器之间的作战。中国邮政寄递要以全电动邮车与无人机对接的创新投递系统为优势特色，加强军民融合的效果。让邮政寄递成为第二战备力的最佳选择，尤其是无人机在服务寄递的同时进行不同工作场景和应用模式的训练，成为随时调动参与战斗和应急物资精准投送不可或缺的力量。另一方面，加快布局区块链及相关基础配套设施，完成邮政寄递业自身数字化转型，即时转化应用。运用电子化手段和移动软件平台、区块链技术加速邮件集成，并以此作为营销和沟通渠道提升邮件价值。给客户提供前所未有的可见性和极具竞争力的运送解决方案。应用区块链技术打通转账业务，作为邮政寄递直面客户的金融工具，可以用来支付邮资、进行转账，甚至还可以作为不同国家邮政寄递机构的结算工具，进一步简化当前的终端费系统。中国应在布局下一代基础设施的基础设施的同时，加快布局以区块链技术为核心的邮政寄递业社会普遍服务及时向相关业务类型转化切换。

三、邮政寄递业社会普遍服务的发展对策

从顶层制度设计着手，推动以服务产品为主界定邮政寄递业社会普遍服务向以服务需求为主界定邮政寄递业社会普遍服务方向转变，拓展普遍服务内涵，丰富普遍服务网络功能，强化普遍服务的牵引和保障作用。夯实邮政社会普遍服务体制改革基础，营造有利于邮政寄递企业创新发展的政策环境和制度环境。一方面支撑中国的现代社会能力建设，另一方面迅速提升中国的国际竞争力。

（一）建立邮政寄递业社会普遍服务需求变化的调查机制

政府部门和监管部门发挥主导作用。采用定性与定量相结合的方式，定期跟踪了解用户需求变化和国际发展方向预判。定性方法主要为一对一座谈，定量方法主要为"支付意愿调查"。

（二）构建多元开放平台，打造新技术的引领者

邮政寄递服务是技术进步的引领者，用新技术、新模式来解决邮政社会普遍服务问题。至关重要的是培育区块链邮政寄递新生态，在区块链邮政寄递生态中，大数据向长数据转变，更加注重数据的横向延展和纵向延伸，整个生态成为记账系统，但系统中的每个节点都不是中心，也无权控制这个系统，因此对于邮件和包裹跟踪来说是非常理想的选择。分布式的信息储存和处理方式，可以邀请更多的运营商或中间商加入该系统，而且不会因为一方停止工作而使整个系统陷入瘫痪。区块链技术允许多方使用和共享相同的数据信息，因此对于邮政寄递业社会普遍服务来说，最直接的应用就是跟踪货物从一个国家运输到另一个国家的物流信息，通过信息抓取精准定位货物的位置。

（三）开放邮政寄递网络，协同多部门军民融合发展

以服务流（物流、信息流、商流、资金流、政策流）为抓手，主导多部门的融合协同发展。通过与发展改革、财政、国土、交通、海关、税务、铁路、民航等相关部门的沟通协调和融合发展，协调运用金融、土地等政策手段，争取在国际邮件互换局等邮政寄递基础设施的建设和土地使用方面给予政策支持，在资源共建共享方面获得政策空间，在产业联动和服务网络拓展方面获得资金支持。最重要的是邮政寄递里面的军民融合。可利用区块链技术直接装备，邮政寄递业社会普遍服务提供的最大公共物品，就是让邮政寄递新业态在全国的周知，要衍生新产业、推广新产业，改变传统的邮政寄递商事制度、商业模式、商业环境。

（四）开放普遍服务业务，实施政府购买模式

从世界邮政寄递业社会普遍服务实施状况看，引入竞争机制、开放市场、政企分开、规制完善等已成为邮政寄递业发展的共识与改革方向。开放不涉及国家安全、国防巩固和政权稳定的普遍服务业务，将现有的财政补贴方式转变为政府购买服务方式，在基础设施布局规划、产业扶持和多部门联动等方面推动保障政策落实。注重强化邮政寄递业社会普遍服务保障政策落实效果的监督、评估和考核，进一步营造促进发展的产业政策环境。根据未来邮政寄递业发展的趋势及特点，在城市规划中可将快递物流服务的设施规划纳入邮政寄递基础设施规划中。

（五）加强社会普遍服务监督管理

通过引入第三方对经营邮政寄递通信业务企业进行绩效评估，实现标准体系、统计体系、指标体系、绩效考核体系、政绩考核体系和政策体系六大体系的建设。建立和完善邮政寄递业社会普遍服务事中事后监管机制。加大对违法行为及不合格业务的查处力度，切实维护消费者合法权益。强化公众参与的社会监督和评价机制，发挥公众对规范普遍服务市场主体行为的积极作用。明确并连贯普遍服务满意度调查，有效利用大数据、云计算等信息技术，提高对邮政寄递业社会普遍服务的监管和服务能力。推行随机抽取检查对象、随机选派执法检查人员的"双随机"抽查机制。

财政税收篇

把握国际战略机遇，打造中国云财政

　　大数据时代已经来临，如何利用大数据进行财政治理不是好与不好的问题，而是必须积极应对的真实现状。数据是继石油之后的又一战略性资源，是信息化社会的"珍宝"。过去的100年中，西方发达国家借助世界贸易组织（WTO）等国际规则攫取了大量制度红利，未来的100年中，谁掌握真实有效的数据资产，谁将撬动新的国际发展战略支点。中国幅员辽阔、人口数量巨大，有着其他国家不具备的数据总量优势，经济发达国家既有的大数据技术不见得一定在中国行得通，而中国自身研发出适应中国大数据环境的技术将在整个国际社会有着不可比拟的优势。同时，大数据技术至今没有形成国际标准，这也为中国抢占国际制高点提供了机遇。研究和实践证明，财政数据是最适合公开的政府数据之一，因此，我们深入研究大数据时代中国财政的挑战与机遇，提出了适宜中国国情的财政治理建议。

一、数据已成为重要的生产要素

我们正处在数据爆发式增长的时代。移动互联网、移动终端和数据感应器的出现，使数据以超出人们想象的速度快速增长。据国际数据资讯公司估测，数据数量一直在快速增加，每年增长 50%，这个速度不仅是指数据流的增长，而且还包括全新的数据种类的增多。目前数据容量增长的速度，已经大大超过了硬件技术的发展速度，并正在引发数据存储和处理的危机。

有研究统计，从人类文明开始到 2003 年，人类共创造了 5TB（兆亿字节）的信息。而现在，这样的数据量却仅需两天就能够被创造出来，且速度仍在加快。数据显示，2011 年全球创建和复制的数据总量，就达到了 1.8ZB（1ZB 等于 10 的 21 次方比特），相当于全球每人产生 300GB 以上的数据。目前这个数字仍在快速增长，2020 年，全球产生的数据量更已经超过 80ZB。由此可见，我们的确已经迈入了大数据时代。

二、世界各国加紧大数据布局

2012 年 3 月，美国政府发起了《大数据研究和发展倡议》，将大数据定义为"未来的新石油"，称将斥资 2 亿美元用于大数据研究，以应对大数据革命正在带来的大机遇。在倡议制定大数据战略时，美国总统科技顾问委员会在给国会的报告中曾称，"联邦政府的每一个机构和部门，都需要制定一个应对'大数据'的战略"。无论是《大数据研发倡议》，还是《网络空间政策评估报告》《国家无线倡议》《联邦云计算战略》《网络空间国际战略》《网络空间行动战略》等系列文件，美国的战略意图无疑是在以往占据的信息优势基础上，全面拉开与其他国家的信息化差距，掌握国家间战略竞争的信息霸权。倡议中，美国认为，大数据技术的领先将确保美国在未来 20 年的技术优势，只有依托大数据，美国才能在新一轮信息技术竞争中保住霸主地位。

英国是大数据的积极拥抱者。无论是政府、研究机构，还是企业，都已经开始行动，抢占"数据革命"先机。早在 2011 年 11 月，英国政府就发布了对公开数据进行研究的战略政策，英国内阁部长弗朗西斯·莫德说，其实英国政府早有意带头建立"英国数据银行"，政府想算清楚究竟这个国家或政府创造了什么；英国不只是要成为世界首个完全公布政府数据的国家，还应该成为一个国际榜样，去探索那些公开数据在商业创新和刺激经济增长方面的潜力。2013 年 1 月，英国商业、创新和技能部宣布，将注资 6 亿英镑（约 9.12 亿美元）发展 8 类高新技术，其中，1.89 亿英镑用来发展大数据技术。

自 2009 年开始，澳大利亚政府积极应用开放数据的理念和行动践行开放政府的愿景和目标。Data.gov.au 是政府信息目录的开放数据平台，用户可以在该网站上简便地搜索、浏览和利用澳大利亚政府的公共数据，网站上的数据来自澳政府多个部门，提供数据下载，并提供其他数据目录或资源的链接。澳大利亚政府数据开放通过 5 个阶段将数据开放流程化，这 5 个阶段依次是：发现数据—过程处理—授权许可—数据发布—数据完善。澳大利亚政府首席信息官格伦·阿切（Glenn Arche）表示，"政府希望通过大数据分析系统提升公共服务质量，增加服务种类，并为公共服务提供更好的政策指导。澳大利亚政府希望，在大数据分析的运用、提高效率、与其他政策和技术协同以及为公共服务领域带来变革等方面，澳大利亚能领先全球其他国家"。

此外，法国、日本、加拿大、新西兰、德国和印度等国也在大数据领域进行了研究部署，还纷纷推出本国的公共数据开放网站，以使更多的人可以使用大数据资源，并从中获得利益。

三、大数据时代给中国财税领域带来的挑战与机遇

随着互联网、云计算的飞速发展，近些年全球信息量以每年翻两番的速度爆炸式增长，成为当今社会增长最快的资源之一。进入大数据时代，由于数据的开放与共享，使人们获取与发布数据变得十分容易，一方面，它为网民的生活、学习、工作提供了极大的便利；另一方面，它也为少数别有用心者丑化他国政府提供了有力的工具。自 2007 年起，《福布斯》发布的全球"税负痛苦指数"榜单中，将中国排名全球第三位，之后不断提升中国排名，2009 年将中国排名全球第二位，2011 年将中国排名为全球第二位和亚洲第一位。可以肯定地说，这是一种有意的安排，不排除有故意丑化中国形象、搅乱中国民情的嫌疑。对《福布斯》发布的税负痛苦指数，中国官方和学术界从来就不予认可。不过我们也应该看到，中国对外发布的财政数据中，不同部门的数据之间、不同数据比例关系的逻辑上确实也存在一定程度的相互冲突的现象。如 2009年 2 月 26 日，国家统计局发布全年税收收入为 57862 亿元，而财政部税政司发布的全年税收收入却为 54219 亿元，两个数据相差 3600 多亿元。同时，利用中国向世界银行提供的财政数据，通过简单的环比增长速度的计算，就可以得出中国税收收入自 1995 年以来至今，18 年间一直存在着超经济增长的结论，这是我们难以否认的事实，当然这也这给

有意丑化中国的个人或机构予把柄，成为我们不得不面对的挑战。

在过去的 100 年中，占领国际社会主要地位，不断创造社会财富的是石油等资源要素，在未来的 100 年，将是数据资产左右一个国家的国际地位。可以预判：100 年之后，信息经济占 GDP 的比重将超过 50%；未来衡量一个企业的资产将不再依据资产总值，而是依据企业拥有数据的数量、质量和活性；过去 100 年欧美主导的 WTO 等国际规则不断为发达国家制造制度红利，未来 100 年则势必会有一个数据贸易规则不断引领世界发展方向。我们在未来百年中必须积极迎接大数据时代的来临，改变我们的思维方式，优化我们的行为模式。作为国家治理技术的大数据是一种积极的治理资源，在国家治理能力建设上具有广阔的运用前景和发展空间。大数据技术为提升国家的科学决策、社会监管、公共服务提供了良好的契机。根据经济发达国家经验，财政数据是最适合开放的政府数据之一。现代历史上的历次技术革命，中国均是学习者。而在这次云计算与大数据的新变革中，中国与世界的距离最小，在很多领域甚至还有着创新与领先的可能。一方面，大数据技术以开源为主，迄今为止，尚未形成绝对技术垄断。即便是英特尔、IBM、甲骨文等 IT 巨头，也同样是集成了开源技术，和本公司原有产品更好的结合而已。另一方面，中国人口和经济规模，决定中国的数据资产规模将冠于全球，客观上为大数据技术的发展提供了广阔的发展空间。从国家角度来看，大数据是重要战略资源。因此，挖掘大数据价值，推动大数据发展，需要政府发挥作用。我们应把握战略机遇，如何借助大数据的"千里眼"功用，透彻分析数据背后的规律，深度挖掘数据背后的核心要素，实现我们国家战略从过去的跟随战略转变领先战略。

四、大数据时代中国财政监管存在的问题

大数据时代带给我们的是一种理念上的革命和管理上的创新。作为政府的经济管理部门，财政不仅是公共资金的管理中心，也是数据信息的集散中心。以"金财工程"为基础的财政信息系统经过多年的发展目前已经比较成熟和完善。同时，在政府各部门中，财政部门掌握和生产的数据既具有较高的完整性，也兼具较高的准确性。这些得天独厚的条件，不仅使财政的"大数据"管理成为可能，更为实施以"大数据"为基础的"大监督"奠定了基础。但是也存在着一系列问题。

第一，对数据共享和隐私保护的挑战。中国人口居世界首位，将会成为产生数据量最多的国家，但对数据保存不够重视，对存储数据的利用率也不高。此外，中国一些部门和机构拥有大量数据但受行政垄断和商业利益所限，数据开放程度也较低，这给数据利用造成极大障碍。制约中国数据资源开放和共享的一个重要因素是政策法规不完善，一方面欠缺推动政府和公共数据开放的政策；另一方面数据保护和隐私保护方面的制度不完善，抑制了开放的积极性。所以，如何使政府从垄断和保密的历史惯性思维方式中解脱出来，在确保隐私、机密和国家安全的前提下带头开放数据，降低公众获取和利用政府数据资源难度和成本，至少是中国大数据时代开启阶段的瓶颈。

第二，对数据储存和分析技术的挑战。大数据中大部分都是非结构化的数据，如网络日志、RFID、传感器网络、社交网络、互联网搜索索引、详细通话记录、医疗记录、摄影档案、视频档案等。现有的软件和工具主要适用于以结构化数据为主的传统数据，要想及时捕捉、存储、聚合和管理这些大数据，以及对数据进行深度分析和挖掘，需要新

的技术和能力。在大数据软件平台和算法方面，国外又一次走在中国前面。特别是近年来以开源模式发展起来的 Hadoop 等大数据处理软件平台及其相关产业已经在美国初步形成。而中国数据存储、处理技术基础薄弱，总体上以跟随为主，难以满足大数据大规模应用的需求。

第三，对管理理念和运作方式的挑战。大数据的技术挑战显而易见，但其带来的决策挑战更为艰巨。大数据开发的根本目的是以数据分析为基础，帮助人们作出更明智的决策，优化企业和社会运转。哈佛商业评论说，大数据本质上是"一场管理革命"。多年前出现的互联网改变了企业经营、政府运作以及人们生活的方式。大数据的出现，又一次激起了这种巨大的变革能力。在大数据时代，决策将日益基于数据和分析而作出，而并非基于经验和直觉。在中国，无论是政府部门还是企业，对大数据可能产生的价值的认识，以及如何利用数据分析实现科学决策依然有相当长的路要走。

第四，财政的"大数据"工作基于一个历史沿革。不管是 2002 年开始的金财工程建设，还是 2007 年开始的财政信息系统一体化建设，财政工作正在越来越依靠数据。然而由于种种原因，财政的信息化建设需要提速的地方还有很多。到现在云财政依然是一个定义而已。而财政的大数据时代，似乎还是远方。"没有调查就没有发言权"，现在地方财政存在现状数据不足的问题，所以说话实实在在地缺乏底气。那我们说话的根据来源于哪里？许多财政人表示，来源于经过各个部门层层处理的"伪数据"，而非实时监控得来的"真数据"。如果数据的真实性都值得怀疑，它的适用性就更难以谈起了。中国财政部门的工作人员作为政府理财者，有一个"心结"，就是如何破解数据真实性困境，应用数据实现高效率财政监管。

五、大数据时代中国政府治理能力提升建议

回望中国，胡适批评"差不多先生"，黄仁宇求索"数字管理"，中国一直在反思中国传统治理模式，但是真正开展的实际工作并不多，结合当下国际环境和国内发展现状，中国应实施财政治理提升战略。

第一，将大数据财政建设上升为国家战略。中国尽管已经意识到大数据的竞争力和战略性，却并未在真正意义上将其提升到国家战略高度，数据财富尚未形成全民意识。因此有必要从国家层面上制定大数据发展规划，尤其将大数据财政监管上升为国家战略。通过国家层面的战略规划明确大数据时代财政监管的发展重点、空间布局和保障措施，推动和改善与大数据相关的收集、储存和分析工具及技术，并在重点省市开展大数据应用示范，提升服务能力和运作效率。

第二，要通过立法消除形成财政数据冲突的根源。例如，对包括税收返还在内的税收优惠，要引入西方国家的税式支出概念，并将税收返还单独设立为一个统计指标，将全部税式支出项目纳入财政支出预算体系中，并对税式支出预算的实际执行情况对外公布，以发挥群众的监督作用。对税收空转现象，要从税收收入计划的制定开始变革，将税收收入的计划增长率限定在同期 GDP 按现价计算的增速以内，对有税不征和征收过头税以及在税收数字上弄虚作假的单位和个人给予严惩。

第三，财政指标应尽快与国际接轨。大数据时代，数据的共享使数据已经没有了国界，不同国家的网民均可自由地使用网上其他国家的数据。然而，中国有一部分经济指标与国外相比，虽然同名，但其统计口径或所包含的内容却有所不同，在国家间进行比较时，容易产生错误的结论。因此，财政指标应尽快与国际接轨，在短时间内不能接轨的指

标，在对外发布时，应按国际通用的口径及指标所含内容进行调整，以减少误用的现象。

第四，建立专门的财政数据治理机构来统筹数据治理的工作，例如数据治理委员会、大数据管理局等，数据治理的重点在于数据定义的一致性和数据的质量。在大数据时代，不同系统之间的数据要进行整合，因此要有统一的元数据定义，这不仅是中国而且是全世界当下都在面临的挑战。我们应把数据治理的工作尽快统筹起来，为增强中国在大数据时代的竞争力做好准备。

盘活政府沉睡资产，增强地方发展后劲

改革开放以来，政府投资积累形成了大量的资产，有的发挥着积极的效用，也有一些沉淀下来，未能发挥应有的功能，有的甚至成为无主财产，社会上形象地称这些资产为"沉睡"资产。据初步匡算，中国地方政府拥有的各类"沉睡"资产高达几百万亿元之巨，如何唤醒这类政府性资产成为地方增强发展后劲的重要举措。

一、政府沉睡资产

从广义角度来说，政府沉睡资产既包含长期闲置未发挥效益的资产，又包含发挥效益处于较低水平亟须提升效益水平的资产，主要包括行政事业单位沉睡资产、经营性国有资产和长期闲置的国有建设用地。

第一，行政单位沉睡资产，主要包括长期未充分发挥效益的保障性住房、办公设施、公共设施。一是保障性住房建而未用，闲置严重。根据审计署 2017 年第 7 号公告《2016 年保障性安居工程跟踪审计结果》，"有 12.87 万套基本建成的住房因配套基础设施建设滞后，搁置 1 年以上无法交付使用"，"有 27.24 万套住房因位置偏远、户型设计不合理等，已办理竣工验收备案但空置超过 1 年"。河南省有 46 个市县 24253 套已办理竣工验收的保障性住房，至 2016 年年底空置超过 1 年。二是办公设施和办公场所得不到有效利用，沉睡下来。党的十八大以后，随着"八项规定"的实施，行政机关全面整改超标办公面积，一定数量办公空间进入闲置状态，有的地方建了新的办公楼未能搬迁，形成烂尾工程或者晾晒工程。截至 2014 年 10 月，武汉市直党政机关共调整清理多占的办公用房 23960 平方米，其中调整清理局级及以上领导干部多占的办公用房 7840.61 平方米。湖南省煤炭局原所属第一工业设计院 2013 年购买办公及业务用房 196 套、车位 100 个，总价款 1.04 亿元，一直闲置。三是公共设施。比如，湖南省团省委以财政资金 1.97 亿元投资建设省青少年活动中心，大部分时间闲置，综合利用率低，未充分发挥其教育基地的作用。

第二，事业单位沉睡资产，主要包括长期未发挥效益的教育资产和医疗资产。随着人口结构的变化，农村中小学布局调整不断深入，中小学的资产闲置问题较为突出。早在 2006 年 8 月，武汉市教育局就出台了《关于我市农村中小学布局调整后闲置教育资产处置意见的通知》，仅江夏区就调减农村小学 6 所，校园总面积 59000 平方米，校舍总面积达 20000 多平方米。再如，一些医院部分大型设备尚不具备安装使用条件，申报了预算，预算批复下达后，形成设备闲置现象较为突出。北京 5 个医院闲置设备达到 6.61 亿元，有的设备已采购将近 3 年仍未能投入使用。

第三，经营性国有资产，主要包括国有企业长期闲置的厂房、土地。部分老国有企业由于经济转型导致资产闲置。葛化集团，是始建于 1958 年的武汉市属老国有企业，成为华中地区大型基本化工原料基地，然而，随着城市产业结构调整，2012 年 5 月，葛化集团化工生产线停产，资产整体划转到东湖高新区管委会，原有产房全部拆除，老厂区有 6000 多亩的土地，近 1 亿元的旧设备被闲置下来。此外，葛化集团还是上市公司祥龙电业的第一大股东，随着资产划转，祥龙电业这个上市公司"壳"资源亟待盘活。再如，南华集团是东湖高新区控股的造船企业，与黄冈江北造船厂合并后，由于经营原因导致破产，该企业处于武汉长江大桥旁边的厂区 202 亩进入了闲置状态，由于这块地是老工业划拨地，按规定由政府无偿收回，据估值，这块地价值高达 20 亿元以上，不仅能够覆盖企业全部债务，还能完全负担人员安置费用。

第四，长期闲置的国有建设用地。现行的闲置土地是指国有建设用地使用权人超过国有建设用地使用权有偿使用合同或者划拨决定书约定、规定的动工开发日期满一年未动工开发的国有建设用地。已动工开发但开发建设用地面积占应动工开发建设用地总面积不足 1/3 或者已投资额占总投资额不足 25%，中止开发建设满一年的国有建设用地，也可以认定为闲置土地。城市化中，国有建设用地闲置，成为一个重要问题，严重影响国有土地资源的效益。例如，2017 年 8 月，武汉市国土资源和规划局公布了一批中心城区闲置土地，名单上一共有 13 块土地，地处洪山区、武昌区、江汉区、江岸区以及汉阳区 5 大中心城区，涉及土地面积 60.34 公顷，规划用途包括工业用地、商服用地、仓储用地、商务金融用地、科教用地、普通商品住房用地等，其中闲置时间最长达 8 年。

二、武汉市盘活沉睡资产的一些尝试

许多地方政府按照发挥市场在资源配置中发挥决定性作用的原则，将政府能力和市场活力相结合，分类化解、综合施策，有效盘活政府沉睡资产，下面列举一些做法。

第一，对行政单位沉睡资产，先清理、摸清底数，将调剂使用资产与市场资源配置机制充分结合。例如，武汉市住房保障和房屋管理局对2011—2016年保障数据的全面清理，重点对延期交付、空置闲置、违规建设和资金使用等问题开展专项清查，做到"四个一"，即每一个问题都找到原因，每一个问题都要形成整改方案，每一个问题都及时销号，每一个问题都备有台账。同时，将长期闲置的保障房注资到武汉城投、武汉地产等国有企业，用于支持武汉市"百万大学生留汉创业就业工程"的大学生公寓；武汉市对腾退的行政机关办公用房移交给市机关事务管理局统一调配管理，划给了红色教育基地和部分街道办事处，用作教育用房和街道办公用房；武汉市财政局将市税务培训中心资产划转给黄陂区，将资产注入景区之中，发挥旅游产业效益。

第二，对事业单位沉睡资产，根据人民群众最迫切的民生需求来调剂使用，优化资产使用结构。随着城市化的快速推进，学前教育成为一个发展瓶颈，难以解决大部分儿童的入园需要，针对学前教育发展的现状，有些地区将闲置中小学转建为幼儿园。2015年，武汉市新改扩建54所幼儿园，其中利用闲置中小学建设21所。

第三，对于经营性国有资产，顺应产业培育和城市化发展的需要，果断实施转型，将土地资产与园区运营充分结合，创造更多效益。武汉东湖高新区在葛化集团转型之后，2014年，以土地为依托、以资本为纽带，打造成为东湖高新区国有资本运营平台，专门从事一级土地开发，立足"平台＋实业"战略，转而主要从事园区土地开发业务，并依托土地开发，衍生开展物流、教育、园林、物业、新兴产业投资等新业务，三年半时间葛化集团总资产规模增长了 10 多倍，利润规模增长了10 倍。

第四，处置、盘活国有建设用地资源。以武汉黄陂区为例，2012年，该区按照全省统一部署，启动了新一轮闲置低效用地清理处置工作，共清理出闲置低效用地 20 宗、189.57 公顷。截至 2015 年年底，已全部处置到位。按照不同情况分别采取延期开工、征缴闲置费、已动工在建、协商收回、收储等。其中收回 15.34 公顷，收储 7.04 公顷。

三、盘活政府沉睡资产的启示和建议

第一，盘活政府沉睡资产要有"集成"理念，要将盘活资产与产业发展和城市化战略通盘考虑，建立两者相适应的内在机制。一是产业园区的建设、运营是一个具有创新性较强的工作，需要有较强的人才和资本作保障，实施创意驱动。要敢于尝试将国有企业甚至民营企业来为政府承担产业园区的建设、运营，调动市场主体的积极性。二是精准瞄准需求，功能定位要清晰，园区运营不仅仅运营单个项目，而是运营整个产业发展和城市化的生态环境。三是政府支持至关重要，政府给予转型扶持及指导，才能更好地推动项目的落地、建设与推广。

第二，勇于将新模式、新业态引入进来，发挥市场在盘活政府沉睡资产中的作用。随着分享经济的出现，对政府资产的深度挖掘、利用也提出了重大机遇和课题，让新产业、新业态的市场力量帮助政府发掘政府资产的功用，提高使用效率，显然是一个方向。由此衍生出更多基于政府沉睡资产的分享，基础设施、行政事业单位资产、国有建设用地都可以通过平台共享，使缺少资源的用户拥有资产使用权，也令原本闲置过剩的资产产生价值。

第三，建立资产信息共享机制至关重要。一边是闲置资产"睡大觉"，一边又要新建一些资产，这种怪圈的源头就是信息不对称，运用大数据、云计算、物联网、智慧工程来建立行政事业单位资产、经营性国有资产、国有建设用地等信息共享平台，将各类资产的位置、功能分布、人员归属等信息，形成比较完备的数据信息系统，直观、准确、快速地掌握各类资产的实时动态数据，建立资产使用状况的信息发布体系，及时锁定并发布沉睡资产的信息，促进供需双方信息互通。同时，加大资产管理协调的力度，制定完善的闲置、报废资产管理与处置办法，及时掌握各单位的闲置资产，让沉睡资产重新得以利用。而且，信息共享的范围不仅仅局限于政府部门内部，要建立政府和市场之间权责明确的共享体系提高资产使用效率。

构建国家统一信用评级体系，防范政府性债务风险

信用评级是市场经济发展到信用经济阶段的必然产物，是优化资源配置的一项重要制度安排，其本质是对信用风险进行揭示和预测。通过对政府信用进行科学、合理、公正的评级，有利于缓解债券发行者和投资者之间的信息不对称，有利于对政府性债务风险进行有效规避，有利于规范和引导地方政府债务融资行为，有利于提高财政金融资源配置效率。

一、信用评级发挥着日益重要的作用

中国信用评级自 20 世纪 80 年代开始起步，为资本市场和信贷市场发展作出了重要贡献，有效发挥了缓解信息不对称、揭示信用风险、提高市场效率的作用。

信用评级市场迅速发展。目前已初步形成多层级、多主体的信用市

场体系。中国人民银行征信中心于 2006 年设立，涵盖企业和个人征信系统，建成全球规模最大的征信系统。截至 2015 年 4 月底，征信系统收录自然人 8.6 亿多，收录企业及其他组织近 2068 万户。在地方层面，大部分省区市政府也建立了自己的信用中心，各省区市信用中心负责本地企业、个人的信用数据、信息的征集，在信用体系建设中发挥着重要的作用。除政府主导的征信体系建设外，信用评级市场发展取得积极进展，评级市场规模不断扩大，评级产品日益丰富，形成了有效竞争的市场格局和一批富有活力的征信企业。

管理制度和管理模式逐步优化。国务院于 2014 年 6 月印发《社会信用体系建设规划纲要（2014—2020 年）》，部署加快建设社会信用体系、构筑诚实守信的经济社会环境，《国务院关于建立完善守信联合激励和失信联合惩戒制度加快推进社会诚信建设的指导意见》（国发〔2016〕33 号）、《国家发展改革委 人民银行关于加强和规范守信联合激励和失信联合惩戒对象名单管理工作的指导意见》（发改财金规〔2017〕1798 号）等进一步把社会信用体系建设提高到前所未有的高度。人民银行、证监会、银行间市场交易商协会等相关部门也先后出台了《中国人民银行信用评级管理指导意见》《证券市场资信评级业务管理暂行办法》《非金融企业债务融资工具信用评级业务自律指引》等制度文件，明确了信用评级机构的工作职责和内部管理制度、评级原则、评级程序等内容。在事前监管方面，人民银行等监管部门确定评级机构资质并向社会公布已备案评级机构名单。随着评级市场规范化发展，事中、事后管理措施得以强化。2005 年开始，逐步建立了评级机构统计报表制度、银行间债券市场信用评级业务报备制度、信用评级报告管理制度，严密监测评级市场发展动态。

二、政府信用评级面临严峻挑战

中国政府信用进行评级还处于探索阶段，各种乱象不容小觑，典型表现为信用评级的管理碎片化、信息隔离化、执行随意化和政府干预化。

缺乏统一有效监管。目前，中国社会征信体系建设由人民银行和国家发展改革委牵头，以部际联席会议方式负责，各行政部门在各自职责范围内履行对信用评级的管理。由于管理主体多元，导致在管理理念、内容和力度上存在差异，各部门已认可的评级机构也有交叉重叠，多头监管导致监管越位与缺位并存，监管效率有待提高。不同行业、不同市场交易阶段的评级机构适用的标准不一，导致评级机构合规成本增加。以此次地方政府信用评级试点工作为例，试点工作由财政部主导，但从职能范围来看财政部并非评级机构的监管部门，无职权对信用评级机构提出监管要求。

法律法规体系不健全。为规范征信机构行为，刺激征信业发展，2013 年出台了《征信业管理条例》，填补了相关法律空白。但其中主要是原则性规定，缺乏强制力，也缺乏对信用信息开放范围、采集方式、信息处理和传播限制的界定，在实践中缺乏可操作性。首先，缺乏针对政府信用评级的专门性法律规定。企业信用评级的相关规定不能简单适用于政府信用评级。财政部印发《2014 年地方政府债券自发自还试点办法》，对信用评级机构仅做了原则性的要求。与信用评级有关的规则散布于《证券法》《公司法》《企业债券管理条例》《可转换公司债券管理暂行条例》《贷款通则》等法律法规中，不同行业管理规定和标准缺乏有效协调，且大多仅适用于该主管部门管辖下的单一类别产品的信用评级，并不适用政府信用评级。其次，评级机构市场准入方面的法规不完善。现行的评级机构准入规范仍然存在着不同监管机构各自认定准入资格、监管机构设立的准入条件或者不明确或者不统一，而对于监管部门内部是如何认定评级机构准入的程序则几乎没有规定。再次，信用评级机构的法律责任亟待加强。对评级机构目前仅有义务规定，缺乏明确的法律责任，关于过错的认定、因果关系的证明、责任的范围都需要特殊的规则来加以确定，否则政府或投资者追究评级机构的法律责任。最后，失信惩罚制度需要完备的法律体系支持。目前立法仅将"诚实守信"作为一项原则性条款，未针对该条款制定相应的责任机制，对失信行为仅在社会道德方面加以约束。

信用信息资源共享难以实现。一是金融系统与非金融系统信用信息隔离。《征信业管理条例》将中国人民银行规定为国务院征信业监督管理部门，可以通过中国征信中心整合各部门数据和实现共享。但对于非金融部门应该如何配合，缺乏整体规划。在现有体制下，难以将非金融系统的工商、海关、法院、公安、统计、质检等部门的所有的信用信息纳入统一系统中。二是部门信用信息隔离。与信用相关的信息分散在不同的行政部门，各行业对信息和数据有各自不同的保密规定和信息公开范围，信用信息在公共部门内部也很难实现共享。三是技术隔离。由于各行业信息系统的程序都是自主研发，模式不统一，端口不统一，对征信系统和信息平台之间的数据整合和移植造成很大障碍，信息之间交流的闭塞造成信息资源的闲置和浪费。

评级机构独立性难以保障。目前试点的政府信用评级大多是委托评级，采取发行人付费的方式，使得信用评级机构难以避免行政力量干预，也是导致政府信用评级市场不正当竞争的重要原因。部分地方政府为了获得较高的债券发行额度，可能对评级机构进行不当干预。而大多评级机构是以盈利为目的的市场化组织，在商业利益的诱导和债券信用评级市场过度竞争状况下，可能会为了从地方政府获得高额报酬而允诺抬高评级，评级的独立性、客观性、准确性面临挑战。

三、构建国家统一信用评级体系，防范政府债务性风险

中国应按照法律规范、政府推动、市场运作的方向，尽快建立国家统一的信用评级体系。

第一，统一机构管理。建议成立国家信用管理局，整合各部门信用监管职能。在利用信用评级防范政府债务风险方面，逐步规范政府信用评级的评级体系框架设计及流程操作，有效摸清各级地方政府债务底数，加大政府性债务预算管理和风险预警等方面的监管及处置力度，增强针对地方政府债务融资评级的权威性与公信力，加快完善债权人权益保护。建立统一的信用信息平台。以统一监管机构为主导进行多部门联合征信，统一归口、统一采集、统一发布，整合金融系统和非金融系统信用信息资源，突破信用信息分割的障碍，统一规范技术标准、技术规范和系统端口，实现全国部门、区域间信用信息的互通，促进资源整合和信用信息共享。统一发布地方政府信用评级机构的选择条件和选择程序，必要时可统一组织招标，避免地方政府行政干预，保证政府信用评级的独立性和客观性。通过规范的信用评级认可和管理制度，逐步培养一批国内具有较高公信力的信用评级机构。加强标准化建设，规范征信标准。研究建立统一的标准，对信用信息的采集，信用数据格式、内容、结构，以及指标和存储格式，信用信息的加工和处理，信用信息交流共享的权责和安全性措施进行进一步详细规范，以提高信息共享效

率、为社会信用体系建设提供基础和支撑，促进信用服务规范化。

第二，健全信用法律体系。信用评级法律法规体系至少应包含以下几个层次：一是法律层面，加紧研究制定《信用法》，通过专门立法或在上位法中明确信用评级机构的性质、定位和管理主体等基本问题；二是行政法规层面，由国务院颁布《信用评级管理条例》等行政法规，明确评级机构设立条件、准入程序、业务规则等；三是部门规章层面，在专门法和行政法规的框架下，由管理部门制定具体的管理细则和管理措施实施监管。通过建立完善的信用评级业管理法律体系，使信用评级机构的设立和业务运作有章可循，对评级管理有法可依。

第三，将守信激励和失信惩戒制度应用于地方政府性债务监管。虽然中国政府不适用于《破产法》，但在债务监管方面惩罚失信的地方政府也可以发挥警戒作用。包括通过对地方政府失信行为的调查、核实、审理、公开、申诉等环节，定期公布失信名单。为保证"黑名单"制度的公正性，也要建立相应的申诉制度，赋予申诉的权利。另外，通过提高地方债额度、金融机构联合激励等方式鼓励支持信用记录良好的地方政府，形成正向激励机制。

第四，完善信用信息评级的基础性财政制度。充分、全面、真实的政府信息是保证信用评级准确、客观、公正的前提条件。完善政府会计体系，首先需要准确反映可变现的政府资产信息。将地方政府的国有股权、国有土地使用权等政府资产纳入核算范围，对哪些资产应在资产负债表中反映以及如何分类制定统一标准，编制权责发生制的政府综合财务报告，为地方政府信用评级提供完整的可变现资产信息，提高评级的准确性。其次需要掌握全面及时的政府负债信息。统计政府负债时要考虑政府或有负债与政府直接负债在发生概率方面的偏差，扩大政府负债的核算范围，对政府的或有负债和隐性负债进行确认与计量。此外，还需要更准确的政府收支信息和财务分析指标。改变现行会计体系对预算已经安排但需要跨年度支付的支出不进行确认，导致虚增地方政府财政资金结余的现状，同时对资本性支出和经营性支出进行区分，使信用评级机构充分评估政府财政平衡程度和调节财政支出的能力。构建完整、科学的政府财务分析指标体系，充分反映地方政府的财务状况、运营情况和预算灵活性，从而为信用评级机构对地方政府风险分析和评级决策提供有用的信息。

第五，加强信息披露和财政透明度建设。国外地方政府性债务管理均要求地方政府对举债规模、发债类型、债券资金的募集使用情况、债务偿还信息等进行及时、完整地披露。中国急需改变债务信息公开范围有限、披露对象有限、披露受限过多的弊端，明确规定政府对债务信息的披露责任，详细规定信息公开的主体、途径、方式、范围和程序，确保公民知情权和监督权的实现，保证评级机构的信息可得性和全面性。

实施预算管理改革，建构防腐增效新机制

    党的十八大以来，在习近平总书记的高瞻远瞩领导下，全党从关系党和国家生死存亡的高度，以强烈的历史责任感、深沉的使命忧患感、顽强的意志品质推进党风廉政建设和反腐败斗争，取得了非常显著的成效。然而，反腐败斗争依然严峻复杂，我党上下着力营造了不敢腐的政治氛围，但在不能腐、不想腐上还未取得压倒性胜利。制度不破不立，我们亟须建立一套"不能腐、不想腐"的机制，堵住腐败源头，《预算法》的修订为此提供了坚强的法制基石。尽快推动预算管理改革，引入 OCDE 新模式，把权力关进制度笼子里，约束于规范法律框架内，成为我们面临的迫切任务。

一、预算管理改革的必要性和迫切性

    党的十八届三中全会提出"建立现代财政制度"，"实施全面规范、

公开透明的预算制度"成为建立现代财政制度的核心。然而，财政预算管理制度仍然存在诸多问题，亟待全面深化改革加以解决，影响着财政支出效益的充分发挥，具体体现在：

第一，政府和市场、社会的关系仍未充分明晰，导致预算支出的范围很广，支出项目纷繁复杂，支出标准有一定程度随意性，这是引发当前预算管理一系列问题的根源，也助长了寻租空间的产生。党的十八届三中全会提出："经济体制改革是全面深化改革的重点，核心问题是处理好政府和市场的关系，使市场在资源配置中起决定性作用和更好发挥政府作用。"但在实际运行中，政府预算支出包罗万象，财政支出责任的边界没有刚性，支出范围较宽，没有按照因地制宜来确定支出标准，有些学者称之为"支出责任无限化"。这些问题的存在增加了预算支出中的随意性，也相应赋予了相关主管部门的"自由裁量权"，成为贪腐问题频发的根源所在。

第二，现行预算管理与国家治理现代化的内涵存在不一致。国家治理现代化是与传统国家治理相对应的概念，它强调国家治理主体之间的关系是平等的，国家和人民群众在国家治理中都要发挥充分作用。人民群众能够非常顺畅地将表达意愿和偏好，并参与到国家重大事务的决策过程。此外，国家治理还要遵循法治性，遵循一套被各方认可的法律关系。无论治理主体如何变化，只要规则不变，治理的程序和结果必须被各方所认可，所以现代化国家治理摆脱了人的因素干扰。然而，现行预算管理过程，人民群众对其决策参与程序还是不够的，除了人大代表审议表决预算这种方式，再无其他参与预算管理程序的渠道。即使是人大代表审议表决预算，由于预算的专业性，如果没有专业背景，也很难判断预算支出是否合理。此外，由于政府职能和职责边界不明晰，造成了地方经济发展有着明显的"个人色彩"，"每一届政府有自己的思路"，相应的预算安排应该符合本届政府的执政理念和思路，这实质上是预算管理缺乏法治性的表现。

第三，现行预算管理大多关注预算执行是否符合法定管理程序要求，对预算支出的绩效目标关注不够。现行预算管理大多关注财政资金在支出过程中是否符合法定管理程序，预算编制是否合理，购买价格是否公允。然而，预算支出的目的是为了满足一定的公共需要，它是设立预算支出项目的起点和动因，管理程序只是保障预算资金实现既定目标的手段。因此，预算管理不仅要关注管理程序，关键还要判断绩效目标的合理性、可行性。如果一个支出项目绩效目标不合理，即使管理程序非常完备，最终财政预算资金也不会有效发挥作用，"方向如果错了，跑得越快，离目标越远"。

第四，现有预算管理的绩效评价机制普遍关注预算支出的事后评价，缺乏对预算资金支出之前和进行中的评价，使得人大难以对各部门资金使用的事前和事中形成有效监督。现有预算管理的绩效评价大多数在项目支出完毕之后，对项目发挥的作用效果实施事后评价，即使支出效率不理想，也无法对支出部门进行资金控制，"方向错了，损失已经形成，无法挽回"。事实上，财政支出的关键环节在于针对事前绩效目标的设定以及支出过程中的评价，并将评价结果及时反馈，服务于财政支出过程。在预算管理中，事前、事中的评价至关重要，只有在预算项目实施之前评价绩效目标的合理性、科学性，人大以及财政部门才能在预算编制中掌握主动，将预算资金的支出绩效发挥到极致。"如果方向错了，可以直接调整支出项目。"

第五，现行预算管理工作主要由部门主导，使得人大缺乏对预算执行过程进行控制的"抓手"，而且很多支出领域具有非常强的专业性，急需权威的第三方专业机构提供智力支撑。现行预算支出项目的安排往往被各部门主导，部门主管领导对预算支出的话语权很大，既容易产生寻租空间，也增加了决策的随意性。随着社会分工的不断深化以及中国各项社会事业的快速发展，预算管理不断显现出其复杂性。一方面，预算资金所涵盖的领域在不断拓宽，预算管理任务不断增加，在没有第三方专业机构辅助的情况下，各部门难以对支出项目的绩效作出科学判断，通过政府购买服务的形式，引入第三方专业机构，有利于各部门抓大放小，优化配置资源，提高预算绩效管理的工作效率，推进预算管理制度的科学化、精细化；另一方面，这为人大提供了一个控制、监督预算支出的手段，而且，能够充分发挥行业专家的专业优势。目前，有些地区在尝试引进第三方评价机构，但其作用只是针对预算项目的有关问题提供专业参考意见，没有提供全方位的预算管理决策支持。

第六，现行预算管理中，往往采取评价指标体系实施评价，难以精确刻画支出项目的个性特征。现行预算管理不断尝试通过制定评价指标体系来实施预算绩效评价，但在评价预算资金支撑某一领域时，绩效指标体系往往难以反映该领域的不同层面、不同类型支出的个性化特征。为了科学、精确描述不同类型的支出项目绩效，须针对不同领域的预算支出项目，建立个性化、严密的逻辑分析、评价体系，形成具有行业特征的支出绩效评价报告，结合预算绩效评价指标体系一起，才能实现既定的绩效管理目标。

简言之，如果说绝对收入规模的增长属于财政收入的外延式增长，那么提高财政支出效益、减少资金浪费，能够实现内涵式增长效果。在当前财政收入增长速度不断放缓的"新常态"下，急需引入 OCDE 新模式，放在党和国家工作的全局上，并作为立法机关实施预算监督的重要"抓手"，建构防腐增效新机制，以绩效目标为导向，提高政府预算支出绩效，强化财政支出的绩效管理，管好、用好财政资金，也能够从制度上将权力关在笼子里，创造"不能腐、不想腐"的机制。

二、引入 OCDE 模式，创新预算管理改革的内涵和思路

早在 2011 年 3 月，国务院批准建立部际联席会议，负责指导和推动政府绩效管理工作。财政部专门成立相关机构，负责组织、指导全国预算绩效管理工作。各地区也在认真贯彻落实党中央、国务院有关文件精神，结合本地的实际情况，积极开展财政支出绩效评价，初步探索预算绩效管理。但目前，这项工作仍然处于探索阶段，尚未形成一项法治化制度，完全没有法律效力。现代预算制度是国家治理体系和治理能力现代化的基础和重要标志，按照"支出必问效，无效必问责"的理念实施预算管理在制度改革，成为建立现代财政制度的突破口之一。

未来的改革思路和方向是在预算管理中引入 OCDE 模式，建立"预算编制有目标、预算执行有控制、预算成本有审核、预算完成有评价、预算评价有反馈、反馈结果有应用"的全过程预算管理机制，实现预算绩效管理与预算编制、执行、监督之间有机结合。

第一，要从战略全局的高度认识引入 OCDE 模式的意义和必要性。一方面，要将它成为财政制度创新的重要动力，作为反腐倡廉的战略举措，以此为契机，完善相关法律法规，从源头上建立"拒腐防变""防腐增效"的新机制；另一方面，要将 OCDE 模式与明细政府和市场关系结合起来，科学界定政府职能范围，发挥市场在资源配置中的决定性作用，将 OCDE 模式作为转变经济发展方式的抓手，从绩效、成本的新理念来配置、使用公共资源，促进中国经济、社会由规模发展转向提升效益的方向，也将 OCDE 模式作为提高执政能力的手段，推进政府建

立科学决策、权力制衡、民主监督和自我完善的机制。

第二，须将 OCDE 模式作为预算管理的重要基础环节和手段。从评价内容来看，它不仅从微观角度评价预算支出是否达到既定目标，关键是从宏观角度评价预算支出是否在政府职能和职责范围内，是否应该由市场、社会来承担。实际上后者是最关键的，也是最容易忽视的。

在预算管理过程中，OCDE 模式是一种以支出绩效、成本为导向的预算管理全新模式。它强化政府预算为民服务的理念，强调预算支出的责任和效率，要求在预算编制前、编制、执行、监督的全过程中更加关注预算资金的产出、成本和结果，要求政府部门不断改进服务水平和质量，"花尽量少的资金、办尽量多的实事"，向社会公众提供更多、更好的公共产品和公共服务，使财政预算支出行为更加务实、高效。

第三，引入 OCDE 模式，实施预算管理改革，提高财政支出绩效的核心前提是厘清政府职能边界，并确定政府财政支出的合理标准。"工欲善其事，必先利其器"，这句话给出了做一件事所具备的要求，首先须设定一个最终目标，它是确定性的；其次才需要采取一定的手段、方式、方法。如果说 OCDE 模式是"器"，那么"事"就是目标。在财政支出中，"事"就是政府承担提供公共产品和公共服务的职能和职责。而判断政府是否正常履行职责的必须回答的两个基础问题就是"政府应不应该干这事"，"如果应该干，那么应该干到什么标准"。

第四，引入 OCDE 模式，使预算管理环节的重心要前移，其控制、监督重点由现有的"事后"环节转变为"事前、事中与事后环节相结合"，不仅有效评价项目产出绩效，还要重点关注预算成本的科学、合理性。预算管理是一个涵盖预算编制前、编制、执行、监督全过程的复合系统，涵盖预算项目的事前、事中和事后环节。与之对应，预算管理不仅要科学评价预算支出的事后效果，还应在事前环节加强预算支出绩效目标和事中环节预算成本合理性、科学性的论证。经过一定时期的探索之后，建立分行业领域财政预算支出评价的标准化流程和评价方法。

第五，引入 OCDE 模式，使预算管理从部门主导转变为部门实施、人大监督、第三方专业机构提供决策支持的模式。为了有效压缩预算支出中的寻租空间，应该摆脱以往预算管理由部门主导的方式，人大作为立法机关应该充分参与到预算管理的全过程，其中一个重要手段就是由人大购买第三方专业机构的专业服务，全程提供预算管理的决策支持。

第六，尽快着手研究并完善相关立法，明确 OCDE 模式的法律地位，使其成为预算管理的法定程序，并明晰其法律主体的权利、义务、责任。单纯依靠行政手段来推进应用 OCDE 模式，具有不稳定性、不确定性的特点，必须要有法律制度作为依据、保障。从国外先进预算管理经验和做法来看，无一例外地都采取"立法先行"的方法，对 OCDE 模式中各部门所承担的责任、义务，立法机关的职责，第三方评价机构的职责，评价结果的法律效力等问题均以法律条文的形式确定下来，这为 OCDE 模式的应用提供了强大的法律支撑。

第七，引入 OCDE 模式，预算管理评价的方法由依赖定性评价转变为定性和定量相结合的评价方式。引入 OCDE 模式后，科学、合理地推进预算管理工作离不开预算绩效评价指标体系的设计，通过对相应指标的数据搜集，将独立事实量化为数据。通过会计报表、调查问卷、统计资料获取各类数据，并将数据充分发掘、筛选，转化为知识，最终服务于实际预算管理决策过程。

三、引入 OCDE 模式，推进预算管理改革的政策建议

为进一步推进建立现代财政制度，实施全面规范、公开透明的预算制度，提高预算资金分配决策的科学性、公开性和公正性，按照上述改革思路和方向，在引入 OCDE 模式时，有如下政策建议：

第一，制定政府职能和职责清单，树立预算支出所要达到的目标，明确 OCDE 模式的"前进方向"。明确政府的有限责任、明晰预算支出的边界、确定支出标准，尽快制定中央和地方政府的事权清单，包括职能范围、提供公共产品和公共服务的数量和标准。应该遵循中央统一和各地区因地制宜相结合的原则，由中央统一制定基本标准，地方可根据自身财力适当提高标准。如果地方自身财力无法达到基本标准，那么缺口应由中央政府以转移支付形式予以弥补。由此，形成中央和地方政府之间法治化、规范化、长期稳定的事权关系。所以说，运用 OCDE 模式实施预算管理的首要重点是，预算支出是否应该有政府承担，是否在政府职能和职责范围内，这是预算管理的起点。

第二，按照渐进式的改革策略，"先落地、后推广""先大项目，后全部项目"，循序渐进地在预算管理中确立 OCDE 模式。引入 OCDE 模式时，先由单个大额项目支出扩大至一个部门的打包项目支出。为了减少改革阻力，首先选择广大人民群众呼声较为强烈的教育、卫生、医疗的大额支出项目试行，然后逐步扩大至部门打包项目；其次，由打包项目支出扩大至部门全部项目支出；最后，由部门项目支出扩大至部门基本支出。按照行业编制分别 OCDE 模式的操作程序细则。

第三，在 OCDE 模式中，预算支出的事前评价论证方式应该探索人民群众共同参与的机制，这也是推进预算公开、透明的重要政策措

施。国家治理现代化的一个重要特征就是强调人民群众共同参与到国家事务中。OCDE 模式须构建人民群众参与预算支出决策的渠道。首先，应该试点将各部门的支出项目及其相关资料，及时向人大代表、政协委员公开，听取他们对于支出项目绩效目标、预算成本的意见和建议；其次，将 OCDE 模式中预算管理的内涵，特点，内容，支出绩效目标、预算支出、实际产出绩效的评价程序、评价过程，相关政府发展规划，各级政府出台的相关法规、规章、通知等评价依据以及评价的指标体系、评价方法、模型、评价标准等专业性内容，以及评价结果、结果反馈、结果应用等信息，向人大代表、政协委员公开；最后，为了保障人民群众的知情权，进一步通过媒体、网络、通信等方式向全体人民群众公开，通过网络设计投票系统，规定足够的时间，征询他们对于支出项目的意见和建议，表达自己对财政资金使用的意愿、偏好。

第四，由各级人大预算工作委员会作为 OCDE 模式的执行主体，全面引入第三方专业机构，为本级预算管理提供全面的决策支持。为预算管理提供决策支持，注重发挥第三方专家作用，人大预算工作委员会选择人大代表、政协委员，具有公信力、深厚理论基础和丰富评审经验的专家学者，财政部门内部管理人员以及专业中介机构组成评价小组，以政府购买服务的形式委托他们实施预算管理评价，出具具有法律效力的评价意见，作为各部门安排预算支出的依据。

第五，OCDE 模式中，根据财政支出的特点不同确定评价重点。对于单项不连续项目支出，应该着重进行事前评价和事中评价，对项目的立项必要性、可行性、财政支持方式和范围、风险和不确定因素、项目预算的合理性作出全面评价；对于连续项目支出，不仅要对本期项目进行事前评价和事中评价，还要对上一期的项目支出进行事后评价，包括项目的经济、社会或可持续性效应，项目管理程序，财政支持范围和方式，项目风险以及项目决算等。将两者结合，动态地去评价预算支出绩效。

第六，强化 OCDE 模式中预算管理评价结果的应用。在第三方专家出具财政预算评价报告之后，由人大向各部门下达，并将其作为部门决策的参考依据，作为预算安排的重要依据和政府决策的绩效参考，同时建立各部门的整改反馈机制。

第七，人大和各部门联手推进、协调分工，完善 OCDE 模式的相关法律法规。由人大制定 OCDE 模式的监督条例及实施细则，规定引入第三方的具体标准；由财政部门负责制定完善 OCDE 模式管理办法，颁布操作指南、指标体系、评价标准、第三方评价准则；其他各部门在此基础上建立具有反映行业特性的 OCDE 模式管理制度，颁布与其有关的行业技术标准、质量标准、成本标准、考核标准，为事前评价、事中评价、事后评价构建绩效评价行业特性指标体系和评价标准。

总之，如果能够做到上述方面，不断完善预算管理制度，有效确立预算制度中的绩效和成本观念，为充分发挥预算支出效益提供制度保障，确保预算绩效目标顺利实现，便于人大、政协实施预算监督，能够有效促进现代财政制度的建立，推进国家治理体系和治理能力现代化进程。

重点把脉政府债务精准破解债务问题

地方政府债务是政府作为债务人凭借自身信誉，与债权人之间按照有偿原则发生信用关系来筹集财政资金，旨在调度社会资金，弥补财政赤字，调控经济运行。中国目前除《预算法》第三十五条规定"经国务院批准的省、自治区、直辖市的预算中必需的建设投资的部分资金，可以在国务院确定的限额内，通过发行地方政府债券举借债务的方式筹措"外，地方政府及其所属部门不得以任何方式举借债务。但基于事权与支出责任不匹配等因素，地方政府债务规模急速膨胀，引发债务危机的可能性日益凸显，成为影响经济社会稳定和发展的因素。

一、地方债务总体情况

2008 年起，中国地方政府债务快速扩张，债务增速高于经济增速和财政收入增速；政府预算投资资金增速、基础设施投资增速、中国地方政府债务增速基本呈同向变动趋势，地方政府债务在地区基础设施建设中发挥重要作用。

就中央与地方政府来看，中央政府债务负担小，债务风险主要集中于地方政府。在不考虑返还性收入、转移支付等上级补助收入的情况下，2019 年地方政府债务率（债务 / 财政收入）超过 100% 的地区占比达到 76.67%；其中，山东、江苏、广东等地政府债务规模虽然排名前三，但财政实力极强。地方财政债务率排名前三的省分别为贵州、青海和辽宁，达到了 290% 以上。从发行省份来看，广东债券发行规模 / 预算收入最高，浙江、湖南、广西、江苏等地次之；发行期限来看，五年及以上长期债券发行占比达到 80%。

可见，中国地方政府债务当前呈现以下发展趋势：地区经济发展程度高，税基大，税收管理制度完善，财政收入规模大，财富创造能力强；经济发达地区，负债层级下沉现象较为显著，税负集中于县市级地区，税负较为分散；地区经济发展程度低，税基小，财政收入规模小，财富创造能力弱；经济不发达地区，基础设施建设缺口大，对债务融资和外部支持依赖严重。

究其本质，地方政府债务增加的原因主要包括以下几个方面：城镇化率较发达国家仍有较大距离，未来投资缺口依然巨大，PPP 模式尚不能完全取代地方政府经济建设职能；人口老龄化加重福利支出压力；房地产市场调整，促使土地出让收入不可持续，以及结构性减税等，均在一定程度上增加政府财政收入压力，进一步恶化地方政府债务。

二、地方政府债务存在的问题

由于地方政府拥有财政存款及其他直接影响作为承销商的商业银行经营活动的重要资源，使得商业银行市场化定价能力无法有效体现。这直接导致地方债在发行定价过程中，市场并未起到决定性作用，"看不见的手"往往让位于"看得见的手"，突出表现在公开发行的地方债定价上。当前地方债公开发行上浮空间非常有限，不足以补偿银行资本金占用成本。

地方政府债务性资金的总量累积通常是通过发行政府债券或是向银行等金融机构举债产生的，这是常规的债务来源。但随着经济发展速度加快，政府对资金的需求加大，传统的融资渠道已经难以满足，部分地方政府采取了非常规的举债方式，包括向非正规金融机构甚至民间举债。

地方政府偿债能力与举债规模匹配管理不到位，债务逾期率较高。一些财政困难、还债能力差、还债资金筹集渠道窄的情况下，大量政府债务资金投入到无收益的公益性领域，债务资金收益率较低，债务逾期率较高。

地方政府债务管理重视程度不够，存在"散、乱、弱"现象：多头举债，管理较"散"；随意性较大，管理较"乱"；债务管理机构不到位，管理较"弱"。

现行的地方政府债务发行定价机制导致二级市场交易不活跃。由于一级市场发行利率偏低，债券上市后估值明显低于面值，导致地方债一级发行参与机构不踊跃，类型单一，多数为商业银行。且因估值低于票面，商业银行二级市场卖出会直接带来亏损，所以商业银行更多采取时间换空间的方式，将地方债归入持有到期账户，这进一步限制了二级市场的交易活跃度。

从地方债一级市场发行来看，全国各地经济实力的巨大差别并未反映在发行结果上，即无论是一级市场还是二级市场，地方债均未很好地实现价格发现，并未通过发行或交易反映出不同的风险溢价。由于发行省市清一色获得最高信用等级 AAA 债项评级，其平均上浮比例也基本在 3%至 11%区间内。诸如，经济实力较强的广东、江苏、山东平均发债成本均上浮 6%至 7%，而获得较低发行成本的重庆市和厦门市，其GDP 数据排名反而相对靠后。

总体而言，地方债所引发的债务风险已成为威胁中国经济持续发展、社会稳定和政治安全的重要因素。如果严格金融规则，不少地方债已经无法依靠"借新还旧"展期。如果按市场化要求，一些地方政府实际上已经破产。一旦地方债风险爆发，只能廉价变卖国有资产或者由上级政府乃至中央政府兜底，最后只能通过债务重组、货币贬值转嫁债务负担，由全国人民集体买单。

三、多措并举防控地方政府债务

地方政府债务多具有结构分散、隐蔽性强、透明度差等特点，难以获取相关数据，因此亟须加强制度显性设计、修改《预算法》及《完善会计法》等有效措施，督促地方政府严格执行国家出台的 PPP、政府投资基金、政府购买服务等各项规范管理政策要求，防止地方政府将其异化为变相举债的渠道，增加债务负担。

一是地方政府负债监管的制度显性设计。建立地方政府信用体系，对地方政府信用进行绩效评估并排名，对地方政府隐性债务保持监督高压态势，同时建立严格的查处问责机制，加大对违法违规融资担保行为的查处问责力度，形成全方位的监管合力。

二是修改并完善《预算法》。将地方政府可能涉及产生隐性债务的支出，即预算外资金、僵尸企业等沉睡资金均要统计到预算内。诸如，某项目是地方政府承担的现时行为，且其能够引起政府利益流出，而这种政府利益流出又能够用金额可靠计量，那么就应该统计其所发生的金额，并计入地方政府债务之内。

三是修改并完善《会计法》。在现行收付实现制核算基础条件下，编制权责发生制地方政府综合财务报告时，建议实施全口径的会计统计方案，破解资产澄清、债务界定、费用确认、报表转换、合并汇总等难题。

关于实施债转股方式化解
国有企业债务的建议

近年来，随着国内经济增速换挡、结构调整及前期刺激政策消化等多方面因素叠加，宏观经济暴露出包括结构失衡、产能过剩、杠杆过高等问题。就杠杆过高问题而言，过去的经济刺激政策一定程度上推动了国有企业和银行的投资过热，但此后，国内经济增速下滑，加之不少国有企业投资项目的盲目性和低效性，国有企业陷入杠杆快速上升和投资回报率快速下滑的窘境，继而不得不采取借新还旧方式，从而推高了非金融企业部门的杠杆率，商业银行的不良贷款率也随之上升。

国有企业并非第一次面临债务高企问题，1996—1998 年 GDP 增速下滑，一大批国有企业经营不佳，陷入债务危机，四大商业银行的不良资产率曾高达 39%，在此背景下，国家通过组建资产管理公司（AMC），剥离债务，实施了一场政府主导的、带有一定的企业脱贫性质的大范围、大规模的政策性债转股，并取得了较为显著的成效。面临此番国有企业债务问题，债转股作为一种既能降低企业负债率，同时降低商业银行不良资产率的方法，再一次受到关注。

与上一轮债转股相比，本轮债转股突出强调了市场化的特征。根据《国务院关于积极稳妥降低企业杠杆率的意见》和《关于市场化银行债权转股权的指导意见》等文件来看，本轮债转股对于转股企业范围除了作出限制僵尸企业、恶意逃废企业、产能过剩企业及债权债务关系不清晰企业实施债转股要求之外，还强调了债转股实施途径多样性及实施机构的多元性。

2018 年，市场上已经出现了一些具有特色债转股案例，如长航凤凰、熔盛重工、云锡集团等，但需要注意的是，从市场化签约金额和实施债转股金额来看，债转股市场呈现签约金额高、落地金额少的特点，调研显示截至 2017 年末，市场化签约金额已经达到 4300 亿元，但实际落实金额仅为 734.5 亿元，也即实施金额占签约金额的比例仅有 10% 左右。造成这种情况的原因除了短期内市场观望情绪浓重之外，还需要慎重地从本次债转股机制内寻找症结。债转股本身是一项高成本、长周期的复杂系统工程，一方面这种模式可能并不具有普适性；另一方面债转股的推进是循序的，需要在利益协调、模式设计、退出机制等多方面机制完善配合，盲目推进可能造成债务在账面层次上无意义的转移甚至恶化，治标不治本。

本轮债转股存在一些亟待解决的问题，同时也存在一些实践方案有待优化，需要在下一步改革中落实完善。

第一，多数债转股机构参与者参与改善转股企业经营治理的意愿和能力均较低，债转股可能再次沦为一场治标不治本的"债务漂流"。从两轮债转股出台背景来看，都有经济下行企业经营压力增大情况，这是国有企业陷于债务危机直接原因，但追根溯源，国有企业产权界定不明晰、激励机制不合理、预算软约束导致投资盲目等一系列企业治理结构方面的问题才是导致国有企业债务高企且缺乏应对债务处理能力的根源所在。采用债转股解决国有企业债务问题，并不是因为这种债务化解工具能实现国有企业账面上的债务转移，而是希望新股东接入能够影响企业经营层及管理理念，帮助企业实现真正意义上的资产债务结构优化。与第一轮债转股相比，本轮债转股从四大 AMC 拓展到保险资管、银行资管和地方政府 AMC 等机构，但无论哪一类机构，都没有表现出较多意愿去改善公司经营治理结构层面。再进一步，诸多债转股参与机构本身不具备实体企业经营管理经验和能力，而更擅长处理财务危机问题。这一境况将会导致这类机构在应对国有企业债务问题时，极有可能以将国有企业债务转化成政府债务收场。

第二，相较于债权，股权对企业经营约束力较弱，债转股一定程度上强化了国有企业的财务软约束，债转股可能沦为一场苟且眼前的"明股实债"，或者反噬债转股参与机构。股东对企业分红和投资利息的要求权排在债权人之后，对企业经营约束相较更弱，一种情况下新股东出于逆向选择考量，可能采用明股实债方式索要投资利息，这种情况下，债转股仅仅是短期内、账面上的债务减负；另一方面，以商业银行为主的金融机构，原本就是负债式经营，债转股之后需要承担企业陷于债务危机后继续经营的风险，加之参与企业经营管理本不是机构投资者所擅长，长期持有该部分股权对机构参与者来说是一种资金占用和浪费。

第三，对于债转股标的企业的筛选缺乏统筹性、市场性的选择机制，对于机构参与者缺少完善的退出机制，债转股可能成为某些高负债国有企业"劣币驱逐良币"的工具。尽管本轮债转股的对象剔除了僵尸企业、恶意逃废企业、产能过剩企业及债权债务关系不清晰企业，但是由于全国各地情况各有特点，这种认定缺乏全局统筹性和市场化认可。一方面，从目前实施债转股的企业来看，实施债转股的企业中，国有企业占比超过了 95%，同时这类企业以钢铁、煤炭、有色等行业为主，占比超过 70%，部分行业恰恰就是备受市场诟病的产能过剩行业；另一方面，由于缺乏完善的机构退出机制，机构参与者筛选标的的原则，不可避免以政府背景更强、规模臃肿的国有企业为导向。而一些相对优质的标的将可能因为没有政府财力买单而错过债转股机会。

通过上述问题反映，债转股本身并不具有天然的改善企业经营治理的特征，因此，可以考虑从避免大规模无节制运用债转股工具及改善债转股机制设置两个方面寻找对策。

第一，将债转股作为转变企业经营和治理方式的重要手段，化解国有企业债务危机。诚然，政府主导型及市场化的债转股都具有施行的合理性，对于暂缓债务压力起到一定的作用，但国有企业的债务问题需要从根源处着手，仅流于财务层面改善的债转股活动不宜成为处理债务问题的主流方式，也不宜大张旗鼓、过分鼓励。大规模的债转股对实体经济的影响不容小觑，不能以债转股取代正常的市场淘汰机制，而且债转股似乎成为跟随周期性行业波动的政策性举措，每当周期性行业下行，债务增加，便进行债转股，长此以往必然也会影响市场优胜劣汰机制正常发挥作用。

第二，采用债券化、证券化方式分离债权人和股权人。既然 AMC、保险资管、银行资管本身可能没有动力或者没有能力成为合格的股东，具有企业经营、治理和股权投资经营的投资者可能不擅长直接参与债转股的操作，那么可以考虑在 AMC 和经营性战略投资者之间搭建输送、转换通道，将债权及债转股方案一起打包以证券化方式设计成一个新的金融产品有偿转让给愿意参与股权投资的企业，继而达到债权人和股权人分离的目的。

第三，细化债转股股权权利属性以改善股权预算约束弱和股权持有人未来收益不确定的问题。通过细化债转股股东的权益如转变成债股特性兼备的优先股可以使新股东获得固定的分红，收益在一定程度上保障；同时，企业虽然承担了优先股红利成本，但是却免去了债务本金，债务压力也有所减轻。或者在债转股权中依据公司治理架构情况设置特殊的经营参与有限或限制权，从而影响治理结构，改善公司治理结构。

建立"退籍清税"制度的政策建议

党的十八届三中全会提出，全面深化改革的总目标是完善和发展中国特色社会主义制度，推进国家治理体系和治理能力现代化。随着中国改革开放的进程不断深化，中国由净资本输入国向资本输出国转变，与此同时，部分群体，为了所谓的教育质量、环境污染、食品安全、社会福利的考虑，已经或正在谋求退出中国国籍、加入外籍。这种行为须纳入政府有关部门监管，确保有序进行，避免对社会经济秩序产生不利影响。

一、建立"退籍清税"制度的必要性和紧迫性

"退籍清税"制度是指在中国公民退出国籍、加入外籍前后，针对其转移资产是否已经完全履行纳税义务以及资产的合法性进行审查的机制。当前环境下，建立退出国籍的税收清算（以下简称"退籍清税"），

对规范退出国籍行为，有效管控一些具有不合法甚至非法目的的资本外流，具有非常显著的必要性和紧迫性。

第一，中国各部门尚未有效掌握退出国籍、加入外籍的确切人数，凸显出退出国籍领域的管理盲点。从目前退出国籍者的统计数量来看，数量不少，但官方并没有一个确切的统计结果，大部分都是媒体报道，有关部门尚未发布一个权威的退出国籍者数据。在众多退出国籍者中，部分是出于正常的移民目的，但仍有一些退出国籍者的目的是为了掩盖不合法甚至非法的目的而逃避国内监管，甚至有一些国内腐败分子通过先期秘密转移资产为出境做准备。由于"退籍清税"等相关制度的缺失，造成难以对境外转移资产实施有效管理。目前，反腐败斗争形势依然较为严峻，我党上下着力营造了不敢腐的政治氛围，但在不能腐、不想腐上还未取得压倒性胜利。我们急需建立一套"不能腐、不想腐"的机制，堵住腐败分子向境外转移的源头，建立退籍清税制度为此提供了坚强的法制基石，也成为我们面临的迫切任务。

第二，"退籍清税"制度是国家治理现代化的重要内容之一。国家治理现代化的特征之一就是构建一套现代化的法制体系来维护国家和公民的正当权益，惩罚损害国家和公民权益的行为。从公民法律关系的角度来看，依法纳税、依法取得资产是所有中国公民所应遵循的基本准则。中国公民退出国籍，意味着他（她）与中国相关法律关系的终结，需要对相关法律关系的合法性进行明晰、梳理。而退籍清税制度恰在公民退出国籍的环节，建立针对退籍转移资产是否已经完税以及合法性的审查机制，能够保护中国公民正常、合法的退出国籍行为，辨别非法转移资产甚至腐败行为，正是国家治理现代化的本质要求。

第三，建立"退籍清税"制度有利于实现社会公平原则。改革开放之后，中国建立社会主义市场经济体制过程中，社会经济领域实现了全方位的改革,释放出巨大的制度红利。很多先富起来的群体,虽然离不开自身的努力和聪明才智,但他们的成功一定程度上归功于制度红利和资源禀赋。基于社会公平原则的考虑,他们须对社会作出应有的贡献。建立"退籍清税"制度能够有效辨别退籍群体是否依法作出社会贡献,发挥公平效应。

第四,"退籍清税"制度将成为打击跨国避税的重要制度基础。目前,中国自然人境外投资受到多方面的管制,使得中国公民利用退出国籍转移资产来避税的行为受到限制。习近平总书记曾在 2014 年举办的二十国集团峰会上提出,进一步完善全球经济治理。随着中国"一带一路"倡议的实施,自然人境外投资的渠道会不断放开,建立"退籍清税"制度能从根本上建立一套打击自然人跨国避税的制度体系,同时谋求这个领域的国际协调,建立现代化全球治理体系。

总之,在目前退出国籍公民的数量不断增加之时,中国须拿出切实可行的办法,建立"退籍清税"制度,对退出国籍、加入外籍实施有效管控,这将是推进国家治理现代化的坚实一步。

二、现行"退籍清税"领域存在的主要问题

中国目前的"退籍清税"领域存在多方面的问题,亟待在深化改革中加以解决。

第一,从《国籍法》的角度来看,主动申请退出国籍的中国公民能够被有关部门掌握,自动丧失国籍公民无法被有关部门掌握。现行《国籍法》第十一条规定,申请退出中国国籍获得批准的,即丧失中国国籍。第十六条规定,加入、退出和恢复中国国籍的申请,由中华人民共和国

公安部审批。第九条规定，定居外国的中国公民，自愿加入或取得外国国籍的，即自动丧失中国国籍。由此可以看出，当中国公民加入外国国籍而丧失中国国籍时，无须向有关部门履行审批或报告义务，导致这部分退出国籍的群体无法为有关部门所掌握。虽然中国不承认双重国籍，但由于这些问题的存在，使得这部分群体拥有了事实上的"双重国籍"。

第二，在现行税法体系中，中国仅能对主动申请退出国籍的中国公民在申请提交之后向境外转移资产时实施管控，无法对丧失国籍之前的资产转移实施事前管控。这与中国《国籍法》针对退出国籍行为的规定有着密切关系。同时，也说明了中国缺乏针对中国公民境外投资动机的推定程序，难以辨别中国公民在境外投资时的真实动机，究竟是为了正常投资，还是为了退出国籍做前期准备。

第三，中国对自然人的境外投资限制仍然较多，不仅抑制了中国公民对外投资的渠道，也导致了外汇管制的多方面问题，其中一个突出问题就是"地下钱庄"。地下钱庄的存在脱离了政府有关部门的监管，扰乱了金融和外汇秩序，甚至一些腐败分子向境外转移资产时也借助地下钱庄来实现不法目的。严厉打击地下钱庄，将成为一个严峻而迫切的问题。

在目前社会经济形势和全面深化改革的大背景下，为了促进国家治理现代化，以上问题都需要从法律的制定和实施上进一步加以研究和完善，"退籍清税"制度无疑是解决这类问题时较好的方式、方法。

三、建立"退籍清税"制度的政策建议

"退籍清税"制度是国家治理体系和治理能力现代化的重要内容之

一，在公民退出国籍的环节建立"退籍清税"制度，成为建立现代财政制度的重要体现。

第一，要从战略全局的高度认识建立"退籍清税"制度的意义和必要性。要将它成为财政制度创新的重要动力，作为反腐倡廉的战略举措，以此为契机，完善相关法律法规，从源头上建立"拒腐防变""防腐增效"的新机制。此外，也将"退籍清税"制度作为提高执政能力的手段，推进政府建立科学决策、权力制衡、民主监督和自我完善的机制。

第二，对现行《国籍法》进行修改，规定中国公民在加入外国国籍时，须向中国有关部门履行报告或者审批程序，制定中国公民加入外国国籍时，注销中国国籍的操作办法。与各国移民、海关等部门开展交流合作，加强国家之间的情报交换，及时掌握中国公民加入外国国籍的信息，多渠道收集、分析相关国籍情报。

第三，应将"退籍清税"制度作为中国公民退出国籍时的必要法定程序，如果中国公民没有履行这个程序，那么退出国籍行为在法律上是无效的，即使人已经在境外，中国政府保留全球追索不合法资产的权利。退出国籍这个法律行为，其法律效力的成立，需要转移资产的合法性作为前置条件。如果中国公民资产的来源是非法的，或者虽然合法但没有完全履行纳税义务，那么中国政府有权在退出国籍环节对此进行审查。如果没有通过这个审查，那么退出国籍行为是无效的。

第四，建立与退出国籍行为相关的惩罚机制。"退籍清税"制度中还应当包括强制性的惩罚机制，如果中国政府一旦查实某个中国公民在退出国籍时，其转移资产的来源不合法或者虽然合法但未完全履行纳税义务，那么应该对其作出惩罚，保留资产追索的权利。此外，公安部门对此进行备案，边防、海关部门可以在退籍者重新入境时复查或者扣留该公民。

总之，如果能够做到上述方面，不断完善"退籍清税"制度，能够有效促进现代财政制度的建立，推进国家治理体系和治理能力现代化进程。

创新国有资产管理机制，
加速催化科技成果转化

科技成果的界定和归属问题是科技成果产业化中的关键，不同的设计模式和政策体系会产生不同的效果，中国已经到了科技成果产业化的速度和密度来决定国家创造力的创新驱动发展的新的历史阶段，也到了重新设计科技成果的归属问题的关键时刻。

一、科技成果转化存在的主要问题

科技成果转化领域存在的问题涉及财政投入、产权制度、有形资产管理、无形资产管理、财务会计等诸多方面。

第一，财政对科研活动的支持力度不断加大，科技成果增长迅速，但科研人员对科技成果转化的积极性不高，多数成果未能转化。2010年，央属研究机构的政府资金投入占研发总支出的比例达到75.6%。由此，科研机构和高校的科研成果增长较快。2006年，高校专利申请受理数量为 24490 件，2010 年增至 72744 件，年均增速为 49.26%。然而，科研人员推动科研成果转化的积极性不高，以技术开发类合同为主，技术转让合同较为少见。教育部科技发展中心调查了 87 所高校，50 所高校未实施专利占 90% 以上。"大学科技成果转化的探索与实践"课题报告指出，中国高校每年取得的科技成果在 6000—8000 项之间，但实现成果转化的还不到一成。

第二，科技资源配置结构不均衡，科技成果转化阶段的投入相对不足。科技成果转化处于成果产生和使用阶段之间，难以界定为科学研究，也难定性为生产活动，在投入上成为"两不管"地带。日、美等国家用于科研、中试、生产的投资比例一般为 1∶10∶100，而目前中国仅为 1∶0.6∶1。一些有应用前景的项目停留在小试或样机阶段，或未经中试，大多数企业又无力直接消化这些实验型成果或单项技术，严重影响科技成果转化的成熟度。

第三，科技成果转化中的国有资产管理程序较为烦琐，严重制约科研人员推动科技成果转化的积极性。技术成果对外转让或投资的国有资产管理审批程序过于复杂。以对外投资设立公司为例，须完成两次投资行为审批、国有资产使用审批、国有资产评估备案等程序，耗时数月。高等院校系统从高校到教育部的资产管理机构再到财政部的审批过程一般需要 4—12 个月。烦琐的管理程序让一些科研成果失去了市场机遇。

第四，国有资产存在重复配置、共享程度不高、使用效率低等突出问题。国有资产在科技成果转化中的收敛化、沉淀化、非共享，低层次重复购置造成了财政资金浪费。例如，中国大型科研设备的利用率仅为 25%，而发达国家的利用率达到了 170%—200%。

二、制约科技成果转化能力的国有资产管理体制机制症结

上述问题根源于现行国有资产管理机制问题，我们需要明晰科技成果转化的瓶颈，为优化政策实施提供依据。

第一，现行国有资产产权制度对科技成果转化产生障碍。科研经费来源多渠道、科技投资主体多元化造成产权关系不清，科技投入形成国有资产的所有权、使用权和收益至今没有明晰的界定方案；国家投资形成的科技有形资产，名义上归国家所有，实际上无具体的产权代表；国有资产产权管理部门，既行使着行政管理职能，又履行着出资人职责，存在职能和业务交叉，还涉及中央和地方管理权限划分，多头管理、各自为政问题较为突出。

第二，现行国有资产管理未形成有效的产权激励机制，不利于创新人才发挥创造积极性。科研成果属于特殊的国有资产，科研人员对科研成果享受与之相关的支配权、处置权和收益权并不充分，科研机构、高校对科研成果的处置权限不足，导致科研人员无法享有足够的分配收益，严重影响积极性。现行科研能力评价和职称评定很大程度上取决于前期科研成果，与科研成果转化为现实生产力之间关联性不大。

第三，国有资产的社会共享水平较低，影响了公共效益扩散和使用效率。科技成果分散于各研究主体，未建立国有资产的共享、合作、互补机制，也影响了科技成果转化实现。例如，国有资产在购置过程中，往往由各个课题项目组来分散购置，在课题完成之后，实际使用权仍然归于各课题组，不仅科技成果的共享程度较低，国有资产也无法统筹使用。科研成果形成后，科研人员由于无法了解成果信息，导致重复研

究、重复劳动，影响了科技投入绩效。

第四，科技事业单位的财务会计制度采用收付实现制，不利于科技成果转化。科技事业单位财务会计制度与企业财务会计制度不衔接，无法将国有资产按照市场价值盘活。科研经费管理规定不允许有结余，导致科研经费费用化。科研人员在从事科研过程中，固定资产管理权限小，购买什么资产、如何购买都有着严格的限制，购置周期长。

第五，国有资产绩效管理没有充分发挥对科技成果转化的导向性作用。科研成果评价体系没有形成闭环的绩效管理机制，对科技成果转化的导向性作用不强。从事前来看，缺乏对预期科研成果转化绩效目标的论证，很多科研项目没有完整的科研成果转化计划。从事后来看，后评估制度缺位，对科技成果转化绩效目标的实现程度缺乏评价。

三、催化科技成果转化、创新国有资产管理机制的政策建议

有效发挥国有资产在科研成果转化过程中的催化能力，借鉴国外先进国家成功经验，创新国有资产管理机制。

第一，加大财政在科研成果转化的市场导入、推广应用和产业化阶段的投入力度。创新资金支持方式，运用市场化手段，发挥财政资金四两拨千斤作用，支持重点从研发阶段转向创新产业链后端，加大对科技成果进入市场的中间环节（中间试验、工业化试验）以及产业化阶段的支持力度。充分利用产业引导基金、PPP 方式，引导社会资本投资科技成果转化项目。运用税收优惠政策、政府采购政策，激励科技成果转化。

第二，借鉴美国《拜杜法案》，下放科技成果形成资产的使用权、处置权和收益权，激发科研人员实施科研成果转化的主观能动性。科技成果形成国有资产的使用权、处置权和收益权下放在科研人员所在单位，简化主管部门科技成果形成国有资产的使用、处置和收益的审批或者备案程序，提高科研成果转化收益中科研人员和所属单位的分享比例，在科技成果成功转化后，只需要偿还政府原始投入即可。也可借鉴瑞典的做法，把科技成果的创造者个人所有，以激发他们的社会财富创造力。

第三，建立科技成果的共享机制，搭建公共服务平台，充分发挥知识扩散功能。政府统筹建立科技成果开发和转化、技术创新基础数据、科技成果信息等领域的大数据共享平台，搭建固定资产共享共用平台，规定在完成科技成果研发及转化过程后，相关主体须履行数据共享程序。

第四，构建科技成果转化的市场衔接机制。以市场需求为基准，建立以企业为主体的产学研技术联盟，支持有条件的企业建立工程技术中心或研发中心，鼓励科研机构、高校建立分支机构，实现技术溢出与成果转移。加强多元中介服务，推动科技成果转化。建立科技成果转化的孵化基地和产权市场，完善国有资产催化科技成果转化的退出机制，鼓励社会资本无缝对接孵化科技成果。

第五，完善配套管理机制。鼓励科研人员以其科研成果出资创办科技企业。建立固定与流动岗位结合、科研与市场岗位结合、专职与兼职岗位结合的人事管理制度，创新职称评定、职务聘任、岗位编制、科研任务考核、单位与个人之间的收益分配机制。按照鼓励科技成果转化试错的理念，构建权责发生制、资本化处理、预算会计与企业会计相结合的国有资产财务会计制度，合理计量科研支出形成的无形资产，对相关有形资产实行加速折旧制度，放宽提取准备金的条件。完善科研成本核算制度，正确划分成本费用属性，正确区分课题研究费用与科研单位管理费用界限，正确区分资本性与收益性支出的界限，正确区分各个成本计算对象之间的费用界限。建立定额管理制度，制定必要的消耗定额。

第六，建立国有资产催化科研成果转化的绩效评估机制。注重科研成果转化事前目标可行性的论证，从科研成果转化投入、成果转化中介服务、成果转化效果等层面后评价国有资产在催化科研成果转化效果，主管部门建立第三方评估制度。

佛山禅城区政府性资产治理模式创新的探索

政府性资产的管理和经营是增强地方发展后劲、保障民生的关键要素。当前的政府性资产管理体制造成资产相对分散，不但没有起到资产增值保值的作用，反而要对闲置和未发挥作用的"沉睡"资产支付大量的费用，造成巨大的浪费，因此急需对管理体制和机制进行改革，使之成为厘清政府性资产、活化资源、变现资金的抓手，通过整合和改变资产用途激发政府性资产活力，优化资产布局，提升社会能力，主动为城市升级创造机遇，为产业升级提供强有力的资金保障。

一、政府性资产管理架构不完善，尚未实行系统集成运营，难以实现政府性资产的效益最大化

政府性资产是由政府拥有、占有、使用或者控制的，预期将导致未来经济利益或服务潜能流入政府的资源，政府性资产管理目的是资产服

务提供潜能和利益最大化，整个生命周期的相关风险和成本最小化。政府性资产的本质是提供公共产品和公共服务的物质基础，是政府形象的一种映射，是一个地区经济发展、社会福祉、文化进步和生态文明的催化剂。

未设立统一的政府性资产管理和经营部门，管理分散，家底不清。中国各级财政部门、各级国资委、各级机关事务管理局、各级各类行政事业单位及其主管部门、各级各类国有企业等政府机构或其他主体，涉及政府性资产的管理、融资和使用等，任何一个管理主体都没有掌握政府性资产管理的全景图，缺乏一个集中式的资产管理权威部门。目前国际上通常采用统一集中管理的办法。例如，美国由行政服务总局代表政府履行集中管理政府性资产的职能，该机构共管理 403 亿美元的政府性资产，8700 栋自有和租赁房产，205000 辆自有和租赁机动车，3446 万平方米可用于出租的办公场所，564 处历史遗迹，2016 年度收入总额为 205 亿美元；英国虽然采取分散式的政府性资产管理模式，但已于 2010 年设立政府性资产部，集中管理、运营、处置价值 3500 亿英镑的中央地产，2015—2016 财经年度报告显示的中央地产面积为 800 万平方米，运营费用为 25.5 亿元英镑，出售过剩资产总额为 9.73 亿英镑。

资产性质固化，影响产业功能、经济运行和城市发展。资产与产业及城市发展割裂的现象严重，特别是一些旧土地、旧物业和旧厂房，未被充分利用，阻碍了城市发展的步伐。例如，广东省佛山市禅城区的中心地区有 6000 亩的基本农田，这样的土地功能与中心城区的产业发展形成对冲。各国对未发挥效能的资产管理和运营上做了不同的探索，转化资产性质是主流趋势。英国政府每年对无主资产进行登记清查，个人可在网站上租赁或购买政府闲置的资产。英国产业署通过转变政府部门土地性质，提高资产的使用价值，从而激发使用效率。目前已经售出的一些著名建筑包括海军拱门大厦和旧战办公遗址，这些著名建筑经过精心的策划开发将成为具有国际水平的住宅地产和酒店。2015—2016 财经年度，通过清理处置 468 个资产项目，给政府带来了 10 亿英镑的收入。美国行政服务总局在未充分利用的资产，也称"沉睡"资产的性质转变上做了许多尝试和探索，以老邮局项目为例：老邮局是美国华盛顿的标志性建筑，由于丧失原有功能及建筑空间闲置等原因，美国政府每年为该建筑支付 600 万美元的费用。2012 年起，特朗普集团投资 2 亿美元重新开发老邮局，将其打造为世界级的豪华酒店，已于 2016 年投入使用。

资产信息管理能力薄弱，数据采集手段运用不充分。中国政府性资产管理的主体较多，形成了多种形式的资产管理系统，其中应用的数据维度千差万别，加之数据库结构的差异，导致资产信息统计难度较大。此外，一些无主资产、低效能资产和闲置资产的信息采集工作难度较高。

二、广东省佛山市禅城区统筹整合政府掌控的各类资源，创新公有资产监管和运行模式，实施"大国资、全覆盖"改革

"大国资"改革通过资产运作让政府有用不完的钱。改革是利益的调整，也是复杂的系统工程。政府性资产管理的改革涉及众多部门和利益相关方，涉及面广、业务新、难度大，在改革的推进中，不仅需要热情、干劲和智慧，更需要勇气，敢于碰硬，以坚定不移的意志和锲而不舍的精神来推进改革工作。改革前，禅城区公有资产系统原企事业单

位总资产约 198.7 亿元，总负债约 204.5 亿元，净资产约 –5.8 亿元。通过"大国资"改革，区公资系统总资产约 432 亿元，总负债约 299 亿元，净资产约 133 亿元。

第一，成立公共资产管理办公室（以下简称"公资办"），对辖区内的公有土地、物业和厂房进行统一集中管理。将全区行政机关、全额拨款事业单位及部分差额拨款和自收自支事业单位的土地和物业资产全部划转公资办或公资系统企业进行统筹整合；对原公资系统的企业，按新确立的功能定位进行重新整合；对 14 家公资办出资的托管企业，由公资办收回统筹整合，原托管部门继续负责对原企业的业务指导工作；对其他职能部门管理的 26 家未脱钩企业，全部由公资办接管，人财物由公资办统筹管理，企业的业务指导工作由原主管部门继续承担。资产整合融资后运营顺利，政府收入明显提升，为城市升级提供前期启动资金 20 亿元，为产业提升提供资金保障，与多家金融机构签订授信 180 亿元，到位资金达 41.15 亿元。其中，包括 14 亿元的土地储备银团贷款及 20 亿元的结构性融资。

第二，聚集资源、构建"三大板块"，组建"六大平台"。按照"主业明晰、机制灵活"的要求，通过划转、转让、合并、兼并、接管、剥离和托管等方式，重点发展与开拓"三大板块"，即基础设施、城市建设、公用事业、文化事业板块；战略性新兴产业、现代服务业板块；历史遗留问题处理板块。在"三大板块"基础之上组建"六大平台"，在历史问题处理方面，以盈康资产经营有限公司为主要平台，把将要退出的传统、竞争领域和关停劣势企业全部整合到盈康资产经营有限公司，授权该公司行使出资人职责，专项负责这些企业的管理、退出以及历史问题处理工作。

第三，发挥土地储备中心职能，实现土地储备和土地功能转化，充分发挥土地资源在企业发展方面的推动作用。土地储备中心的任务一方面是借助融资加大禅城区范围内的国有、集体土地的收储；另一方面是加强对所收储土地的综合性营运，为公有企业做大做强提供强有力的支撑。例如，禅城区辖区 154 平方公里内有 114 家陶瓷企业，在产业调整升级后，110 家陶瓷生产环节企业从区内迁出，腾出了土地和厂房。佛山泛家居电商创意园前身是陶瓷旧厂房，产业外迁后，厂房形成闲置的旧物业。为盘活旧物业，推进产业转型升级，对旧厂房物业进行改造提升，现已成为产业高地、创业高地、人才高地、资本高地和文化高地，2017 年年底吸纳 1500 名创业者入驻园区，税收可达 7000 万元。经过 5 年的改革，土地储备中心接收整合区直行政事业单位土地 55 亩、房产 204 万平方米（两项资产估值 103.3 亿元），公资系统土地储备总量 5232 亩，其中，经营性土地 1080 亩，年租金收入 1.1 亿元；房产总量 2677 套，合 147 万平方米，其中经营性房产 36 万平方米，年租金收入 0.68 亿元。

第四，创新财政管理体制，建立独立的国有资本经营预算，在政府预算中实行财政公共预算与国有资本经营预算分开。国有资本经营收入预算的范围包括：（1）公资办出资企业（含未纳入企业"长期投资"核算的公有企业）的可分配利润；（2）公资办出资企业的股权收益、股权（或产权）转让收入以及企业清算的收入；（3）公资办委托企业管理的资产（含流动资产和固定资产）在扣除费、税和管理成本后的经营净收益；（4）其他非企业法人财产范围的公有资产收益；（5）统筹利用土地资源所形成的相关收益；（6）通过公有企业建设管理的政府项目（包括建设成本、管理成本和融资成本等）需要财政出资而转入的资金；（7）其他不可预见的公有资产收益。国有资本经营支出预算的范围包括：（1）需要统筹解决的企业历史遗留问题和债务风险的资金；（2）促进企业生存和发展所必需的更新改造和新项目的再投入；（3）因融资或项目等需要而进行的资本性投入；（4）对公有企业承担建设管理任务的政府项目的支出安排或购买服务安排等；（5）其他需要纳入国有资本经营预算的支出项目。

第五，运用先进科技进行资产管理。为了全面掌握资产规模、数量和金额，在资产信息登记、统计和管理方面全面运用大数据、云计算、物联网、移动互联网和区块链等先进技术，在区纪检委的监督和配合下对政府性资产数据进行高效采集、有效整合、深化应用，形成了"用数据决策、用数据监管、用数据创业"的精准资产管理运行机制。

三、禅城区"大国资、全覆盖"改革的启示

政府性资产管理改革的动力，很大程度上来源于面临严峻的财政压力和有限的财政收入来源，意识到政府性资产蕴藏着巨额财富、通过优化政府性资产能够节约成本或者筹集更多资金，更重要的是以活化政府资源的方式获得更大的经济价值。中国政府性资产管理应以理顺历史、规范将来、资产增值的理念进行重构和规划。

（一）建立政府性资产管理部门，厘清政府与市场的边界，科学管理政府性资产，提高资产收益率

政府性资产管理部负责统一集中管理政府拥有的固定资产，如房产、土地、基础设施等；无形资产，如数据资产、知识产权成果等；以及多种类型的资本，通过合理经营实现资产增值，为人民提供更优质的公共服务，增强社会治理能力。与此同时，切断政府的权力纽带，防止

政府的过度资本行为干扰市场，把政府这只手捆绑在政府活动的界限内，不能伸到市场活动的范围内。推进政府性资产上平台阳光、透明交易，在规范政府性资产的处置和管理的同时，通过市场公开竞争进一步提升政府性资产收益。把握房产市场政策窗口，加紧推进闲置、低收益率资产的处置工作，推进政府部门办公用房有偿使用制度，杜绝资产闲置和浪费。

（二）建立激励机制，发挥利益结构竞争力

建立一套基于政府性资产效能的利益分配机制，对于发挥政府性资产活力有着至关重要的作用。按照市场价值原则，将把原有僵化的政府性资产要素，进行整合、打包，搭建起大国资平台，由"管资产"向"管资本"转变，把国有资产转化为有"造血"功能的资产让一些长期闲置、沉睡的资产愈加凸显价值，吸引社会资本和生产要素充分参与，成为发挥政府性资产活力的重要途径。此外，整合政府性资产，从"撒芝麻"转向集中投放，政府主导建立公共资本平台，发挥扩散作用，社会资本和民间投资"唱戏"，政府和市场建立合理的利益分享机制，政府回收一定收益，再循环、滚动投入，取得更大社会效益。

（三）政府性资产的运营目标要从个体经营绩效（如国有企业保值增值目标）到整体经营效能转变

以资本为纽带，提升政府性资产可持续运营能力。实行资源、资产、资本的"三资"联动，提出资源转化为资产、用资产融汇资本、资本优化资源的解决措施，有效破解融资难题。资金匮乏是财政压力的集中体现，佛山市禅城区虽然被纳入珠三角经济圈，却没有核心经济区的功能优势；虽然濒临港澳地区，但由于交通因素，资源吸附能力较弱。

一个地区可以没有资金和资产，但地方政府作为公共利益代表和公共服务的提供者，一定拥有资源。禅城区运用"三资"轮动的理念，以盘活资产为桥梁，成功打通资源转化为资金的路径。例如，政府对土地收储，纳入资产范围，同时用转型升级的办法，以高端的业态作为资源提供。政府投入1，社会就会投入10，将这样的效应不断放大，资金就会源源不断注入城市建设中。需要指出的是，建议取消城市中心的农用土地，活化城市中心地区的经济发展要素，为城市发展注入活力。政府性资产的经营目标应该从系统集成的角度来衡量，不能局限于某个个体，要追求整体系统效能最大化，因此，在考核政府性资产绩效时，要有整体、集成理念，探索由个体绩效考核转向整体考核方式。

（四）以数据为纽带，实现资产信息清晰透明可追踪

当前，世界正处于全球化和治理现代化的深刻变革期，变革社会中的新技术应用已成为公共治理的焦灼点。数据是政府性资产信息化管理的核心要素，是连接资产信息和信用社会的纽带。云计算、物联网、大数据、人工智能和区块链等颠覆式创新技术以数据为基础，被越来越多地运用在政府公共服务领域。政府性资产信息管理具有政府政务服务的共性，坚持"标准化建设"理念，打破原有不同部门资产信息管理系统的壁垒，用结构化数据技术融合"多元异构"、消除"信息孤岛"，使资产信息登记、统计和管理工作在不同城市、不同系统、不同人员操作的同时都可达到一致的效果。充分运用区块链技术，强化数据真实、可靠、不可篡改等特性，真正做到信息透明可追踪。

中国农业补贴政策创新策略

　　"三农"问题关系到中国社会经济发展全局，关系到 14 亿人的"吃饭"问题。农业补贴是中国支持农业发展的最常用政策工具，在保护农民利益、发挥种粮积极性方面发挥了巨大作用。党的十八届三中全会提出，"健全农业支持保护体系，改革农业补贴制度，完善粮食主产区利益补偿机制"，凸显出农业补贴政策改革的迫切性，特别是财政收入增长放缓的背景下，如何保持国家对农业支持的力度，是制定政策时需要研究的问题。

一、中国农业补贴政策的基本格局和存在问题

　　广义来说，农业补贴政策包括：一是粮食生产补贴，包括粮农直接补贴、农资综合补贴、良种补贴、农业机械购置补贴四类。二是粮食收购补贴，粮食市场价低于国家最低收购价时，国家按照最低收购价收购

农民粮食。执行范围有严格规定，规定品种、区域范围之外的粮食价格完全由市场决定。三是粮食储备补贴。为了调剂丰歉，平衡粮食供需，国家建立中央、省级、市县三级粮食储备体系。

总之，农业补贴在稳定粮食生产，确保国家粮食安全，发挥粮农积极性等方面起到显著作用，但现行政策仍然存在一些突出问题：

第一，粮食生产补贴规模小、标准低、补贴方式和结构需要优化。以"粮农直补"为例，农业部长韩长赋曾说：欧美国家的农民收入40%以上来自于政府补贴，但我们的直接补贴只占农民收入3%左右。中国部分省份对粮农的直接补贴，按照计税面积或计税常年产量进行补贴，"种与不种、种多种少"一个样，生产补贴成为事实上的普惠收入；粮食生产补贴结构中，普惠性收入补贴远远大于专项生产补贴。2007年，具有普惠性的"粮农直补"和"农资综合直补"总额为427亿元，占补贴总额的81.1%，具有专项鼓励性的"良种补贴"和"农机具购置补贴"总额为99.6亿元，占18.9%。

第二，粮食收购补贴政策对粮食市场资源配置造成干预。2004年以来执行的粮食最低收购价政策，引发了粮食市场价格信号的扭曲，粮价"只涨不跌"预期增强。2008年开始，国家连续提高最低收购价，粮食市场价格显著提升，库存压力骤增。与此同时，国际粮食价格不断下降，从2012年起，国内外粮食价格倒挂日趋明显，部分品种粮食陷入"国内增产、国家增储、进口增加、国家再增储"的怪圈。近期出现粮食生产量、库存量、进口量"三量齐增"现象，便是写照。

第三，粮食收购补贴带来的市场扭曲进一步影响粮食加工业发展。由于收购价格高，大量新粮被国有收储企业收购，市场流通粮源减少，虽然国家也通过竞价销售补充市场粮源，但由于顺价销售限制，加工企业只能高价购买粮食原料。受到进口粮食配额的限制，很多粮食加工企业买不到进口配额内的粮食原料。与此同时，受到需求波动影响，粮食加工产品售价一直呈现低迷状态。这种"高成本、低售价"状态使得部分粮食加工企业"步履维艰"，所谓形成"麦强粉弱，稻强米弱"格局。

第四，粮食储备结构、布局需要优化，储备管理体制亟待进一步理顺。地方粮食储备没有充分落实，尤其是县市储备规模；中央储备粮中，小麦占比高，稻谷占比低；粮食储备点布局需要优化。1998年国家利用国债投资建设的新库，时间紧、任务重，短时间内难对粮食产销和流向情况做完全科学、细致地论证，既不利于储备，又不利于农民售粮；国有粮食储备管理体制需要进一步理顺。企业仅凭政策性收储业务，就能获得了大量收购、储备补贴，自主经营的积极性降低。各级政府储备主体之间的沟通协调不畅。储备粮轮换正好与新粮上市周期重合，不但没有利用储备量轮换实现盈利，反而直接冲击了新粮价格。

二、优化中国农业补贴政策遵循的基本原则

农业补贴政策的着眼点是要考虑农业发展的全局，统筹国家粮食安全和农业综合竞争力之间的关系。须遵循以下原则：

第一，农业补贴政策的功能定位由增加粮食产量，转向兼顾提高农业效益和质量。农业补贴政策的目标更要推动农业生产结构由规模扩张向质量提升转变，大力推进农业产业化经营和农业科技创新，建立农业产业链条各环节的利益共享机制，拓展农业的产业增值空间。

第二，农业补贴政策应有助于完善粮食价格形成机制，充分发挥市场机制在资源配置的决定性作用。减少农业补贴对粮食市场机制的扭曲作用，实现价格和补贴适当分离。

第三，农业补贴的方式和结构须符合 WTO 通行规则。现行 WTO《农业协议》中，农业补贴有着"黄箱"和"绿箱"政策之分。前者是指直接会对农产品价格产生扭曲的补贴，这种补贴不能超过农业总产值的 8.5%；后者是不会对农产品市场造成直接干预的政策，如农业科研、基础设施、技术推广、环境保护等，此类补贴不受比例限制。

第四，农业补贴须遵循可持续发展原则。对粮食安全的认识须深化，并不意味着粮食产量越高越好，要将农业可持续发展与粮食安全相结合，运用农业补贴政策强化资源保护，加强生态建设。

第五，农业补贴要服务于中国农业全球化发展。统筹国内和国际两个市场，积极开发和配置国际农业市场资源，推动中国粮食企业走出去，构建符合中国粮食安全战略的全球粮食供需网络。

三、调整、优化农业补贴的政策建议

创新农业补贴方式，改革财政支持农业发展的政策机制，建立符合中国基本国情、适应国际规则的农业补贴政策体系，提高政策导向性和效能。

第一，粮食生产补贴的功能应由普遍增加粮农收入转向鼓励农业生产结构升级。现行粮食生产补贴，具有普惠性特点，发挥增加粮农收入的功能，成为事实上的"农业生产福利"，导向性不强。所以，应淡化农业补贴的普惠性特征，建立粮食生产补贴与重要农产品产量、农业生产结构升级之间的挂钩机制，建立"谁种补谁、多种多补、不种不补"机制，还要鼓励提高农业劳动生产率、规模化生产和种植大户、农业社会化服务体系建设、生态环境保护，等等。与之相适应的是，增加粮农收入的功能应由社会保障制度发挥。

第二，推动最低收购价、临时收储逐步向粮食目标价格制度转变。目标价格是由政府根据粮食生产成本与必要收益制定并公布的预期价格，并不直接对粮食价格产生冲击。粮食目标价格的测算依据应以历史数据为准，尽量与当期生产价格脱钩。尽快将试点范围逐步扩大到粮食主产区和重点品种粮食，然后扩至全国。

第三，对一些重点发展的农产品领域，转变农业补贴的方式和环节，由"补供给"转向"补供给"和"补需求"相结合。"补供给"的最突出问题是不利于建立统一、公平的市场体系，而"补需求"的最显著效益是让消费者"用手投票"，间接促进生产者不断改进产品质量、提高劳动生产率。

第四，按照 WTO 规则要求，建立对市场扭曲作用小、导向性更强、起点公平的农业补贴"绿箱"政策。农业补贴的支持对象由补贴农产品价格，转向支持农业生产要素体系建设，特别是农业基础设施、人才、信息、技术、流通体系等，对这些领域的补贴有利于为粮农创造起点公平的市场环境。

第五，探索其他农业配套补贴方式。对农业灾害保险进行补贴，鼓励农户全员参保；对农户贷款进行贴息，鼓励农户获得信贷资金，用于扩大再生产；对农业合作社等给予专项补贴，鼓励发展壮大；遵循集体决策的基本原则，设立一事一议的农业补贴形式。

第六，支持优化粮食储备体系建设。根据优化粮食储备布局，优化储备品种结构和区域布局，建立中央储备与地方储备分工合理、功能互补的格局，增强确保中国粮食安全的合力。

第七，支持中国粮食企业加快走出去。鼓励中国粮食企业采取境外投资等方式，参与全球农业产业链建设，探索跨国经营，与国外粮食企业开展农产品合作项目，政府应该给予专项补贴支持。

第八，税收政策方面，从根本上废除农产品增值税"虚拟抵扣"政策。取而代之的是，继续对农业生产免征增值税，并对农业生产者购进的有利于农业生产方式转变的农资，如有机肥、生物农药、农业机械等，实行进项税退税政策，将农业生产资料增值税优惠的对象，由现行农资的生产、流通企业改为农业生产者，将免税政策方式改为进项税退税方式。

国家治理及国家发展政策篇

政府信任力架构智信社会治理体系的关键

    技术的进步使得人类文明不断攀升，人类告别了农业社会、工业社会正在跨入智信社会的门槛，智信社会的技术基础设施是智慧地球，其主体经济形态为信用经济。可以说，全球化到了信用化的新时代，2014年，习近平总记在河南兰考以"塔西佗陷阱"告诫全党，当公权力失去公信力时，无论发表什么言论，无论做什么事情，社会都会给予负面的评价，政府是行使公共权力，从事公共管理的部门，它的一切行为都要以公共信任为前提和基础，提升政府信任力既是加快政府自身改革和建设步伐的客观需要，也是提高政府行政能力的重要途径。在传统农业社会向现代智信社会转型过程中，如何构建新型的政府信任力机制，提升政府信任力则是关键中的关键。

一、人类进入"云物大智"支撑的智信社会新时代

在大数据新时代，数据将取代石油成为最重要的能源，人们运用大数据可以通过对海量、动态、高增长、多元化、多样化数据的高速处理，快速获得有价值信息，提高公共决策能力，使得政府决策的基础从少量的"样本数据"转变为海量的"全体数据"。政府树立大数据意识，促进相关数据完全共享，更多地依赖数据进行决策，可以实现从以有限个案为基础向"用数据说话"转变的全新决策。

（一）信用和信任是智信社会的命门

在新技术迭代突破发展的时代，物联网、人工智能和区块链技术、3D打印技术将彻底颠覆传统的生产形态，尤其是区块链技术，它被认为是继大型计算机、个人电脑、互联网、移动技术、社交网络之后计算范式的第五次颠覆式创新。智本则是智信社会时代最重要的生产要素，智本将逐步替代资本，成为社会运转的根本，将真正实现以人为本，深度激活人的创造潜能，以人为核心优化配置资源，不断提高智本浓度、密度、创新度。

马克思主义者认为信用是建立在货币借贷与偿还能力基础上的经济关系，信任是信用的基础或前提，这种信任来源于一个人实际拥有或公众认为他拥有的资本本身。因此，信用是以社会信任为基础的，与商品生产、货币经济紧密联系，是商品、货币经济矛盾发展的必然产物，是商品价值、交换价值的一种运动形式。

当智本与信用碰撞激发出一种新的社会形态——智信社会，其核心是运用区块链等新型信息技术构建以人为本的信用体系。区块链是一种

按照时间顺序将数据区块以顺序相连的方式组合成的一种链式数据结构，并以密码学方式保证的不可篡改和不可伪造的分布式账本，一切数据皆可追本溯源。社会治理体系价值将由单向管理转向双向互动，从线下转向线上线下的网络型融合治理，从单纯的政府监管向更加注重社会协同治理转变。

（二）关键技术的突破使智信社会抢跑到来

信息同能源、技术并列为当今世界三大资源，信息具有广泛性、知识性、时效性、增值性、可传递性、可转换性、可共享性、可存储积累性等特征。掌握信息资源就掌握了战略主动权。数据堪比石油，正成为下一个创新、竞争、生产力提高的燃料，各国纷纷将开发利用数据作为夺取新一轮竞争制高点的重要抓手。大数据是新一代信息技术的集中反映，是一个应用驱动性很强的服务领域，是具有无穷潜力的新兴产业领域。

无所不在的"万联网"通信时代即将来临，世界上所有的物体从轮胎到牙刷、从房屋到纸巾都可以通过泛在物联网主动进行交换。物联网俨然成为一个动态的全球网络基础设施，它具有基于标准和互操作通信协议的自组织能力，其中物理的和虚拟的"物"具有身份标识、物理属性、虚拟的特性和智能的接口，并与信息网络无缝整合。将现实世界的物理信息进行自动化、实时性、大范围、全天候的标记、采集、汇总和分析，并在必要时进行反馈控制的网络系统。在物联网时代，通过在各种各样的日常用品上嵌入一种短距离的移动收发器，人类在信息与通信世界里将获得一个新的沟通维度，从任何时间、任何地点的人与人之间的沟通连接扩展到人与物、物与物之间的沟通连接。

（三）数据开放推动政府从"权威治理"向"数据治理"转变

数据是新的石油，是 21 世纪最为珍贵的财产。大数据正在改变各国综合国力，重塑未来世界的国际战略格局。2013 年 7 月，习近平总书记视察中国科学院时指出，大数据是工业社会的"自由"资源，谁掌握了数据，谁就掌握了主动权。数字转型的既定目标正在提升国家的综合竞争力，涵盖基础设施、制造业、流程管理、技能和交付平台等，这也将有助于将国家打造成一个更加自主的知识型经济体。大数据为公民提供更加优质便捷的服务，同时营造更加友好的商业环境，致力于满足公民数字赋权和数字经济的需求，建立一系列、全方位的解决方案。2017 年 12 月 8 日，习近平总书记在中共中央政治局第二次集体学习时强调，要运用大数据提升国家治理现代化水平，要建立健全大数据辅助科学决策和社会治理的机制，推进社会管理和社会治理模式的创新，实现政府决策的科学化、社会治理的精准化、公共服务的高效化。如何从建立健全大数据辅助科学决策和社会治理的机制，打破信息壁垒，推动信息共享、形成社会治理的合力，这是需要我们共同研究并加以解决的问题。信息技术上的不断突破，其本质都是在松绑数据的依附的同时，最大程度释放数据的流动和使用，并最终提升经济社会运行的效率。

大数据正在成为经济社会发展新的驱动力。随着云计算、移动互联网等网络新技术的应用、发展与普及，社会信息化进程进入数据时代，海量数据的产生与流转成为常态。预计到 2020 年，全球数据使用量将达到约 400 亿 TB，将涵盖经济社会发展各个领域，成为新的重要驱动力。大数据重新定义了各个大国博弈的空间。大数据不仅是一场技术革命，一场经济变革，也是一场国家治理的变革。牛津大学教授维克托·迈尔·舍恩伯格在其著作《大数据时代》中说："大数据是人们获得新的认知、创造新的价值的源泉，还是改变市场、组织机构，以及政府与公民关系的方法。"在大数据时代，世界各国对数据的依赖快速上升，国家竞争焦点已经从资本、土地、人口、资源的争夺转向了对大数据的争夺。习近平总书记在中央网络安全和信息化领导小组第一次会议上指出，网络信息是跨国界流动的，信息流引领技术流、资金流、人才流，信息资源日益成为重要生产要素和社会财富，信息掌握的多寡成为国家软实力和竞争力的重要标志。未来国家层面的竞争力将部分体现为一国拥有数据的规模、活性以及解释、运用的能力，数字主权将成为继边防、海防、空防之后另一个大国博弈的空间。

二、大数据时代的政府信任力重塑

政府信任力从根本上来说是民众对政府的一种稳定的心理预期，是民众对政府工作人员信任、机构信任、制度信任、政策信任等的总称。政府治理能力和水平的高低直接决定着国家整体治理水平，国家治理现代化首先体现在政府治理的现代化。大数据作为一项重要的技术变革对国家治理模式产生巨大影响，区块链技术可以帮助人类解决"数据协作"中的数据真实性、可靠性和安全性的问题。作为信任连接器，它不需要机构将数据共享出来，就可以把数据协作的过程，包括数据请求、数据提供、数据评价等过程信息记录在区块链上，借助区块链这种去中心化的方式来保证这些过程信息的不可篡改，永久可追溯。基于这些信息，逐步建立起一套公开透明的数据质量评价体系，从而让数据提供方输出的结果日趋真实和可信。基于这些真实数据而提供的服务能力也更加有效。政府信任力的建构遇到了大数据时代的挑战，数据开放推动政府从"权威治理"向"数据治理"转变。

（一）政府信任力是现代社会治理架构的中枢

政府信任力的重塑是全面提升政府治理能力的前提和基础。它强调政治沟通，在持续的沟通对话中，政府与民众之间的关系更加紧密，增强民众对政府的信任感和执政的合法性。进而增强公共政策的执行力，提升工作绩效，改进政府的工作作风和工作方式。政府作为全体社会成员的表率，在市场环境、社会诚信档案和社会诚信文化建设等方面，都对全社会起到标杆和带动的作用。作为社会规则的制定者、执行者和监管者，政府对于社会诚信建设具有双向的激励和约束作用。对讲诚信的企业或个人公开表彰奖励，对失信企业或个人严格追究相应的责任。政府依靠诚信施政带动全社会树立诚信意识和提升诚信水平。

政府信任力是完善社会治理体系的助推器和催化剂。诚信、负责的政府能够获得来自社会各界的广泛信任和大力支持，政府每项工作就会一呼百应、得心应手，政府对于自己更好地扮演好社会治理引导者的角色就会更有信心。一个诚信负责、言行一致的政府向民众和社会组织展现了自身领导力和执行力，让他们对未来生活和社会发展产生美好的期望，更加坚定对党和政府的信任。政府要想维持与民众和社会组织之间持续的互动和合作关系，必须向他们展现自己诚实守信、认真负责的形象，进而推动政府与社会主体有序互动、通力合作。

（二）制度信任力是政府治理现代化的基石

制度信任力是政府治理体系现代化的前提基础。制度信任力体现了民众对制度（包括各种正式制度和非正式制度）及其运行的积极预期。

在全球化、民主化、信息化的强烈推动下，政府、市场和社会等多元主体共同参与公共事务的治理网络已成为现代政府治理体系的基本格局。如何协调治理网络中各主体的利益诉求，推动各方合作共赢，需要有一整套共同遵循的规则。而规则如何才能被各方接受和遵循需要得到各方的理解、信任和共识，这也是多元主体合作共赢的基础。

制度信任力是政府治理能力现代化的重要保障。制度信任力对于提升政府治理能力，特别是制度执行力方面意义非凡。政府制度执行力除了取决于自身资源、机构和人员之外，很大程度上取决于社会民众的配合和支持程度。公众信任政府就会相信政府的制度代表自身的利益，对于政府的工作给予认同和支持，政府执行就会十分顺利并获得预期的绩效。政府治理能力现代化体现为从管理向服务的迈进，而这离不开制度信任力的有力支撑。

（三）以制度信任力建设提升政府治理能力

建立在制度供给能力、制度执行力和制度调整能力基础之上的制度信任力是全面提升政府治理能力的重要抓手。制度供给能力主要体现在直接供给和培育扶持两个方面。前者主要体现为政府以法律、法规、规章、制度等形式维护市场公平竞争、社会公平正义、生态环境可持续等方面。后者主要体现为政府鼓励和支持行业自律、社会自治、基层自治等制度建设，以此达到激发社会活力和维护社会稳定的目的。强化制度执行力重在科学合理设计各类制度，避免制度间互相摩擦、牵制和扯皮。加强政府内部执行文化塑造，更新制度执行人员思维观念和责任意识。优化制度整体执行体制，强化制度执行效果；加强制度执行问责，严惩各类不作为和乱作为。

制度并非一成不变的，必须具有足够的弹性和自我调整能力来应对社会的复杂形势。为此，加强制度定期评估和反馈机制建设便成为政府治理能力的重要方面。制度评估主要来自政府自我审查和社会外部第三方评估：前者通过领导视察、工作报告、绩效考评、行政问责等方式来监测制度运行状况；后者主要借助于独立研究机构、专家学者等客观中立的调查研究作为研判形势的重要依据。此外，来自政府内部工作人员和社会民众的满意度调查数据也可以作为政府制度调整的重要动力。

(四) 大数据对政府信任力技术政治生态提出新要求

早期农业社会的政府信任力是建立在血缘关系上的传统型信任关系，在工业社会中逐步转化为技术信任，进入大数据时代，政府信任力将向松散型信任过渡，数据在权力行使过程中的重要性在提升，甚至成为核心的资产，社会结构呈现出平面化的特征。信息传播渠道所依托的社会结构是点状的，大数据使信息具有开放的结构和开放的内容，更多的人可以参与其中，更多的信息得到共享。

大数据时代信息流向的多元性冲击着既有的政府结构。政府既有的权力分工呈现出条块分割的结构，这种结构以官僚制的规范化和标准化为标准，权力传导的方向和边界有清晰的界定。而大数据时代即时性的传播技术使得海量数据迅速传播，公众可以在拥有网络的情况下通过电脑、手机等智能平台随时随地更新信息，当每个数据中心都可以成为权力中心的时候，大数据时代的政府管理无疑大大增加了难度。数据产生的多主体性、流动的快速性和多方向性、结果的复杂性使得现实世界中政府依托于职能规范化的分工所建立的官僚结构难以及时有效回应。大数据技术的管理给政府管理带来了诸多的问题和挑战，当前政府应对大数据的立法、管理制度、技术等还不成熟，不能跟上大数据技术发展的步伐，这无疑会冲击公众对政府的信任。

大数据时代公众信息安全考验着政府的应对能力。大数据时代的伦理包含身份、隐私、所有权和信誉四大核心要素，借助于对大数据的收集、挖掘和分析，政府和一些网站甚至可以预测个体的行为，个人在大数据面前愈发显得真实透明。在大数据传播过程中，政府和一些大公司通过对大数据的控制强化了对公众和社会的控制：购物网站收集着个人的购物偏好，新闻网站监视着公民的浏览内容和阅读习惯，网络通信工具则控制着公众的社交关系网。公众的原始数据往往暴露在强大的数据分析技术之前，公众往往无法根据自己的意愿决定是否公开自己的真实身份，甚至毫无隐私可言。

在传统社会，政府可以通过公权力来掌握数据及其发布渠道，通过对数据的过滤来实现政府对公众的管制，提升政府的形象，进而增加对政府的信任。在大数据时代，政府已经很难控制数据的公开、收集、传播及其应用，政府与公众之间彼此一目了然、无所隐瞒，通过封锁信息建构信任的模式不复存在。面对大数据带来的技术政治生态变化和挑战，政府不能将大数据视为洪水猛兽，也不能采用传统的管制手段去压制和漠视，而是需要积极适应变化，从硬性管控转为弹性服务，主动迎接挑战。

建立无差异高效能的国家机关保障机制

高效顺畅的机关运行保障机制是现代政府治理的内在要求，也是政府治理和国家治理现代化的重要标志。而机关运行经费成为现代政府运行成本的"总阀门"，新一轮党政机关的重组与改革，内在要求我们顶层设计、系统集成、统筹推进，重在调整机关职能结构，全面提升效能和政府竞争力，推动整个政府运转从"数量规模型""控制型"模式向"质量效能型""激励型"转变，让政府职能转变发挥出强国富民的最大效能。全面深化改革中如何加强机关事务运行效能建设，提升机关运行保障能力，建立"点对点"政策精准投送机制，成为机关事务运行的趋势和方向。

一、瞄准机关事务运行体制机制"痛点"，树立改革靶向

第一，机关事务管理职能割裂，资源耗散，呈现出"一家一户

办后勤"、各自为政、自我服务、自我膨胀现象，缺乏一个"总阀门"。形成各部门职能经费项目化，项目经费运行化的现状。各级政府、各个部门的机关事务运行部门基本属于内部"后台"部门，机关事务各行其是、各搞各的，彼此之间处于割裂状态，几乎难有信息沟通，导致秩序混乱、工作水平不一样、差距很大，财政之"水"直接冲到各个部门，没有一个总闸口。党的十八大以来，虽然加大了反腐力度，"讲排场、比阔气、重形式"的情况得到了遏制，但体制机制的改革尚未开启。各部门重复配置接待队伍、兴建办公用房，各个部门占用的土地、办公用房、公务用车、餐饮服务等设施，难以集约高效利用。打破部门和行业割裂，整合现有机关事务管理职能，建设"无差异、高效能、全功能"统一调配的国家机关运行管理机制势在必行。

第二，机关事务运行"重过程、争项目、轻标准"，大家围绕着争项目"不亦乐乎"，把大量资源、精力耗费于争项目过程中，而不是在制定标准上"下功夫"。机关事务运行投入往往采取"项目制"管理，常常是"下任务、立计划、定项目、找对象、分资金、后评估"，基本支出难以完整反映机关实际运行成本，一些部门将日常开支变相转变为专项支出，大家忙于"报项目、评项目"成为普遍存在的一种现象。机关运行的项目费用和经常性费用"混搭"，机关运行某些环节一旦出了问题，大家首先想到的是"先搞个项目"。用形象的话讲是"比一比，评一评，后赛马"，而不是制定一套标准去"相马"，缺乏统一的核算口径和标准。机关事务运行标准不够细致深入，文字表述"大而普用"，多停留在"纸上谈兵"阶段。有些运行标准一经制定便束之高阁，最终流于形式。

第三，机关运行保障在整个政府职能行使过程中既是"主引擎，又是动力轴"，机关运行要高质量高效能高速度保障国家机关履行其各项职能，片面强调成本节约是误区。"兵马未动，粮草先行"，"火车跑得快，全靠车头带"，机关运行要"花小钱、干大事"，不是说越节约越好，要将资金当杠杆，撬动用最先进的技术直接装备，谋求国家机关发挥最大效能。现实运行中，我们往往对成本高度关注，而对效能关注不够，大家多提倡"建设节约型机关"，而忽视"效能型机关"建设，勤俭节约固然重要，如果因此降低了效能，那就是"得不偿失"。机关运行的绩效考核评价机制亟待完善，绩效评价结果与公用经费、人员经费定额脱钩，没有将定额标准与各部门的实际支出绩效联系起来，造成各部门苦乐不均，经费分配不合理的现象。公务人员主观上缺乏动力去控制运行成本，甚至出现了道德风险，出现不同程度的浪费问题。

第四，国家机关运行的装备采购与新产业的培育脱钩，政府采购难以成为社会发展的航向标。政府采购的根本功能是确保机关运行效能始终处于"巅峰"，"政府需要什么，政府采购什么；政府需要什么标准，政府采购什么标准"这些都没有成为联动产业发展、提升政府效能、规范"亲情"商业环境的抓手。比如，公交车辆需要控制处于中低速，车辆高速运行的功能就是不必要的，如果不顾车辆效能目标实施采购，会造成社会资源浪费，还给管理带来更多麻烦。再如，国宾用车是国家礼仪象征的体现，大气、庄重，如果人为降低标准，反而难以实现外交效能。合适的才是最好的。而现实中，政府采购与机关运行效能之间是脱节的：片面强调成本节约，并没有让政府使用到最先进的装备；不从实际效能出发，会造成严重浪费。运用政府采购这个工具，将成为提升国家机关运行效能的催化剂。

二、新一轮党政机构改革，建立无差异效能政府正当时

第一，对国家机关事务管理职能实施"再定位"，成为配置政府运行资源的"中控室"，提升整个国家机关运行效能的"总调度"，全面确保国家机关运行"集成统筹、标准统一、运行有序、保障有力"，既能确保机关运行的高效能，又能激活市场，引领新产业。如果将国家机关看作一列火车，机关事务管理就是主引擎和动力轴，它是机关运行的动力系统、制动系统和润滑系统。机关事务管理的一切工作要围绕"效能"来实现，然后才是考虑成本，做到"花小钱、办大事"，把工作重心放在加强管理职能、改进服务职能、提高保障能力上，既抓好硬件建设，又抓好软件保障。机关事务管理部门要做"裁判员"，高质量公共服务的提供方，而不是公共产品的直接生产者。工作的着力点放在运用政府采购有效组织市场资源，逐步实现由"自办服务型"向"组织监管型"转变，从"实物管理"形态向"价值管理"转变。形象地说，机关事务管理部门事实上需要全面掌握各个国家机关的效能总量、结构，全面建立集中统一的管理体制，以此建立机关事务管理集成统筹的体制机制，破除"小而全"的分散保障格局，成为调配国家机关资源的"万向节"。例如，佛山市禅城区推动"大国资、全覆盖"改革，按照"四级管理、二级运营、三大板块、六大平台"的管理架构，成立六大平台，建立顶层设计、系统集成的政府资产格局，将政府资产转化为有"造血"功能的资产，促进战略性新兴产业在禅城加速集聚，2016 年全年引进超亿元项目 34 个，总投资 502.8 亿元。

第二，无差异政府就是标准化政府，"标准化"就是生产力，"标准化"就是战斗力，全面构建无差异政府，降低制度性交易成本。将标准

化作为提升机关运行效能的"主抓手",由"争项目"转变为"建标准",对每项机关运行的事项"谁来做""如何做""达到何种效果""时限要求""出了问题由谁来承担责任"等都作出明确、具体的规定,以此建立机关运行的资本性预算和经常性预算体系。ISO9001 质量管理体系体现了当今世界先进的质量管理理念,号称"走向国际市场的通行证",早在 20 世纪八九十年代,英美等先发国家就将该体系引入机关运行之中,取得了良好效果。河北省机关事务管理局自 2012 年以来按照该体系标准,重新认定了 116 个工作岗位,理顺了 88 个工作流程,修订完善了 62 项规章制度,整理了 176 个记录标准,并建立起规范的绩效管理应用机制,将 2017 年度目标任务,细化成 416 个单位指标,879 个岗位指标,并精确分解到每一个处室、每一个岗位日常工作过程中。此外,还有 ISO14000 环境管理系列标准等。事实上,党中央出台的八项规定,也是建立无差异政府的重要体现,如何陪同、如何开会、如何报道、如何接待,都实现标准化,既具体又简洁高效。

第三,构建机关事务高质量发展的指标体系、政策体系、标准体系、统计体系、绩效评价和政绩考核办法,全面激发国家机关运行效能。不同类型的机关运行有着不同的效能要求,按照不同类型来制定效能目录,遵循"效能导向、质量思维、档次提升、程序正义"原则,"既要做事、又要把事做到最好",建立基于效能和成本为核心的指标体系;法乃公器,公则生威,推动机关事务法治化进程,建立"岗责体系、作业指导书和责任追究体系",明晰绩效目标责任清单、工作标准体系、考核评价体系;用机关事务管理标准引领整个社会治理标准化,建立健全标准化的运行管理机制和监督评价制度,建立针对机关运行服务投入、过程、结果、信用的全息制度;完善机关运行统计体系,建立基于机关运行事项的统计口径,按照机关运行每一个环节的效能将分散于各科目的机关运行成本予以归集，囊括人员支出、公用支出以及资产成本部分，反映年度所耗费的所有类型价值形态；建立基于特定效能下不同岗位的政绩考核体系和绩效考核办法，对每个岗位的政绩和绩效进行考核与评价，结果作为工资薪酬分配依据，构建"背靠背"的绩效工资体系。

第四，创新政府采购体制机制，发挥政府采购在引领、催化新产业、新业态、新模式方面的决定性作用，打通机关运行和市场资源配置的"任督二脉"。对于机关运行来说，政府采购是一种"成本耗费"，而对于市场来说，它是"产业"或"机会"。国家机关事务管理部门不仅仅是机关运行的经办机构，而是一个全球资源的组织协调者，它负责制定相关标准，组织、执行相关采购计划，更多地成为信息调控者和信用评价者，确保政府采购成为引领产业结构升级、培育新动能方面的重要"发动机"。建立机关效能分析体系，对政府工程、货物和服务的实际需求进行论证和规划，制订科学的、符合既定效能标准的政府采购规划。一切从"必要"效能出发，切实解决好、保障好机关运行效能，剔除多余和不必要的功能，增强公众对政府的信任感，有效融入创新、绿色、促进中小企业发展等政策功能。加入国际政府采购组织，推动全球政府采购市场与国内全面融合。

三、建立无差异高效国家机关的政策建议

第一，全面重构国家机关事务管理体制机制，建立"一张图、一个库、一张网"的集成统筹管理模式，实现国家机关事务管理局在调配全国机关运行资源的精准度，实现制度政策的"点对点"投送。构建"大

国管"模式,所有机关事业单位的机关运行资源均按照"统一预算、统一管理、统一调配"的模式,打造"全国机关事务云平台",梳理各个机关的机关运行效能事项清单,把各个机关的效能构成要素可视化,建立"数字机关"。构建"数字机关事务管理一张图"。依托区块链等技术,探索成本最低、效率最高、摩擦最小的现代机关事务管理新模式,实现一张图、一个库观测、指挥、调度各个机关的运行资源,打造催化机关效能的基础平台,从各机关分块处理、各自为战向综合调度、协同处理、多级联动转变,实现问题一个界面受理、快速响应交办、快速解决,构建以信息和数据为"大脑",统筹调配为"手足",在现代机关事务管理领域探索出一个无缝覆盖、快速反应、智能解决的全新模式,实现机关运行资源的"及时响应、零库存"。

第二,以机关运行"标准化""模块化"为主抓手,统领机关事务运行的全面效能管理。全面引入全球质量标准管理体系规则,用标准体系全面替代支出"项目",基于机关运行效能而非管理过程来制定标准,推动各个机关效能的"标准化"和"模块化"清单,确定岗责体系、作业指导书和责任追究体系。明确每个效能岗位在实施中涉及的标准成本耗费,将年度效能目标任务,细化成为单位指标、岗位指标,精确分解到每一个单位、岗位,以实物定额和服务标准为突破口,建立定额完整、服务成本全面的标准成本,减少过程控制,强化效能结果管理。建立机关事务服务标准的质量手册、程序文件、作业性文件和工作记录,精准实施程序控制和结果控制,构建完整、闭环的机关运行效能管理体系。

第三,"好机关是评出来的",建立以"以效能为基准,以预算为准绳,以岗位为单位,以分配为动力"的机关运行全面绩效管理体系。机关运行的总体效能目标层层分解,最终落实到每一部门、每一流程、每一岗位，为每个部门、流程、岗位提出明确的工作效能标准。它对各个部门、流程、岗位进行"投入、过程、产出"的绩效评估，客观确定每一部门、流程、岗位对整个机关的相对贡献价值，建立以满意度评价和信用评价为核心手段的考核评价体系，引入"绩效收益"概念，设计富有竞争力的公务员绩效激励体系，吸纳优秀人才和培育高素质的人才队伍。深度挖掘、利用机关运行资源，让新产业、新业态、新模式的市场力量与之融合，基础设施、行政事业单位资产、国有建设用地都可以通过平台共享。

强化移民治理，聚天下英才而用之

　　中华人民共和国经过 70 多年的奋斗，特别是 40 多年的改革开放，已经彻底告别了"弱国小国无外交"的发展历史阶段，即将进入构建人类命运共同体新阶段，从理论到话语体系，从话语体系到战略布局，从战略布局到政策措施，中国在全球治理体系创新中扮演越来越重要的角色，习近平总书记多次强调"世界正处于百年未有之大变局"，党的十九大报告指出："人才是实现民族振兴、赢得国际竞争主动的战略资源。要坚持党管人才原则，聚天下英才而用之，加快建设人才强国。"①在这个大背景下，适时出台《外国人永久居留管理条例》，恰逢其时。这展现了用好人才这个"第一资源"的开放包容气度和锐意改革精神。

---

① 《习近平谈治国理政》第三卷，外文出版社 2020 年版，第 50 页。

一、能否吸引高端移民是国家强大与否的主要标志

随着经济全球化的发展，人的跨国流动趋势已不可逆转。2019 年全球移民数量已超 2.72 亿人，移民人数占全球总人口的 3.5%，这些移民人口大多数处于 20—64 岁就业年龄段，其中美国接收 5100 万移民，占移民总数约 19%；俄罗斯接收移民 1200 万，输出移民 1000 万。随着全球化进程的深入发展，国际移民已经成为各个国家绕不开的话题。国际移民管理已成为国家治理现代化的重要组成部分。中国尚不是一个移民国家，现在正在实施人才强国战略，在此背景下，如何拟定既符合中国国情、又能适应中国经济生活发展需要的移民政策是当务之急。

（一）移民是国家成为世界强国的重要保障

古今中外的历史和现实中，真正有力量的大国，比如今天的美国，历史上的中国唐朝，都网罗天下人才而用之。中国对外开放的 40 多年，取得了惊人成就，进入新时代，中国要成为世界强国，为世界的发展作出应有的贡献，就应该开放高科技人才技术移民，让全世界的高级人才能够很快进入中国，加速中国的国际化；鼓励国外企业到中国来投资，形成全球资金人才和管理的再造中心，推动外国雇员的中国化和中国本土员工的国际化，成为中国企业辐射世界的辐辏中心。中国正在深化对外开放强度，想成为一个负责任的大国，就得为世界提供更多的公共产品，包括人才培养、维和、环境保护、对外援助、卫生防疫、基础设施投资、参与国际规则的制定和维护等。全世界的人才在中国交流交融，让世界的人产生中国认同感、使命感，让在中国的人产生世界认同感、责任感，为世界的大同铺路架桥。

（二）移民是吸附世界高端人才的重要手段

当今世界经济格局正在经历又一次重大变革，推动世界经济进一步发展的动力在于创新，而创新的主体就是人才，因此，如何从全球范围内吸引人才并留住他们，成为各国竞争的焦点。永久居留（以下简称"永居"）法规的科学制定和有效实施是中国实现"人才强国"的必要战略步骤，是中国能否在新一轮的全球经济变革与竞争中取得领先地位的又一个关键。人才争夺战是 21 世纪各国竞争的新常态。对于任何一个国家，引进精英人士都是国家强大的杀手锏式的战略。美国成为世界头号强国，其中有一个很重要的原因就是在两次世界大战期间从欧洲挖了大量的精英。比如爱因斯坦。绝大多数时候，美国对外来移民——特别是有真本事的人才绝对是肯下大本钱的。第二次世界大战还没结束，美国就搞了一个"回形针"计划，派出特别行动队，拿着 1500 名德国优秀科学家的名单执行抢人计划。抢来的人才给国籍、给房子、给高薪待遇。苏联解体之后，美国又制定了过渡与腾飞计划，有计划成规模地从俄罗斯研究所、工厂中挖人，三年时间就从俄罗斯挖来了 2.95 万名科学家与工程师。

（三）移民是深化开放的必要举措

对外开放是中国目前经济社会取得巨大成就的重要推动力，也是未来中国发展壮大、与世界各国共同推进人类发展的重要保障。改革开放 40 多年来，中国已经走过物流开放的第一阶段和资金流开放的第二阶段，现在，进入人才流开放的新阶段，呈现新格局，为了进一步扩大对外开放，2018 年 4 月 10 日，习近平总书记在博鳌亚洲论坛 2018 年年会开幕式上的主旨演讲指出，综合研判世界发展大势，经济全球化是不可逆转的时代潮流。……中国开放的大门不会关闭，只会越开越大！2019 年 11 月 22 日在会见"创新经济论坛"外方代表时他指出，改革开放 40 年使我们获得了自信，这是中国的必由之路。这条路我们会一直走下去，越是有阻力，越是有人为设置的障碍，我们越要迎难而上，进一步扩大开放。新条例提到对于具有高素质、高技能、国内急需以及在中国拥有"纳税记录和信用记录良好"的人员，允许他们申请永久居留，保障他们合法的权益，与"进一步扩大开放"治国方略是一致的，也是中国人"四个自信"的体现。在当今的全球化发展的时代，人员流动是必然的，中国作为世界最大的发展中国家，全球第二大 GDP 国家，具有世界 1/5 的人口，不积极参与全球物流、资金流、人才流和信息流的交流是不可能的。从人才的使用效益来看，国际人才的选取更像是从全球近 80 亿人口中选才。作为知识、技术、资本和人脉的载体，人才，特别是国际人才，能够为相关技术提供关键支持，能够为中国提供丰富的战略性发展资源。同样，也能够创造更多的就业机会。众所周知，美国是世界上最大的移民国家，大学和科研院所中，特别是诺贝尔奖获得者中移民教授的出现比比皆是；在全球创新中心硅谷，超过半数企业的创始人团队中有移民参与。从人才政策到人才计划，再到现在的移民政策，形成了立体的引才模式。

（四）高峰人才的争夺成为大国主要方略

中国在国际人才引进方面更多依托人才政策和人才计划，通过移民的方式引进并不多。但从全球人才发展来看，人才政策、人才计划的针对性和主观性较强，常被形象地称为"抢人"，特别是在敏感领域的人才争夺，也容易引起人才母国的不满和恐慌。通过移民法制化地引进人才，往往出于人才本身的选择而非国家或政府意识所驱。中国对在华国际移民的统计口径时间为居住 6 个月及以上，但更广泛的认知为获得永久居留权的外国人，俗称中国绿卡。根据国家相关部委的数据，来华留学生 48 万人，在华工作和发展的外国人接近百万，获得永久居留权的外国人在 2 万—3 万人之间。从国际人才占国家人口比例来看，中国占比全球最低，仅为 0.07%。邻国印度的国际移民占人口比例为 0.38%。从国家长远的发展规划来看，我们仍然需要更多知华、友华的外国高端人才来华发展，共建人类命运共同体。

二、正确理解户籍、国籍与永久居留之间的关系

面临新条例的征求意见，许多人混同了户籍、国籍和永久居留的区别，更有甚者认为，中国缺人才，放开计划生育不就行了？中国的户籍管理太严，给外国移民超国民待遇了，甚至还有些人认为中国永久居留的门槛过低，许多外国的留学生通过永久居留条例可以轻松拿到中国绿卡。这些问题需要及时澄清。

永久居留是指外国人居留在中国的一种生活工作的资格，不属于居留国中国的公民，其主体身份仍然是外国人，相对于短期停留和长期居留，永久居留期限一般不受限制，但外国人申请的条件非常严格，还要满足较长实际居留时间的要求。新条例的出台，将有助于中国以更国际化、更制度化的方式吸引国际优秀人才，助力中国创新发展。给予高端人才永久居留权是以国际视角、国际接轨的方式引进人才的需要。需要说明的是，永久居留制度对于引智引资的积极价值使之成为世界各国的通行做法，各国大多以法律形式明确永久居留申请条件、审批程序等内容。如美国《移民与国籍法》规定，美国对永久居民的接收主要出于家

庭团聚、吸引美国缺少的技术人才、保护难民以及提升多样性等因素。在永久居留证的法律名称上，各国的称法各有差异，如美国和加拿大称为"永久居民卡"，韩国为"永久居留权"，法国为"长期居留证"，德国为"无限期居留许可"等。永久居留证不一定是单独的证件，有的国家是将其贴在护照上的。

（一）外国人获得永久居留的主导权在我

此次《外国人永久居留管理条例》（征求意见稿）是 2004 年开始施行的《外国人在中国永久居留审批管理办法》的一脉相承，仍然强调永久居留权的申请条件包括中国经济社会发展作出"突出贡献"或在各领域获得"杰出成就"，并且重点关照的是具有高度学术素养的科研人员和投资外商，审查管理外国人永居权更为严格，是对外国人管理的进一步完善。中国开启了法治政府建设的新纪元，政府行政，法制先行，新条例是移民管理的一项重要法规，要彻底摒弃那些认为现在在中国居留的外国人还很少，没有必要现在就出台条例的错误想法。习近平总书记提出构建人类命运共同体，客观上要求中国要迅速国际化，闭关锁国式的治理百害而无一益，只有勇于直面全球人口迁徙流动大潮，提升治理水平才是必经之路。只有尽快出台永居条例，才能使执法人员避免陷入无法可依的裸奔状态。

条例的实施在于探索通过市场化的渠道给在中国工作、投资的外国人才留下申请永久居留的通道，但是具体条件需要根据国家经济社会发展情况和国内劳动力市场情况进行定期调整。从国际对比来看，外国人在中国申请永久居留权门槛不低、难度不小，堪称"世上最难申请的绿卡"。

(二) 没有国籍的永久居留权难以冲击户籍政策

永久居留指的是外国人居留不受期限限制，国籍是指一个人属于某一个国家的国民或公民的法律资格。户籍是指本国公民的身份证明用以记载和留存住户人口的基本信息的法律文书。它们三个在不同的轨道运行，只有变轨而没有交轨。从取得永久居留资格不等同于拥有该国籍上看，欧美等国家有将永久居留资格与国籍变轨的机制设计，即拥有永久居留资格一定年限后，可以申请国籍，可以看出，永久居留和入籍是两回事。永久居留附带可以享受部分公民权利，同时也需要尽部分公民义务，包括纳税、缴纳社会保险等，解决的问题就是怎样在中国更好更方便地生活发展和出入境的简便化管理问题，比如工作签证的便利化，商务商贸签证的便利化，能够让他们来到中国有更好的合作和发展。

中国实施严格的户籍管理制度使得许多人产生给予外国人永久居留权是超国民待遇的错觉，新条例明确规定各地需要与相应的管理部门进行共同协商，来研究和探讨怎样把相应的这些福利制度配套下来。随着户籍管理制度改革的深入，现在 300 万人口以下的城市全面放开户籍限制，下一步就是一线城市和部分新一线城市的户籍制度改革了，总的趋势是放松限制，户籍制度重在记录和统计的作用，也没有更多的约束。新条例中明确规定"在中国境内的永久居留外国人应当遵守中国法律，不得危害中国国家安全、损害社会公共利益、破坏社会公共秩序"，在这里回应了社会关注的外国人在国内的"超国民待遇""社会治理"不规范等问题。

习近平总书记提出构建人类命运共同体意味着"闭关锁国"式的治理早已成为历史，直面全球人口迁徙流动大潮，提升涉外治理水平是必经之路。

（三）永久居留的门槛没有降低，反而有一定程度提高

随着经济全球化进程的深化，国与国之间不仅仅在顶尖的尖端人才领域竞争，很多国际上的高端高层次的中坚力量人才也在争夺之列，包括掌握扎实技术的技能人才。此次新条例给予永久居留权的门槛并没有降低，从某种意义上看，反而有所提高。新条例里面具体阐述了申请永居证的要求，需要达到很多的硬性指标，而且这些硬性指标很多是有提升的。在新版本中也有所体现，包括投资移民从之前的一百万元和两百万元，就是两百万元为标准，一百万元是在不发达的中西部地区，现在直接提升为一千万元，这是根据时代发展的新变化。其他的包括推荐的门槛，后续会有很多约束条件，推荐单位是必须要为这些推荐人担保的，就是我们通常意义所讲的雇主担保制度。雇主担保和雇主的信誉度等挂钩。申请未必审批，关键看衡量标准。虽然扩大了永久居留的申请群体，配额管理和积分评估等治理制度使得审批更加严格。

（四）永久居留重在网联世界高端人才

新条例强调申请条件包括中国经济社会发展作出"突出贡献"或在各领域获得"杰出成就"，并且重点关照的是具有高度学术素养的科研人员和投资外商。引进外国高层次人才可以在中国科研、教育、产业创新等各个领域发挥积极作用，并促进国际化。更多相同和不同背景的人才集聚在一起，就会有更旺盛的创造力，就会创造更多的机会，就会带来更高的效率。从文化自信的角度来看，没必要过度担心外来移民会冲击本土文化，反倒是可以借此让中华文明获得更广泛的影响力。无论是从经济发展、科技进步、国力竞争还是文化传承的角度来看，一个国家最宝贵的资源，还是对其拥有认同感和归属感的人民。外国人在中国境

内的永久居留的规范，是中国推进国家治理体系和治理能力现代化的重要组成部分。新条例从宏观上构建了中国对外籍人在从事经济社会文化以及各类商务文化交流的制度化、法制化理念和思维，对于释放中国制度功能，提升社会治理效能和水平具有推动作用。据不完全统计，2004—2013 年，中国仅有 7356 名外国人获批在中国永久居留；2018 年上半年共批准 2409 名外国人在华永久居留。这在全世界都是较少的。当前，中国正处于产业转型升级的关键阶段，面临高端产业关键环节、关键技术缺失的难题痛点，急需一批行业领军人才来填补人才空缺和实现技术突破，而完善外国人永久居留制度，有利于对外国人才来华长时间工作甚至扎根形成吸引力，在短时间内促进优质人才资源流向中国。通过营造有利于国际人才流入的法制化环境，来促进国家经济社会发展，实则是把"蛋糕"做大，为广大群众生活质量提供更好的保障。

当今世界经济正在经历又一次大洗牌式的变革，世界格局也在调整，越来越多的国家认识到推动世界经济进一步发展的动力在于创新，而创新的主体就是人才，因此，如何从全球范围内吸引人才并保留住他们，成为各国竞争的焦点。新条例的尽快出台能够极大地增强了国际高端人才对中国的归属感、融入感和信任感。更重要的是，永久居留法规的科学制定和有效实施是中国实现"人才强国"的必要战略步骤，是中国能否在新一轮的全球经济变革与竞争中取得领先地位的一个关键性环节。

发展中国职业技术教育的战略思考

中国职业技术教育同国家的需求以及现代职业教育本身功能的发挥仍存在诸多问题，全景式剖析职业技术教育中存在的问题，为改革职业技术教育发展思路提供重要依据。

第一，职业技术教育战略定位未得到落实，国家职业技术教育战略选择与群众的选择，国家的意志和社会认知之间存在巨大差距。其原因在于中国还未形成重视职业技术教育的社会氛围。学而优则仕、重普通教育轻职业技术教育、重道轻技、重理论轻实践、重学历轻技能等观念严重阻碍职业技术教育的发展。

第二，中等职业技术教育与高等职业技术教育缺乏有效衔接，系统培养人才的立交桥还未形成。首先，用人劳动制度和教育制度相分离，劳动人事部门与教育行政部门在职业技术教育管理职能交叉和劳动市场用人需求与职业技术教育育人供给相脱节。其次，职业技术教育资格证书与学历证书相分离。一是教育属性的学历证书由教育部门颁发，而职业属性的职业技能资格证书由人社部门颁发，两者之间不存在对应关系，导致一方面职业技术教育资格证书名目繁多，造成就业难以适从；另一方面，职业资格证书与教育学历证书不能实现等同和等质，很难对职业人才进行评价和认定，两套政府管理体系制约职业技术教育发展。二是职业技术教育上升通道不畅，未形成促进人才成长的立交桥。

第三，鼓励企业、行业参与职业技术教育的政策不完善与机制缺失。一方面，政府主导、行业指导，企业参与的办学政策现在还是空白，而且学校和企业的责权不明确，校企合作缺乏制度保障；另一方面，既有政策之间相互存在矛盾，企业、行业利益无法保障。共同导致企业、行业参与职业技术教育积极性不足。

第四，教育部门政策不配套、工作协调有难度。中国职业技术教育缺乏统筹的问题，而且职业技术教育管理体制、统筹法律，政出多门，条块分割，资源整合力度不够，统筹管理力度不大，导致资源严重浪费，职业资格制度与就业准入制度落实不到位，严重影响职业技术教育发展。

第五，职业技术教育投入不足，导致职业技术教育实训设备落后，不能满足用人单位的需求。另外，由于接受职业技术教育的学生多于企业顶岗实习岗位数量，人才得不到充分的实践和锻炼。

顶层设计中国职业技术教育改革战略路线图

现代职业技术教育是中国教育体系的主力而非侧翼，其作用是引领而非补充。打破过去"另类教育"的刻板印象，打造职业技术教育升级版，推动教育体系再设计。提高现代职业技术教育的地位，将其置于与普通高等教育等同甚至更高的位置，作为引领和支撑中国教育发展的重要力量，同时作为中国教育改革的方向和标杆。发展现代职业技术教育是中国下一轮改革的重点、突破点和重要的战略支撑点。围绕发展现代职业技术教育、建立现代职业技术教育体系，推动体制机制创新、制度创新、政府创新、社会创新和文化创新，厘清发展障碍，理顺各方关系，探索改革思路，搭建高效、善治、规范、永续的激励型制度框架，谋取改革红利和制度红利。

（一）改革职业技术教育投入机制。推动职业技术教育多元化办学，鼓励民办职业技术教育发展，发挥财政资金杠杆作用，引导社会资本投资职业技术教育；支持职业技术教育集团化发展，探索优化职业技术教育集团上市融资路径；建立职业技术教育绩效拨款与后评估制度，实现职业技术教育支出绩效化管理；创新财政职业技术教育支出工具，推行教育券制度，赋予学生教育选择权。

（二）成立国家职业技术教育总局。建立国家职业技术教育总局，在国家层面理顺职业技术教育管理体制，将涉及职业技术教育管理的政府部门统一划入国家职业技术教育总局，整合教育部门、劳动部门和行业协会等的力量，统筹设计制定职业技术教育发展规划与政策，统领建立现代职业技术教育的历史使命。

（三）建立统一的国家资质认证框架。将学历框架和职业资质框架同时纳入国家资质认证框架，改变目前教育部门主管学历证书，劳动部门主管职业资质证书的局面。建立国家资质标准，在国家资质认证框架内打通劳动制度和教育制度、学历证书与职业资质证书，实现统一的资质认证等级。

构筑现代职业技术教育体系，最终实现普通教育、职业技术教育内部，普通教育与职业技术教育之间，教育与产业之间，教育与创新创业就业之间，教育与社会融入能力之间的互联、互通、互融，最终提升社会与政府生产力，实现经济社会持续跃升。

国际经验总结篇

韩国的创新政策及启示

韩国的人均收入从 1965 年的 108 美元到 2014 年的 27963 美元，期间只有 1997 年 13133 美元断崖到 1998 年的 8100 美元并迅速回复攀升之外，即使 2008 年世界金融危机也没有形成湍流和断崖。其关键在于适时从模仿经济（imitation）转移到革新经济（innovation）进而再转型到创业型经济（creation），2013 年韩国政府推出了"韩国创业型经济计划"，雄心勃勃要打造第二次"汉江奇迹"。将创业产业的发展提高到国家战略高度。现在，韩国的研发投入持续快速发展超过 4.2%；由市场和私人部门主导的力量占 80%；创新动力转变为科学主导的创造型经济。

一、 韩国以创新政策推动创业型经济的重要措施

韩国创业型经济的发展基于利用科技和信息通信技术打造新形态经

济；构建创业型经济生态系统；培养具有创新天赋人才的好奇心、自信和创业精神；搭建创业型经济平台，实现创意的迅速商业化、产业化。与创业型经济计划相适应，推动政府管理体制改革，打造政府治理 3.0；着眼全球，通过加强同其他国家的交流与合作探寻经济发展新机遇，实现可持续增长。

（一）充分重视中小企业在创新中的作用

韩国为了创新，实施"9988"战略，即在企业数量构成中，中小企业的数量占到企业总数的 99.9％，企业吸纳就业的人数小企业占到 88％。韩国政府实施 3S 和 3G 激励政策，3S 分别指软实力（soft power）、智慧创新（smart innovation）和强劲的合作伙伴（strong partnership）；3G 分别指绿色管理（green management）、政府政策（government policy）和全球化（globalization）。以此为基础培育小巨人（small giant）。

（二）注重国际智力资源和智库的作用

韩国 1996 年加入 OECD，通过对宏观经济和部门经济集中、广泛、系统、深入的制度创新行动，迅速摆脱了经济危机的困扰，实现了国民经济发展质的飞跃。利用 OECD 通用法则和约束机制，构建市场经济体制；同时根据自身国情，制定和创设相应的措施与之相配合，内外互动，从根源上消解经济发展症结，实现国家经济的国际化和现代化。在经济政策创新和实施过程中，OECD 不仅向韩国提供了先进的专业技术，也为韩国与其他经济体之间的交流创造了条件。在充分考虑本国国情的基础上，韩国吸取 OECD 的精华，将国际国内两种资源有机结合，进行了一系列卓有成效的改革。基本建立了规范的市场经济制度环境，实现了经济增长模式的转变。

(三) 高度重视构建公平竞争的环境

竞争是提高市场活动效率的关键所在，竞争政策对市场经济体制的完善有着特殊的功能。在韩国公平贸易委员会（KFTC）、韩国发展研究院（KDI）以及 OECD 竞争政策专家的指导下，韩国采取了诸多措施来增强本国经济竞争力：废除卡特尔综合法案。这项法案废除或减少部门立法而产生的特权，采取联合行动来提高消费者福利，鼓励市场竞争；提高竞争政策的地位，将其作为韩国调控体系的基础。例如，KFTC 对三星电子、LG 两家韩国企业及中国台湾地区 4 家企业进行处罚，罚款总额约合 1.75 亿美元，理由是其涉嫌垄断国际市场 LCD 面板价格。

(四) 实行金融市场现代化

韩国政府重构金融体系。就监管机构、金融改革内容和资本流动自由化等实施了深入的改革。成立了完全独立的监管机构——金融监管委员会，它的执行机构是金融监管服务部。金融监管委员会根据基于国际规范，但执行更加严格的监管标准行使职能。这样，韩国相当数量的银行、保险公司和债券公司的偿付能力都难以达标，必须进行深入的结构变革。

(五) 关注教育的优先发展

韩国把培养具有创新天赋人才的好奇心、自信和创业精神作为其创业型经济计划的内容之一，改革终生教育机构不足及受教育机会不平等问题，政府公开终生教育课程设置，供所有终生教育机构引用，并扩建所需设施；地方自治团体（即地方政府）积极投资开设具有地方特色的教育课程；遵循终生教育的平等原则，从社会福利基金中抽出部分资金向经济水平较低的人们提供"终生教育助学金"；各大学为所在社区培养终生教育专家，并设计出具有地方特点的教育课程；制订终生教育法令、制度，敦促政府支援终生教育事业。将终生教育制度变为学分制并授予学位，韩国教育科技部密集推出一系列以"培养创新人才"为宗旨的教育政策，包括以分层教学为目标的分科教学改革，去管制、去标准化的高中多样化改革，力推学科融合教育，以校企合作为基础的学校等。韩国产业通商部提出，将发展创业产业融合特性化研究院计划，以360余名硕士生为对象，培养创业融合型人才。以学校具体创新项目为例，韩国产业技术大学 2015 学年的"创新人才培养项目"很是吸引人。该项目以入学成绩优秀学生为对象，培养包括领导力、创意挑战、全球化战略等，旨在培养学生成为新时代的创业融合型领导人才。

（六）培养国际决策人才，分享韩国经验

韩国开发研究院（KDI）不仅是韩国政府的智囊机构，其下属的国际政策大学过半数为来自全球超过 70 个国家的学员，他们大都是国家政府的公务员。学生参与到众多国际化的科研项目中，与世界银行、国际货币基金组织等国际机构保持密切的联系和交流，一方面韩国政府通过这一手段网联国际优势资源，另一方面也为学员搭建了视野开阔发展潜力巨大的国家化平台。

二、韩国发展创业型经济对中国的启示

创业产业是知识经济时代背景下出现的新兴产业，在世界发达国家

和地区迅速发展，许多国家已将创业产业作为本国经济发展的支柱产业予以重点扶持。创业产业在中国目前尚处于起步阶段，总体水平不高，对其研究也只是处于认识和探索阶段，有待于进一步的深化。

（一）建议早日加入OECD，积极谋划国际新规则争夺话语权

OECD目前已经成为国际最大的智库和新规则的制定者。长期以来，作为国际性政策咨询与协调组织，一直发挥着国家决策智囊的作用。它依托强大的智能储备，对政府普遍关注的经济、社会重要领域进行调研，提出相关的政策建议，并协助成员国制定国内政策，使其明确在区域性和国际性组织中的定位。加入OECD，中国可从制度安排的高度建立交流平台，使合作具有持续性、稳定性和广泛性，有利于协调和消除双边和多边交流中的分歧，提高合作效率。如果中国的国家创新政策具有普遍的借鉴意义，上升为双边或国际规范和标准，那么中国在国际合作中相当于掌握了更大的主动权。如果中国能在此领域有所突破，那么中国产品遭遇的技术壁垒、市场准入门槛、贸易摩擦等问题都会迎刃而解。

（二）全面发力，积极作为

参照韩国的创业型经济计划，中国应在四个方面积极作为：一是坚定不移实施创新驱动发展战略，推动传统经济转型升级，发展技术密集型新业态经济。二是自上而下不同层级政府（县级以上）成立技术创新研究中心，引进、培育高科技领导领军人才，推动不同领域技术的研发。三是建设创新技术孵化基地，搭建创业产业化平台，推动有经济价值的创意迅速实现商业化和产业化。四是加大资金投入扶持初创企业成

长、壮大。重在打造创业空间，建立创意的集群效应。让人才、企业、服务等聚集到一起，形成地区性的创业型经济生态系统。具体来讲就是建立创业中心，比如建立技术中心、创意小镇，利用现有的通信技术，降低交易和互动成本。

（三）在行政学院招收国际留学生，建立国际战略人才储备

国家行政学院作为国家第一批智库改革试点，一方面要在国际上讲好中国故事，另一方面也应该在中国"一带一路"建设、亚洲基础设施投资银行及其他国际机构中广泛网联决策者和政策建议者。让他们了解中国，培育亲中情感，为中国的持续强大储备国际战略人才。

借鉴美国经验，提升政府资产管理水平

政府资产是保障民生、提供公共服务的物质基础，提高政府资产使用的效能要从设计资产管理制度、转变管理方式入手。美国将政府资产定义为政府所控制的具有经济利益或服务潜能的资源，在管理数额庞大的政府资产的过程中，形成了一些较好的经验和做法，值得中国借鉴。

一、美国设立专门的政府资产管理机构，全面覆盖资产信息，保障服务质量和效能

美国政府依据相关法律对各级政府的资产采取法制化管理，行政服务总局为国有资产的管理和执行机构。美国国有资产经营主体的全部资产归国家所有，由国家经营和监管，属国有财产的范畴，是国家履行职责的财力基础。特朗普总统执政后，对美国政府的资产管理工作提出了新的要求。

　　第一，以法制化形式管理政府资产。政府资产管理的基本法律——《联邦资产与行政服务法》《财产管理法》《采购政策办公室法案》《采办政策法》《采购合理化法案》等，与普适性法律协同规范政府资产经营和管理活动。用法律的力量明确了政府资产的主管部门，分清责任，明确权力，并通过监督部门或法律、法规对政府资产管理的审计、报告、信息披露等监督工作予以规范。2017 年 3 月，美国主管预算的白宫管理和预算办公室发布了特朗普政府的第一份美国联邦预算纲要——2018财政年度预算纲要《美国优先：让美国再次伟大的预算蓝图》，其中提出了要移除与政府机构运行相关的已经过时和无用的条例及规章制度，目的是为了促使政府资产管理的有效进行，提升政府运行的现代化水平，保证制度的先进性。

　　第二，设立行政服务总局，集中统一、经济高效的管理政府资产。行政服务总局是美国政府资产管理体制中最高层次的管理和执行机构，代表政府履行集中管理政府资产的职能，负责管理政府资产及行政服务的采购和供应、资产使用、资产处置等的权力，从事负责任的资产管理，为机构提供一流的工作环境、高质量的采购服务和专家式的商务解决方案，推动资产管理创新，提出有效的资产管理战略。由总局（位于华盛顿）和其下设在 11 个地区的分局组成。总局局长须经参议院提名和通过后，由总统任命和领导，有权制定《联邦资产与行政服务法》的实施细则和规章，并承担向国会述职和报告的义务。根据行政服务总局 2016 年财报，该机构共管理 403 亿美元的政府资产，管理 8700 栋自有和租赁房产，205000 辆自有和租赁机动车，3446 万平方米可用于出租的办公场所，564 处历史遗迹。2016 年度收入总额为 205 亿美元。特朗普政府提出，政府要"像企业一样购买和管理"资产，行政服务总局作为政府采购的代理商和执行机构，实行统一的集中采购，采购范围包括办公设备、补给、通信、一体化技术解决方案等，每年的采购金额在660亿美元左右，以购买价格低于市场价格20%—30%的成本，实现纳税人和机构的价值最大化。

第三，有效利用和处理政府土地，防止出现土地闲置的情况。美国政府拥有全美约257万—259万平方公里的土地，占美国国土面积的28%，用于办公楼、商品储藏的为专项用地。这些土地由行政服务总局依照法律，作为政府的代表，对所辖的土地提出利用和处理计划，向占用土地的政府部门提供资产评估、市场预测、营销、经济分析和土地出售等服务。土地利用和处理的情况在行政服务总局每财政年度的报告中体现。特朗普总统执政后提出"美国优先"战略，强调"优先重建军队"及"政府部门提效和减少预算"，2017年9月5日发布的"3345"法案，旨在促进美国社会经济更加安全和富裕繁荣，核心在于重建军队，禁止其他任何非国防的随意开支，否决了美国内务部的土地增置计划，认为应该更加关注如何经营和管理目前所拥有的土地和资金，同时要求资产管理部门处置不必要的联邦政府房产，促进政府高效运转。

第四，联邦部门使用政府房产须缴纳租金，鼓励节约使用，高效办公。政府办公用房统一由专门机构提供，并负责维修。美国将全国划分为13个区，由分支机构负责管理该区的政府房产。政府部门向行政服务总局提出用房申请，由行政服务总局评估确定是通过新建、租赁还是将已有的房产装修改造的方式为使用单位提供办公用房。行政服务总局与使用单位签订部门间的用房协议，确定使用年限及租金等，并负责办公用房的日常运转，使用单位向行政服务总局支付租金。房产的处置由行政服务总局负责，通常做法是与地方政府进行交换。政府部门使用房产租金中包括房屋维护和日常清洁的费用。根据政府资产的预算定额，国会对租金标准予以审定。用于租房的经费，纳入各部门预算中，多用房就要多花钱，鼓励用房单位努力节约空间，高效利用办公条件。

第五，通过出租或出售盘活闲置房产，所得资金用于提供公共产品和服务。美国联邦机构用出售、出租闲置资产获得的收入改善急需资产的配备。对于出售、出租资产和通过房地产和其他资产向公共私人部门合作投资所得的收入，允许联邦机构无须进一步申报批准即可适用支出程序，且支出程序只适用于资本性资产的交易成本或支出（包括资产的取得、修建和处置）。例如，出售或出租位于相对需求不断下降区域的医院和诊所，以所得收入为服务需求上升地区的医院购买医疗设备。国家航空与航天管理局可以将其在加利福尼亚州、佛罗里达州、马里兰州、俄亥俄州和得克萨斯州的闲置资产出租或出售给私营公司作为研究设备、发射台和教育中心。

二、美国政府资产管理模式的特点

采取类似企业项目管理的模式，通过制定目标、目标分解、项目实施和跟踪、项目评价、项目改进等程序依次实施。在项目规划和实施过程中，凡是能够引入市场机制的环节，尽量以市场化的方式进行，这有助于提高决策、实施和评估效率。该模式有如下特点：

第一，商业化程度高，实现价值最大化。美国政府资产管理逐渐向私有部门的资产管理方式靠拢。政府资产的具体管理工作，大部分委托给私营公司。各部门对所使用的资产，既要保证物尽其用，还要保证能够获得尽量大的价值回报。在制定有关资产政策时，较多地考虑价值实现的最大化。以资产处置政策为例，资产不一定要用到报废为止，而是使用到某一个时点，这一个时点的确定则要根据如何获得资产的最大效益来确定。比如美国政府小汽车的更新年限为 3 年（卡车为 6 年），该年限就是综合考虑了车辆维修保养费用、旧车处置收益等多方面因素确定的。

第二，实施政府资产绩效管理。措施包括：出售绩效不佳的资产；确定适当的地区性资产管理绩效目标；对大修项目和变更项目加以监测；对项目管理实施结果进行评级。项目绩效评级分为五类：有效、适度有效、勉强有效、无效和结果无法证实。有效是对项目的最高评级，这样的项目目标宏大、效果明显、管理良好、效能较高。适度有效的项目也设定了宏伟的目标，有一定的管理效率，但为了取得更优质的绩效，还需要进一步改善项目效率，或在项目设计管理中突出其他方面。勉强有效的项目需要设定更宏大的目标，取得更好的绩效，改善可问责性，或加强项目管理。无效的项目未能有效地使用纳税人的资金，这是由于对项目目标缺乏清晰认识，或疏于管理，或者存在其他重大缺陷等引起的。结果无法证实意味着该项目无法实现可接受的绩效目标，或者无法获取评定该项目是否有效的数据。后两者统称为缺乏绩效。

第三，采用"生命周期法"对所有的政府资产进行全过程监控和评估。购建时，要提出有说服力的购建理由以及购建资产所要达到预期目标；使用过程中，要评估该资产是否达到预期的使用目标；处置时，还要对该项资产的整个"生命"区间进行评估，确定是否达到了预期目标并进行原因分析。

第四，运用信息管理系统，全面掌控资产信息。美国政府资产管理的基础工作较为规范，借助计算机信息技术和发达的互联网体系，能及时、准确、详细地掌握政府资产运行的全部情况。

三、中国政府资产管理的启示和建议

第一，将法制化理念贯穿政府资产管理的全过程，用权威性的法律法规，科学、规范的管理政府资产，形成法律制度体系。政府资产应逐步走向公开透明，有助于塑造、透明清正廉洁的政府形象，也体现着社会文明的进步。资产管理法的制定和实施势在必行，用法律的手段衔接政府资产管理主体的权利和义务，加强对政府资产的监管，深入推进制度建设，提高制度执行力；加强对权力的制约和监督，将政府资产的租赁、购置、处置等方面的权力关进制度的笼子里，严控管理人员在政府资产管理活动中的随意性，实现规范化管理，做到有法可依、有章可循。

第二，建立资产管理部，防止政府资产的碎片化管理。由于历史原因加之管理过程不规范，政府资产管理往往出现主体不明晰的现象，单一部门无法全部掌握政府资产的全景图，造成政府资产的总量和每年的增量没有"一本账"，阻碍了资产的有效利用。在适应全球治理趋势和中国由传统向现代多元复合转型的潮流下，用适度的法律建立资产管理制度体系，设立相对独立的资产管理部，集成对政府资产的拥有、控制、管理、使用和处置的权力，对政府资产进行整体规划和统一管理、统一筹划、统一调配，统一制定政府资产管理整体战略、政策和规则。用透明、问责、绩效来激励政府资产管理的良性发展。有利于盘活行政事业单位存量资产，优化资产配置，提高资产效能，提高行政府资产配置的科学性、使用的有效性和处置的规范性。

第三，强化政府资产的预算和绩效管理。在美国的资产管理体系中，预算处于管理的前端，预算制度充分发挥了让专业的管理者更好地运用管理手段、发挥管理职责的功能；管理处于政府资产购买、处置、租赁等活动的中端，负责具体工作的实施；在末端植入绩效管理，评估政府部门的效力，同时进行反向评估，融入资产管理的决策机制当中。中国应从中央层面顶层设计政府资产的预算制度，发挥以预算促进政府资产服务国家战略的作用，明确政府资产预算功能定位，统筹规划预算收支政策，对于使用政府资产效率低下的政府机构要根据绩效表现收取税费，探讨因政府资产而产生的收益的管理政策。

第四，充分利用先进的信息化技术，全面掌控政府资产信息，推动政府资产管理智慧变革。中国政府资产家底不清、闲置浪费、效率低下的一个重要原因就是资产信息缺失，可通过设立资产信息管理平台破解资产信息缺失难题。平台运用大数据、云计算、物联网和区块链技术进行多维度信息采集，全方位掌握和分析资产动态，形成清晰透明的政府资产数据，通过数据归集沉淀纳入政府资产数据库，让管理者对资产情况"心中有数"，为政府资产质量提效提供数据支撑，将管理重心从事后补救登记前移到如何实时掌握、综合研判、提前预警、精准指挥，从而将资产闲置、流失等现象的被动应对扭转为主动防控，从人工管理走向智慧治理。

瑞典国家创新体系对中国的启示

　　瑞典为世界公认的创新型国家，虽然人口不到 920 万，却是世界上收入差距最小、创新能力领先的"工程师之国"，在欧洲"创新型联盟记分牌"评比中，瑞典创新绩效经常位列第一，瑞典在信息通信、医药生物、清洁能源、环保产业等领域居世界领先地位，诞生了爱立信、沃尔沃、宜家、ABB、伊莱克斯等世界知名的大企业，诞生了人造心脏、伽马刀、鼠标、心电图记录仪等造福人类的一大批发明，诞生了发明家诺贝尔、植物分类发明家林奈等伟大的科学家。瑞典自主创新对经济社会发展驱动力较强，高技术产业出口占总出口的比例均超过 20%。创新有效推动了市场发展，比如瑞典的环保产业出口约占环保产业总产值的 38%，并以年均 8%的速度递增。

一、瑞典国家创新驱动发展的探索

在建设创新型国家、增强自主创新能力方面，瑞典政府扮演着基础研究的扶持者、产业技术创新的引领者和创新环境的建设者的重要角色。同时，充分发挥科学家、创业家和企业家、管理者的创新活力。瑞典国家创新体系最突出的特点，是政府在其中所起的重要作用。政府虽然不直接参与市场创新和竞争，但负责制定国家创新政策，通过财政政策、金融政策以及有利于创新的治理体系，为各类经济主体创造良好的创新环境，促进它们之间的互动，有利于整个国家创新活力的激发。

（一）成立负责创新的专门机构，助推企业创新主体地位

2001 年，瑞典成立了专门负责创新事务的瑞典创新局（VINNOVA），代表瑞典政府构建创新体制。其功能是一方面将大学和科研机构的基础科学研究与孵化器等商业化项目连接在一起，使这些研究成果获得进一步产业化和商品化的资金；另一方面从企业和公众需求入手，主动发起项目，交由研发工作者开展以市场需求为驱动的研究工作，瑞典创新局发挥创新桥梁作用，国家创新战略重点考虑企业的市场需求，政府的投入占比只有 5% 左右，而企业占比超过 2/3。企业研发经费主要用于应用研究，既包括企业自身研究，也包括与大学、科研院所或其他企业的联合研究。

（二）制定前瞻性创新战略，完善自主创新机制

瑞典政府积极发挥主导作用，结合本国国情选择重点产业领域，制定相应的创新战略措施，有效推动了产业结构调整和升级。21 世纪，

随着经济全球化深入发展和各国综合国力竞争加剧，其创新战略更加注重创新与实际的结合，将基础研究、技术发展与产业化并重，使创新成果更加贴近市场。重在营造良好的创新制度环境，制定促进自主创新的政策体系，瑞典政府先后制定了研究政策法案、创新体系中的研究开发与合作、瑞典增长等政策。旨在创造创新需求，把瑞典建设成为欧洲最具竞争力、最有活力和以知识为基础的经济体，同时也要成为世界上对知识型企业最有吸引力的投资国。在创新政策的实施机制方面，瑞典具备健全的组织架构，高等院校、非营利独立研究机构、企业科研机构作为创新活动的主体分工明确且协调统一。在专利保护制度建设方面，注重国际合作，将创新成果向国际扩散，推出了适用于整个欧盟内部的专利保护制度，即只需申请一个专利，就可满足所有欧盟国家的专利要求。强调技术决策的公开和透明，注重技术创新的监督管理和项目评估。

（三）教师例外法和充分流动从制度上激励创新

瑞典的研发活动主要由大学（或称高等教育机构）和企业界承担。其中科学研究活动由大学承担，企业则主要进行技术开发等活动。为了鼓励高校教师将科技成果转化，瑞典颁布了关于雇员发明权的法律，规定高校教师对科研成果（包括使用国家财政经费研发来的成果）拥有自由处置权，可以自由对外提供研究数据、发表研究成果、转让知识产权，通过成果转让或技术入股的方式参与科技型企业的创建，享有科研成果转化带来的收益。教师的专利发明享受免税制度和例外条款，雇主不能封锁高等教育中从事研究的教学人员的专利发明。同时，积极鼓励高等学历人员流动。鼓励创新技术向创新型小微企业流动，特别是向原创科技型小微企业流动，鼓励新创企业（spin-offs）的产生，特别是鼓励从研发密集型企业产生新创企业；同时，鼓励大学的研究人员向企业流动或参与企业的技术开发活动，到工业企业任职。形成产学研紧密结合推动科技成果转化的机制，把各种创意、方法和研究成果转换为成熟的新产品。据统计，在瑞典就业人口中，有38%任职于科技型企业，这一比例为全世界最高。依托大学设立研究中心，企业人员和高校师生在中心以研究项目方式开展基础研究和竞争前技术研究。瑞典学校教育非常注重学生对解决实际问题能力的培养。学校跟企业、科技界有很多的合作，在学校当中，他们就有很多社会的实践。在瑞典，设有各种针对不同年龄、旨在鼓励创新的活动和组织，比如针对儿童的"天才之光"活动、针对小学生的"小小企业家"活动、针对初中生的"初中生发明竞赛"、针对高中生的"年轻企业家"活动、面向大学生的"温室"活动。

（四）高效灵活运用支持自主创新的财政政策

政府科研投入还紧密结合本国创新战略计划，注重加强科技公共基础设施建设。在建设创新型国家的过程中，财政政策发挥了直接且关键的作用。政府科研经费资助机制较为科学。瑞典财政科研支出占财政支出的比重由1999年的1.22%提高至2010年的1.69%，高于同期欧盟平均水平1.49%，大部分政府科研经费投向大学和科研机构从事基础研究。政府不直接管理和干预科研项目的安排和科研经费的分配，基本是授权下属机构履行具体职能，而下属机构的管理人员无项目安排和经费分配的决策权，一般是授权业内知名专家组成的评审委员会进行决策。根据瑞典创新政策的规定，科研经费除了政府直接划拨给各类高等院校外，其他科研机构分别根据各自涉及的研究领域和申报对象，经过评审确定资助项目。注重加强科研项目的监督管理，对政府资助的每个科研项目，均制定了操作性很强的具体工作指南，科研项目承担单位必须严格按照规定规范地开展工作，客观上减少了滥用科研经费的机会。对科研经费的审计往往采取第三方审计的方式，加强社会监督。

（五）国家财政设立种子基金孵化独角兽企业

瑞典财政性风险资金在将企业技术创新成果"推向市场"方面起到了积极的作用。其中，瑞典的国有创业基金、风险投资基金与市场融资机构等相结合，为本国技术创新项目实现商业化运作提供了有效的融资服务。如瑞典国有风险投资和咨询公司——其免费为开办企业提供咨询，并进行股权投资，一方面中小企业发展和融资，另一方面承担促进国家可持续增长的任务。阿尔米集团的母公司由国家支持。同时阿尔米集团分为16个地区子公司和一个叫作阿尔米投资的子集团公司子集团阿尔米投资，遍布全国40个地区的500名员工。拥有5.5亿瑞典克朗和3000家公司，它把30亿美元的风险基金投入375投资组合公司。区分不同的投资者在不同阶段的投资额，种子前期政府投入100万—500万瑞典克朗，预计稀释2%—7%的股权。种子期政府投入100万—500万瑞典克朗，预期稀释20%—30%。早期阶段政府投入1000万—2000万瑞典克朗，预计稀释20%。A系列政府投入3000万—5000万瑞典克朗，预计稀释20%—30%的股权。阿尔米只能承担50%的投资混合，其余的必须由新的外部投资者承担，目标是拥有10%左右的股权，使得被投公司成为活跃的公司。这种外部资金注入已成新产品开发、企业发展的最基本、最重要保证。瑞典是初创企业的温床，其初创企业成立3年后的存活率高达74%，居世界第一位。2017年共有120家瑞典公司退出，高于2016年的55家，超过了德国（112家）、英国（77家）和法国（44家）。

二、中国国家创新制度的再架构

政府要加强协调各种资源，使研究经费符合国家技术政策目标的要求，开辟多渠道的风险资金来源、完善现有的风险投资体系，建立健全风险资本退出机制、努力构建多层次资本市场。积极支持参与创业板市场、代办转让系统和柜台交易市场的建设和试点，建立适合科技创新型中小企业的担保方式。完善创业风险投资法律保障体系、发展中介服务机构、构筑有利创新的投资环境、加强各种基金的管理与协调，从而有利于国家未来技术竞争和经济增长。

（一）充分发挥政府的引导作用，统筹推进创新制度环境

中国应提高创新政策包容性，发挥各规模企业优势；通过财税、融资、商业平台、知识产权保护与刺激需求等方式支持企业发展，激励技术生产与市场系统发展，中国还应完善创新体系，培育中介服务机构，发展创新聚集，扶持市场前瞻产业技术研发，促进子系统互动。在发挥市场机制的同时，充分利用中国的系统治理能力。厘清政府与市场边界的基础，把创新驱动的引擎全速发动起来。创新制度重在完善市场机制使创业者将精力引到创新上面来，创新政策措施，加强知识创新和扩散的系统建设，平衡基础研究与应用研究，加强科学与技术人才培养，重视高等教育、职业教育及青少年能力培养等多元发展，为知识与技术生产系统储备人才。制定自主创新权责清单、负面清单，大力推进科研项目审批制度改革。积极推进与发达国家和地区国际合作，在开放合作中提高创新水平，架构国际研发平台，形成具有国际影响力的研发和创新合力。

（二）培育创新主体，构筑协同创新体系。

建构创新体系，促进创新要素在高校、产业界、政府的公共政策领域的参与者相互作用、紧密合作以推动知识的生产、转化、应用、产业化及其升级。在构建创新体系的过程中交换和使用新技术、新知识，通过提供新产品、新服务和新方法以获得可持续发展。政府起到桥梁的作用，将大学和科研机构的基础科学研究与孵化器等商业化项目连接在一起，使这些研究成果获得进一步产业化和商品化的资金，企业和公众从需求入手，主动发起项目，开展以市场需求为驱动的研究工作。高校和科研院所仪器设备齐全，专家集聚，面向市场需求，建立"开放实验室"和孵化器，与企业积极开展技术合作。

（三）搭建创新平台，对共性技术实行合作研究。

支持有条件的高校、科研院所与地方政府、企业联合设立研发机构、博士后工作站以及实验室、工程（技术）中心等行业性技术创新平台。对基础领域研究以及关键技术、共性技术研究实行合作，支持科技信息平台、数据共享平台、技术标准与检测服务平台等基础平台建设。优先支持在重点产业中合作组建技术平台，推动以中心城市为辐射极的区域性产学研联合体、以重点产业为主导的行业性产学研联合体。推进产学研结合示范基地建设，扶持一批示范作用强、经济效益和社会效应明显的科技成果转化项目，建设高效的自主创新体系。借鉴瑞典通过设立技术孵化器帮助中小企业技术创新的经验，向处于技术研发阶段的企业提供一定时期的资金、政策支持，调动企业投入研发创新的积极性。基于优势互补的原则，建立以企业为主体、高等学校和科研机构参与的产学研联合体，以利益共享、风险共担的运行机制联合开展科技基础研究。

（四）财政支持基金化，建立新型风险投融资体系。

加快创建设立国家创新基金，发挥科技型中小企业创新基金引导作用，吸引民间资本参与，通过贷款贴息、研发资助等方式重点支持种子期、初创期新创企业技术创新活动。以股权投资方式支持先进制造业、现代服务业、战略性新兴产业领域的新创企业。加快建立健全技术创新、工业设计、质量检测、知识产权、信息网络、电子商务、创业孵化、企业融资、人才培训等公共服务平台，为新创企业提供全方位与全过程的创新服务。支持科技型企业研究制定上市路线图，引导企业通过主板、中小板、创业板、科创板、新三板等资本市场上市融资，推动企业做大做强。

英国政府资产管理创新及对中国的启示

政府资产是提供公共产品和公共服务的物质基础，能够支持经济社会等全面发展，也是财政收入的来源渠道之一。当前中国政府资产管理存在碎片化管理、家底不清、效率低下、浪费甚至流失，以及法律规章建设滞后等问题。为了防范政府债务风险，保障民生，发挥财政职责，用好增量、盘活存量，应借鉴和吸收国外政府资产管理经验，提出改进政府资产管理的政策建议，加强政府资产管理，着力构建覆盖全面的政府资产管理体系，对于全方位推动中国财政预算管理、完善权责发生制的政府综合财务报告制度、提高政府债务管理水平、助力国家治理体系和治理能力现代化建设等具有重要的意义。

一、组建新机构运行新模式，优化公共资产配置

英国政府公共资产管理的目标在于降低管理和持有公共资产的成

本，以最低的成本提供最佳的公共服务，使现有公共资产的运营效率和服务潜力最大化。

第一，英国政府资产的分类。英国政府公共资产除现金、银行存款等流动资产外，更多地体现为土地，如办公用地、医院、学校、公园等占地；建筑，如首相官邸、军营、办公楼等；基础设施，如铁路、管道、公路、桥梁等；交通工具，如汽车、火车、飞机、船舶等；机器和厂房、IT设备、家具、艺术和藏品、军事设施以及各种投资（即政府以各种形式在企业拥有的股权）等资产。

第二，组建政府资产部，高效运营政府资产。英国政府资产采取分散管理的模式，2010年在内阁办公室的领导下组建政府资产部，与中央政府各部门共同协作缩减政府地产的面积和运营费用，支持地方政府使地方公共地产达到最优化配置，以期提供更好的整体公共服务并有效利用剩余土地和资产，提供增值计划。中央地产是政府机构的核心资产，博物馆、皇家公园、国家罪犯管理服务处所经管的地产不包含在其中，价值3500亿英镑。2017年2月发布的《政府资产报告》显示，2015—2016财经年度英国中央地产数量为4900个，面积为800万平方米，运营总成本为25.5亿英镑，比2014—2015财经年度分别缩减了3.7%和7%，政府资产部推动出售的过剩资产总额为9.73亿英镑，实际为现有物业租赁节省9500万英镑。

同时，由政府资产部和英国财政部共同组建政府产业署，在跨政府框架内开展工作。政府产业署拥有或管理相关资产和土地财产，致力于为政府在地产经营方面提供更好的战略规划和管理建议，并且为政府部门占有的地产提供合理的空间规划。开辟有效能的商业租赁路径，释放土地和资产用于诸如居民住房等更有成效的用途。

第二，"新型资产模式"转变资产使用用途，灵活高效服务公众。"新型资产模式"项目与各政府部门协同工作，目的是通过处置存量资产创造资本收入以支持经济增长，为居民住宅释放土地，跨政府部门、融合不同类型土地和资产政策的积极财产用途，达到资产优化配置的目标。这种新型资产模式提供了更多的商业路径，通过转变政府部门土地和资产的使用价值从而激发使用效率。2015—2016 财经年度，通过清理处置 468 个资产项目带来了 10 亿英镑的收入，在未来五年中，这样的有效措施将会带来 50 亿英镑的收入。目前已经售出的一些著名建筑包括海军拱门大厦和旧战办公遗址，经过精心策划开发，这些著名建筑将成为具有国际水平的住宅地产和酒店。英国教育总部迁入海军拱门大厦办公，每年为政府节省 1900 万英镑，英国外交部将从大厦迁出，再建独立的新总部，每年节省 500 万英镑。

2016 年 12 月，英国政府宣布伦敦金丝雀码头的第一个政府中心成为全年最大的商业项目，这个地标式的建筑可容纳来自多个不同部门的将近 6000 名公务员以合作的方式更加灵活地共同工作，并为公众提供更多更好的增值服务。这仅仅是全国范围内第一个多部门集成办公的政府中心，这也启发了英国内阁考虑在英国所有的地区推广这种集成办公的方式，以推动高效的行政事务工作运行。基于此，英国政府推出了独具特色的"同一公共地产"（OPE）项目。OPE 鼓励政府共同工作，营造经济氛围以促进就业增加和家庭收入的提高，通过出售政府闲置和多余的土地以及房产而给纳税人带来更多价值服务。该项目基于公共部门的通力合作，2019 年地方政府覆盖率已上升至 70%。

第三，开展《政府资产名录》制定工作。英国政府于 1998 年正式制定了第一版《政府资产名录》，详细地登记了政府拥有的土地面积、价值、位置，汽车、IT 设备的数量和价值等内容。《政府资产名录》覆盖了英国各部委及其执行局、非部委公共机构（由政府开支但没有行政职能，如国家艺术委员会等）、国民医疗服务体系各机构、其他公共企业以及未被私有化的企业，但不包括地方政府的资产，只是对各地方政府开展资产清查和审计并形成报告提出了要求。同时，《政府资产名录》将资产主要分为有形固定资产、无形固定资产、政府固定资产投资三大类。2007 年版《政府资产名录》共登记有形固定资产 2940 亿英镑、无形固定资产 240 亿英镑、固定资产投资 170 亿英镑。遗憾的是，2007后英国政府再未编制过类似名录。

第四，重视信息收集管理，用关键绩效指标评估地产使用和管理。电子财产信息测绘服务（e-PIMSTM）作为中央政府资产数据库，为所有的公共部门资产提供服务，拥有或占有中央地产的政府组织机构须登记它们的财产信息，包括详细的面积、租赁情况、建筑的能耗率及其他相关数据，注册用户可免费使用数据库，数据情况将展现在每财经年度的资产报告中。2017 年该数据库涵盖了 20.9 万个资产记录，其中包括土地记录。基于信息收集的及时性、管理的规范性和操作的便捷性，公众可通过网站或数据库查询等方式确认政府的地产情况，包括无主资产，并可申请购买，操作方式简单便捷。

二、对于英国政府部门、非部委公共机构等占有使用资产管理的显著特征

第一，以集中统一的方式管理政府资产，提升政府资产效能。资产所有权属于英国政府，在内阁办公室的领导下，财政部门从资产配置角度履行资产管理职能。采取"共享使用"的原则，在签署"使用条款备忘协议"的前提下，各社会部门可使用政府机构的办公空间。通过现

代化的治理手段改变了政府地产的运作方式，降低了纳税人的支出；释放急需之用的土地转变用途，用于提供住宅。英国政府于2015年宣布，到2020年将释放价值45亿英镑的闲置土地及资产，为16万家庭提供足够的土地。

第二，资产管理与预算管理相结合。主要体现在财政预算的编制程序和对财政支出的控制上。"物有所值"和存量资产的使用效率，是各部门和机构申请预算时必须向议会和财政部门详细说明的内容。英国财政部、其他政府部门、公共机构提到资产配置，其管理人员均表示要从预算编制时就充分考虑资产配置问题。把资产和预算联系在一起，已经成为其非常自然的思维模式。同时，如果资产使用效果不好，那么在经费安排上必然会受到影响。

第三，较为完备的资源整合与调剂共享机制。以政府部门和公共机构办公用房为例，通过由独立空间改为开放性空间、由分散化办公改为集中办公、在经济活力较弱的地区建设办公场所，为公务员提供了灵活和现代化的办公地，激发行政事业的创新并且更加富有创造性地为公众服务，特别是活化了新办公场所所在地区的商业要素，激发商业活力，带动区域经济发展。

三、借鉴英国制度经验，提升中国政府资产管理水平

中国与英国在政治经济制度、发展阶段等方面存在差异，但英国政府资产管理的经验，对中国全面深化政府资产管理改革，进一步加强政府资产管理提供了有益的借鉴和启示。建立职责明确、服务高效的管理机构，运用价值化理念构建政府资产管理体系能够提升政府公共服务的

质量，确保在整个资产管理中做出最优的决策。在政府资产管理体系安排下，进行充分的绩效度量，优化资源配置。提升政府资产管理的效率、效果、透明度和受托责任。

第一，加强制度创新，建立集中的资产管理部，提升公共服务质量。英国作为发达国家，其先进性不仅体现在经济发展水平上，还体现在具有先进的管理理念和制度创新上。英国政府成立政府资产部和政府产业署，辅之"同一公共地产"和"新型资产模式"等其他项目集中高效、统一灵活的对政府资产进行管理和运作，提高政府地产的使用效率，创造出可观的经济收入用于公共服务。中国政府分散式的政府资产管理体制不利于全面掌控政府资产的规模和数量，应着力加强政府资产管理顶层设计，建立统一的政府资产管理制度体系和专门的资产管理部，对政府资产进行整体规划和统一管理，掌控所有政府资产的状况，负责对各级政府资产进行统计、汇总，并对所有政府资产实行统一管理、统一筹划、统一调配，用透明、问责、绩效来激励政府资产管理的良性发展。由共同的法律和管制措施规范各级政府的资产管理制度，清晰明确地界定各级政府及政府部门对其资产使用和占有的权利及相关义务，同时制定政府资产管理相关的指南、工具，使用理性的标准和书面的规则。

建立涵盖各类国有资产的政府资产报告制度，是加强政府资产管理的基础性手段。当前，中国应当抓紧研究建立涵盖各类国有资产的政府资产统计报告体系，全面反映包括企业国有权益、行政事业单位国有资产、政府经管资产、自然资源资产在内的政府资产情况，为编制全口径的政府综合财务报告和编制政府资产负债表夯实基础。英国工党执政期间，先后编制了数版《政府资产名录》，一定程度上起到了摸清政府资产存量和产权登记的作用。后虽因为政党更替等原因不再编制，但《政府资产名录》对于加强政府资产管理所发挥的基础性作用不可替代。

第三，深入推进资产管理与预算管理相结合，以价值化理念提升政府资产使用效率。对于中国来说，应当建立健全资产管理与预算管理相结合的制度规定，加快制定资产配置标准，完善工作机制与流程，充分发挥新增资产配置预算应有的约束作用。占有、使用或控制政府资产的机构应当承担资产管理决策的责任。针对不同类型的资产分别设计管理规定，规范行政事业单位占有使用资产管理制度，对占有使用资源的单位进行滚动评估，根据评估结果对使用效率低下或占有资源未发挥其公共资产职能的单位收取税费。盘活行政事业单位存量资产，优化资产配置，提高资产效能，

第四，建立资产管理绩效指标体系。制定相应的问责机制和绩效标杆，设计一套"政府资产管理绩效指标体系"，用以衡量政府资产使用效率、对公共事业保障民生的服务水平、对地方政府的财政贡献等。同时，公开、透明的政府资产管理程序及其结果，也有利于政府资产管理的良性发展。建立资产与预算相结合的管理机制，提高行政事业单位资产配置的科学性、使用的有效性和处置的规范性。

中国的政府资产管理应切实转变重配置、轻绩效，重事前审批、轻事后监督问责等管理理念，进一步强化节约成本、提高效益等管理原则，强化财政部门的宏观与综合管理职能，更加注重发挥主管部门的监管职能和各级政府对其占有使用资产的管理主体责任。

第五，加强信息采集和管理维护职能。建立政府资产信息化管理服务系统，按照全面信息围度采集、即时更新、跨系统融合等原则，突出重点，先易后难，逐步建立政府资产登记服务系统。

加拿大的教育与产业融合模式值得借鉴

40 年前，加拿大面临失业率居高不下的局面，失业率一直在 7%—10%徘徊。大学生毕业就意味着失业，引发加拿大各派交锋，争论的焦点在于对大学专业及课程的设置依据的审视，是继续以理论研究为导向还是向应用型转变、以社会现实需求为导向。直到今天，实践才作出了选择，学校的培养方案越来越迎合于产业、职业的变化要求。

一、加拿大高等教育改革的重要路径

加拿大在其高等教育的改革探索之中，重点进行了三个方面的突破，即不断完善灵活学制、大力发展合作式教育以及重塑新型研产学联盟。

（一）不断完善灵活学制

学制灵活是加拿大高等教育的显著特色之一。加拿大众多的高等院校针对不同的学生群体都有不同的政策。对于刚考入大学的学生，学校允许其延期入学，他们可以先进入就业市场检验自己的能力，并借此审视自己的兴趣与需求所在，从而及时调整专业，避免入学时的选择不现实。近年来，安大略省等地的大学又出台了针对高中在校生的双重学分制，允许他们在高中期间选两门大学课程，以此获得的学分在其毕业考入大学后转为正式的大学学分，而一旦他们不选择进入大学，也将记入其高中的毕业成绩。现在，这一制度已经向温哥华等地推广，备受欢迎。

加拿大的高校中没有专门的创业专业，创业教育渗透于商业、管理等课程之中，以使创业元素能够涉及更多的学生，由此激发他们的创业热情并增强他们的创业技能。除此，在加拿大，大学和职业学院的互通互补性极强。学历和学位标志着学生的学识水平，而资格证书更有利于找工作，有鉴于此，很多取得硕士或博士学位的人还到社区学院学习资格证书课程，以便于更好找工作。

（二）大力发展合作式教育

合作式教育（co-operative education，Co-op）是加拿大高等院校普遍实行的一种企业和学校合作的教育模式，即学校根据既定的教育计划，帮助学生获得企业实习机会，使学生交替完成专业学习和企业实践任务。该模式的实质是联合学校和社会的力量，培养社会所需要的人才，扩大学校和社会的联系与合作，使学生在校期间就有机会熟悉他们将来毕业后所要担任的角色，从而集学生的学术研究与工作实践、理论与实习于一体。

如前所述，加拿大的高校学生在受教育方面拥有充分的自主权，而Co-op 模式也正是基于此背景而得以成功实施的。以多伦多大学为例，

Co-op 的具体运作方式为：在入学之后，学生可根据学校发布的就业信息申请实习机会，并通过参加面试获得实习岗位，这些岗位均由学校的相关专业部门为学生联系。选择了该模式的学生将在 4 个学年之中获得两到三次 4—6 个月的实习工作，实习工作的加总时间为 1 年，也就是 Co-op 学生 5 年毕业。学生在实习期间不需付学费，同其他正式的工作人员一样获得真正的工资（real salary）。

在合作式教育体系下，内容一致的学习学期和工作学期交替进行，使学生、用人单位和学校都受益。学生提高了尽快适应实际工作的能力，从而为其毕业时顺利找到合适的工作奠定了基础。很多人在实习中就找到了合适的工作，而在追踪调查中还发现，参与 Co-op 的学生在后来工作中的工资要比其他学生高 18%。用人单位方面，它们不仅能方便地获得所需的人力资源并降低新职员的培训成本，同时还能享受到政府为此所出台的一系列减免税政策，如对实习学生工资免税等。而学校，通过加强与用人单位和社会的联系，可以及时了解社会对毕业生的需求情况，不断改进教育教学方法，以吸引优秀生源、提高学校知名度、扩大办学规模。

（三）重塑新型研产学联盟

大学教师或学生通常是科技成果的主要提供者，为此，加拿大各大学在知识产权认定及技术转移转化方面进行了一系列的制度创新，以激励创新行为、推动产业化进程。主要有三种方式：第一种是发明归学校拥有，即当教师或学生产生了新的发明时，需向学校申报，由学校统一管理。学校一般都建有由商业和市场经验丰富的专家团队组成的工业联络办公室，派专人进行许可证、版权及技术转让贸易。在研究成果市场化之后，学校会将其中一部分所得返还给发明者。第二种是发明归发明者所有。当完成向学校的发明申报以后，发明者可自由选择交由学校管理或者亲自到市场上寻求合作伙伴。前者在取得市场利润后，由学校将其中的50%转交给发明者；后者在取得市场利润后，则由发明者将其中的25%转交给学校。西安大略大学就是采取了此种科技成果转化模式。第三种是发明归发明者所有，且完全由发明者自主管理。学校不仅不收取任何费用或占有市场利润，而且还主动为发明者实现技术转移提供免费帮助。无疑，在此种模式下，发明者的积极性最高；众多的受益者在成功之后自愿向学校捐款，又再次享受到学校相应的抵税政策，使得技术发明者与学校实现了"双赢"。滑铁卢大学在该方面做得颇为成功。

显而易见，围绕科技成果转化的商业模式创新，使得加拿大成功筑就了众多的以大学等科技创新源为辐射的新型产业联盟。大学及科研机构的人才、技术、信息、实验设备等综合智力优势与高新科技企业、中介服务机构等其他社会资源优势相结合，进一步拓展了技术进步空间、提升了市场成长潜力。

二、中国高等教育模式的政策建议

当前，中国大学生存在社会技能缺失现象，在校期间难以接触到现实中的就业岗位，学校教育与社会需求脱节。在教育内部，各种教育形式缺少相互沟通，尤其在职业教育与普通教育之间，无法很好实现互通互融，客观上为学生的职业选择与调整设置了障碍。由于缺乏与职业变迁、产业升级以及整个经济增长方式转变的联动，学校教学方式仍以课堂教学为主，教材开发和课程设置缺乏系统性、实用性，从业教师大都缺乏社会创业实战经验，从而难以直接地为社会建设输送出适用性人才。尽管近年来国家大力提倡发展校企合作，学校和企业也表现出较高的积极性，但政策层面上的扶持力度不够，尤其是一些配套的财税体制不完善，使得企业明晰其寻求校企合作的持续性动力，进而使校企合作的成效大打折扣。

针对上述现实问题，结合加拿大教育改革与发展中的经验，特提出以下建议：

第一，尝试弹性学制，使学生在校期间就能完成与社会的无缝隙对接。当前中国的大学教育大都采用4年学制，教学内容以理论为主，缺乏实践环节，为此，建议增加1年的实习、见习教育，该教育形式可分散地安排在各学年之间，每一次的时长为4—6个月，学生可根据自身情况自由选择2—3次，累计1年即可。实习岗位由学校联系并向全体在校学生公布，学生在申请之后也要经历考录过程，这样提前使学生们体验到就业选择中的竞争，进而积累到宝贵的阅历经验。学生们在经过了工作岗位的历练之后，能够更加准确地认识自身能力与需求，反过来及时调整职业规划并有所针对地汲取知识、信息以提高能力。

第二，促成社会创新力量在高等教育中的彼此联动。当今的创新生态要素已经扩大到"官""产""学""研""金"等领域。政府、企业、高等院校和科研院所、金融机构在创新领域实现合作，将教育、科研、开发、中试、生产、销售、投资资源集聚，是科研、教育、生产不同社会分工在功能与资源优势上的协同与集成。要将更多的国家重点项目与大学的科研规划相结合，将大学的原创能力培育直接纳入国家创新体系建设之中；要进一步破除科、教、经、社分割的体制桎梏，加快形成整个社会的创新合力；要围绕经济建设与产业发展需要，大力拓展科技成果转化途径，以创新、扩散和使用新的知识和技术加速产业升级步伐。

第三，细化财税支持政策，为企业参与高等教育提供动力。近年来中国陆续出台了一些鼓励校企合作的财税政策，但大都是些原则性的宏观指导，缺乏实施层面上细化。为此，在所得税方面，政府为鼓励企业参与职业培训，可以允许其对教育事业捐赠和教育培训费用进行税前扣除；在企业参与校企合作而为学生提供实习岗位时，政府也可以制定直接免税的相关规定。另外，对于一些愿意承担高校在校学生实习的机构，政府可以减收或免收增值税，甚至依照实训人数进行专项补贴，从而拓展社会力量参与高等教育的途径。

中巴共建未来国际知识城的建议

当前，世界正经历百年未有之变局，美国在拉丁美洲地区原有势力逐步减弱，导致该地区原有的地缘政治格局及国际合作体系失衡、失序、失效现象尤为突出。然而，拉丁美洲各国正处于经济和社会转型的关键期，国家和人民迫切希望由传统社会走向现代化，"一带一路"倡议为拉丁美洲地区注入新的活力和机遇，激活地区发展潜能，中美洲各国希望能搭上中国经济快车，分享中国改革成功的经验，培育与中国的新的合作机制和模式。习近平总书记强调，拉丁美洲是21世纪海上丝绸之路的自然延伸，使得中美洲各国同中国合作的愿望倍增。2017年与中国建交的巴拿马因其特殊地缘战略地位，正成为"一带一路"建设向拉丁美洲延伸的重要承接地。中国与巴拿马的战略合作将带动更多拉丁美洲国家参与"一带一路"建设，成为中国参与创新国际治理体系的强力支撑，并将推动重塑拉丁美洲政治经济社会新格局。

一、巴拿马是"一带一路"国际合作的天然战略综合支撑点

习近平总书记在 2017 年 5 月北京举办的"一带一路"国际合作高峰论坛上强调，拉丁美洲是 21 世纪海上丝绸之路的自然延伸。中方愿同拉丁美洲加强合作，包括在"一带一路"建设框架内实现中拉发展战略对接，促进共同发展，打造中拉命运共同体。从铁路到桥梁再到输电线路，中国在基础设施方面的巨额投资带动了该地区的经济发展。同时，作为该地区最大债权国，中国的影响力得到了巨大的提升。巴拿马作为南北美洲两大洲的交通枢纽和战略交汇点，其战略赋能能力不能低估。

（一）全球战略平衡的关键闸口和贸易晴雨表

巴拿马地理位置极为重要，是连通东西——太平洋与大西洋，贯穿南北——北美洲与南美洲的黄金水陆空交道口，巴拿马运河是世界上最重要的运河之一，全球每年近 6% 的贸易运输通过该运河，有全球贸易晴雨表之称。巴拿马区位优势显著，经济活跃，在拉丁美洲国家中居领先地位。2017 年，巴拿马国内生产总值 401.77 亿美元，人均国内生产总值 9871 美元，国内生产总值增长率为 5.4%。从地理区位看，巴拿马是中国与美洲经贸发展的重要枢纽和中转站。在中国扎实推进"一带一路"倡议与拉丁美洲国家战略对接之际，巴拿马以其独特的地理位置、物流中心、贸易节点、海运中心和金融枢纽优势成为中国拓荒中美洲、维护海外利益、在拉丁美洲地区战略合作和互惠双赢不可或缺的伙伴之一。

（二）巴拿马对接"一带一路"建设赢得巨大发展

中美洲国家把"一带一路"建设称为"第二次地理大发现"，作为世界经济增长引擎的中国，将自身的产能优势、技术与资金优势、经验与模式优势转化为市场与合作优势，将中国机遇变成世界机遇，融通中国梦与世界梦。巴拿马完全可以成为21世纪海上丝绸之路向拉丁美洲自然延伸的重要承接地。建交一年后，中巴双边贸易额超过了66.9亿美元，同比增长了4.8%，中国成其第二大贸易伙伴，仅次于美国，财政赤字占GDP的比重从4%下降到2%，2018年12月，习近平总书记亲自推动的41亿美元的高铁计划将首都巴拿马城与大卫市连接起来，进而延伸到哥斯达黎加的西部边境。沿加勒比海岸修建一条高速公路和另一条延伸至哥伦比亚的高速公路，这条高速公路将把泛美高速公路的两段连接起来，带动了巴拿马金融、物流、基础设施等多方面的发展，实现了经济社会繁荣的目标。

（三）巴拿马成为中国外交美洲布局的战略支撑点

巴拿马长期以来一直是中国投资的受益者，中国企业从未间断在巴拿马经营或投资，巴拿马对中国的认可，使其得以参与中国的"一带一路"倡议，成为这个亚洲巨人在西半球最重要的贸易和投资中心之一。建交以来，两国已就海上运输、金融监管等问题签署了30多项双边协议，按人均计算，巴拿马很快就成为中国最大的投资接受国之一。受巴拿马的影响，拉丁美洲地区越来越多的国家搭上中国经济和政治的高速列车，进而分享中国经济发展红利，共商新时代的世界治理规则，共探未来国际新秩序。

（四）中国与巴拿马合作空间广阔

巴拿马拥有美洲最大的免税区科隆自贸区，中国目前是该自贸区最大的商品供应国。启动中巴自贸区建设进程是 2017 年 11 月习近平总书记与巴拿马总统巴雷拉达成的重要共识，将为双边经贸关系发展提供重要制度性保障。提升双边贸易和投资自由化、便利化水平，在巴拿马建设离岸人民币结算中心，开展离岸服务贸易等新业态，带动周边经济的中国化。中国企业已经是加勒比港口科隆自由贸易区的最大用户，中国商品从这里销往美国东海岸的港口，以及拉丁美洲和加勒比地区。

二、构建多元开放平台，共筑未来国际知识城

巴拿马不仅是地理上的重要通道、国际政治和经济枢纽，也是全球治理的交叉路、新技术产业的潜在萌生地。巴拿马建设了巴拿马知识城，但缺乏成功经验，中国若能与巴拿马联手共建，通过科学、技术和商业领域的不断创新，探索推动产业升级，挖掘探寻新的创富机会，不断催生设计新型商业模式，捕捉网联固化新型产业联盟，共建新型产业链，共同做好推动"一带一路"的能力建设。

（一）以多元开放平台集聚多维创新要素

多元开放平台（MOP）是实现产业创新资源共享、一体化、集成化的网络支撑体系，它通过集聚各种区域创新要素进行聚变创新、裂变创新和迁变创新，进而导致创新成果外溢及产业化的团聚发展过程。多元开放平台由技术创新平台、创意衍生平台、技能扩散平台、知识信息

交流平台、公共实验室和公共检测平台组成。技术创新平台不断催生新技术，创意衍生平台扩展产业集群知识存量，技能扩散平台耦合资源要素配置，形成知识密集型产业技术创新的内在动力与机制，在此基础上，通过知识信息交流平台、公共实验室和公共检测平台实现知识扩散、资源共享、一体化集成。促进区域创新要素聚变创新、裂变创新和迁移创新，推动创新成果外溢及产业化的团聚发展，降低技术创新成本，实现人力资本、技术资本和金融资本的融合。从根本上促进产业的集聚发展，激发产业创新动力，实现产业技术创新与扩散，支撑产业、产品更新换代，实现产业发展的创新加速。它不断催化新技术、衍化新产业、发展新行业。技术创新平台不断催生新技术，越来越多的新技术直接孵化为新产业或装备传统产业。技能扩散平台是合理选择集成的资源要素，耦合资源要素的配置范式和联系结构，使各项资源要素能够相互融通，提高企业集群协调和分工协作能力，是技术能力升级的组织保障机制。创意衍生平台通过扩展产业集群的知识存量，促进创意创新创造能力升级。随着平台对知识创意和科技的吸附，会形成新的平台外延，引致产业集群创新能力的不断提升。技能扩散平台需要创意衍生平台和技术创新平台提供知识和技术能力等资源的支持，同时技能扩散平台也给创意衍生平台和技术创新平台提供了有效集成、协同工作的支撑工具。创意衍生平台是技术创新平台的知识基础，而技术创新平台统摄、凝聚创意衍生平台的知识资源，使产业集群的潜在优势转化为现实优势。

（二）巴拿马建立知识城，支撑经济社会繁荣

1993 年，一群巴拿马商人设想利用恢复区（前运河区）的一些基础设施建立一个"苏格拉底式论坛"。1995 年 7 月成立知识城基金会负

责支持与知识城创新相关的项目。中国与巴拿马共建知识城，把知识城建设成为一个全球引领型的创新社区，通过想象、研究、学习、教授、实验、发明、创造和激励，将巴拿马、"一带一路"建设和世界相连。知识城的使命是成为一个通过人文、科学和企业家精神鼓励社会变革的创新型社区，达到巴拿马、"一带一路"建设和世界共同繁荣、包容、民主和可持续未来的目标。

（三）共建国际未来知识城探索全球科技治理新范式

中国发展科学技术不仅要为中国人民谋幸福，也要为人类进步事业作贡献。深度参与全球科技治理，主动布局和积极利用国际创新资源，共同应对人类共同挑战，推动全球范围平衡发展，是构建人类命运共同体的重要的内容。巴拿马有强烈的意愿在能源、健康、气候变化、海洋、物流及与可持续发展相关的议题方面与中国开展合作。巴拿马是中美洲一体化和发展项目的成员，该项目共涉及 21 个拉丁美洲国家，其国土面积合计占拉丁美洲地区的 99%，人口合计占 95%，国内生产总值合计占 85%。"一带一路"倡议与中美洲战略对接可围绕科技轴心和经济轴心两个"轴心"。建立"多元开放平台＋国际服务＋'一带一路'与拉丁美洲对接战略政策"多维配套的未来知识城，以科学、技术、创新和知识的力量构建人类命运共同体。

中以科技创新合作机制研究

以色列位于亚、非、欧三大洲交汇点，是"一带一路"倡议重要合作国家，也是著名的"创新国度"和全球创新中心，创新理念独树一帜，拥有先进的创新体制和人才、理念、技术、资金"四位一体"的创新生态模式，是我对外科技创新合作的"关键小国"。近年来，中以双边关系持续向好，创新合作日益活跃，对推动双边关系的作用进一步凸显。中以创新合作联合委员会第四次会议已于 2018 年 10 月召开，我们对中以科技创新合作现状和问题进行了分析和评估，并提出下一步工作建议。

一、中以科技创新合作现状与挑战

（一）中以创新合作联委会历史沿革

1992 年 1 月 24 日，中以两国正式建立大使级外交关系，建交后双边关系顺利发展。2014 年，根据签署的《中华人民共和国政府和以色列国政府关于成立中以创新合作联合委员会的备忘录》，成立了中以创新合作联合委员会。该联合委员会是中国目前唯一一个以创新为主题、国家层面的、由科技部门牵头的对外合作机制，也是政府间合作中最高级别的机制。该机制旨在协调两国部门和地方的各领域创新合作，通过中方的市场和资金优势对接以方创新优势，为中以关系可持续发展提供战略支撑。中以创新联委会每年召开一次会议，2015—2018 年已分别在北京和耶路撒冷召开了四次会议。

在中以创新合作联合委员会机制下，2015 年 1 月，两国政府签署了《中以创新合作三年行动计划（2015—2017）》，两国 20 多个部门参与其中。2017 年 3 月，习近平总书记与以色列总理内塔尼亚胡在京联合发表《中华人民共和国和以色列国关于建立创新全面伙伴关系的联合声明》，正式建立"创新全面伙伴关系"，创新合作迈向新高度。据统计，2015 年以来，双方部门间签署合作计划或备忘录 27 项，占 1992 年中以建交以来部门间合作协议总数 34 项的 79%。

（二）创新合作领域契合且优势互补

中以两国在经济发展阶段、资源禀赋和市场等方面具有较强的互补性，开展和深化中以两国科技创新合作有着很好的基础与共同利益。中以通过联合发表论文、共建创新平台、技术转移转化的方式，逐步扩展领域合作，促进了双方的科技进步、经济发展和贸易增长。在基础研究方面，2008—2017 年，以色列在医药、生物、材料和信息学科，SCI 科研论文数量最多；在医药、生物、材料和农业学科，中以合作发文规模最大。在双边贸易方面，2017 年以色列在电子和医药领域出口额占出口总额的 17.5% 和 16.3%；我已成为以色列第三大贸易伙伴国，其对我出口总额 33 亿美元，集中在机器和电子行业（41%）、医疗设备（25%）、化工（19%）等行业。总体来看，以色列优势创新领域与我技术需求有极强的互补性，双方的科技创新合作，既能推动相关领域的技术快速发展，也可创造更多的社会经济价值。

（三）重点领域合作范围不断拓展

《中以创新合作三年行动计划（2015—2017)》确定了生物医药技术、计算机科学、农业科技和先进生物成像科技等 12 个优先合作领域。研究表明，以色列在节水灌溉、虫灾防护、种子繁育、通信技术、软件工程、人工智能、癌症研究、生物疗法、医疗器械、海水淡化、污水处理、太阳能利用、高精尖传感器等方面具有很强的研究基础和明显的全球领先的技术优势。近年来，在纳米、新材料和机器人领域也进步快速、亮点显著。

近年来，科技部、国家自然科学基金委员会、各地方政府重点围绕农业、生命科学、信息、材料、环境等领域，与以开展基础研究、应用基础研究和产业技术研发合作。特别是在现代农业、电子信息和医药健康领域，通过联合发表论文和产业研发合作，形成了良好的合作基础，取得了较好的合作成效；在旱作农业、水资源、医疗器械和健康服务领域，形成了引进以方先进适用技术为主，联合产业研发为辅的合作格局，产生了较好的示范效果。

（四）中以联合研究项目取得阶段性进展

2011—2017 年，中国各部门各地方共立项支持 332 个中以联合研究项目，投入总经费 10.46 亿元，其中中央财政经费 3.65 亿元、地方财政经费 1.52 亿元和自筹经费 5.29 亿元。据不完全统计，18 个省、市、自治区的项目单位参与了中以联合研究项目，其中江苏省投入财政经费5100万元，资助了59个项目。

近十年来，中以科学家发表合作论文的数量和质量呈快速增长的态势，发文总数增长了3倍，引文影响力提升了1.4倍。中山大学、南京大学、中国科学技术大学和山东大学等与以色列7所研究型大学合作发文数量最多。在产业联合研发方面，中科院上海光机所通过国际竞争获得了国家高功率激光装置的研制合同（4200万美元），是中国在该领域向发达国家高新技术出口额度最大的合同。

（五）创新合作平台呈现多元化特征

在创新合作联合委员会机制下，各地方和产业界建设各类中以创新合作平台的热情很高。截至2018年，据不完全统计，拟建、在建和运行的各类中以创新合作平台100余个，包括创新园、示范基地、培训中心、创新中心、技术转移中心、孵化器和联合实验室等类型。现代农业和医疗健康是创新合作平台建设规模和投资最大的领域。江苏、上海、新疆、天津、河南、山东、浙江、四川等省、自治区、直辖市，是中以创新合作平台建设的活跃区域，取得了一定成效。

由科技部、江苏省、以色列经济部三方共建的"中以常州创新园"，是两国政府共建的首个国家级创新合作园区。2014年以来，已集聚各类以资及中以合作企业81家，涵盖生命健康、智能制造、新材料、高科技农业等领域，建有以色列中心、CI3孵化器等创新合作载体，取得了较好的进展。中以创新合作中心是由科技部和以色列经济部共建的重要合作平台。2015年以来，该中心组织举办以色列高新技术中国巡回展、中以创新创业大赛等活动，近2700家中以企业参加对接交流；该中心网站收录了以色列6096家企业、213家孵化器、494家投资机构的数据。

（六）科技人文交流规模持续扩大

近年来，中以科技人文交流合作得到明显加强，呈上升趋势。双方积极开展交流互访、培训引智、合作办学等，促进两国科教发展、民心相通。双方人员交流数量、领域和层次势态良好，成效显著。其中，科技部和以色列外交部共同实施 2 批"中以青年创新领袖交流计划"，效果良好。2018 年，约 20 名以色列专家荣获"中国政府友谊奖"。

通过国家"外专千人计划"、中科院国际人才计划（PIFI）等从以色列引进高层次专家 49 人次。2017 年，国家外国专家局资助聘请以色列专家 250 人；2015—2017 年，资助赴以技术培训项目 99 项，共计1745 人次，涵盖农业、水资源、医疗卫生、创新管理等领域。"中以7+7 研究型大学联盟"和"中国犹太文化研究联盟"专家互访、学生交流约 500 人次。2017 年，广东以色列理工学院设立化学工程与工艺、生物技术、材料科学与工程 3 个本科专业，首期共录取新生 216 名，30多名以色列教职人员长期在院工作。2016 年，在访华的以色列议长见证下，《中国国家行政学院与以色列国外交部关于高端智库合作谅解备忘录》在京签署，双方高层次专家已实现 3 次互访交流。

（七）中以科技创新合作面临的挑战

随着"一带一路"建设的不断推进、"中以创新全面伙伴关系"不断发展、合作范围不断扩大，一些问题和挑战也相继出现，主要表现在：

一是顶层设计仍需完善，统筹协调有待加强。我对以创新合作机制已经建立，但缺乏对以合作领域、合作方式及"政产学研"等合作主体的角色定位和任务分工的顶层设计。各部门和地方对以创新合作职责不够明晰，缺乏有效约束和监督。中央与地方、各部门间、各地方间、产学研机构间的协调联动不足，缺乏有效的信息共享和沟通机制，存在多头对接、重复投入、同质化竞争的情况。

二是项目管理机制有待改进。在中以联合研究项目的立项管理过程中，因两国科研管理体制的不同，项目征集、立项评审和项目批准耗时较长。此外，中方政府资助的产业研发联合研究项目资助经费，明显低于国家重点研发计划项目和国家自然科学基金委员会国际合作项目的资助强度，旗舰项目和重大工程偏少，难以吸引双方一流科学家主持项目，难以满足高新技术产业研发的客观需求。此外，在项目管理方面，中外方衔接不够，缺乏项目立项、跟踪评估、示范推广的联合管理机制。

三是中以创新合作平台建设存在一定"泡沫"。目前，中以创新合作平台存在"名目繁多""盲目建设"的现象。部分园区、示范基地、孵化器等合作平台仅签订了协议，但实质性合作迟迟未得到推进。个别合作平台徒有虚名，并未真正用于积聚和对接中以创新资源。同时，以方也存在技术转移"漫天要价"的现象。此外，由于双方存在文化、治理结构和创新生态环境的差异，创新平台成功运营案例数量较少，一些成功案例除中以常州创新园外，多集中于农业示范园区。

四是对以科技创新资源研究不足。在战略层面，对以色列创新体制和人才、理念、技术、资金"四位一体"的创新生态模式缺乏系统研究。在合作层面，中国各合作主体对以色列农业、电子信息、医药、环境和新能源等领域的细分优势领域的深入研究不足。部分合作主体对以色列优势技术领域"只知其一，不知其二"，辨别能力欠缺。同时，以色列善打"科技创新"牌，注重配合其"中国战略"进行宣传和推介，但有些创新成果相对于中国的技术水平及对市场的适用性并不高。此外，在与以开展基础研究、应用基础研究和产业联合研发合作过程中，未能充分围绕我方"卡脖子"关键技术需求开展合作。

二、下一步的工作考虑

目前，中美经贸摩擦持续升级，中国急需从全球治理、国家安全、经济合作的角度和视野，结合"一带一路"倡议实施，尽快深化对以色列等"关键小国"的战略研究与创新合作。中以创新合作要以我为主，兼顾以方需求，将以方高新技术、科技人才和创新生态环境，与中方市场资源、资本优势和制造能力相结合，打造优势互补、互利共赢的中以创新合作共同体。

（一）加强顶层设计，推进统筹协调

为深入贯彻党的十九大提出的"构建人类命运共同体"等新理念和新思想，结合推进"一带一路"建设工作的整体要求，围绕中以创新全面伙伴关系建设，整合双方需求和优势资源，加强中以科技创新合作的顶层设计。逐步完善中以创新合作联合委员会机制，在重点领域设立分委会；明确中以创新合作联合委员会中方成员单位的职责与定位，加强参与对以创新合作的各部门和各地方之间的内部沟通和协调；制定符合部门、地方特点和需求的对以合作政策，通过政策手段引导对以合作布局，开辟对以创新合作"绿色通道"；建立中以创新合作年度监测与绩效评估机制，加强信息共享，建立有效的激励和约束机制。

(二) 改进过程管理，提升合作深度

在中以创新合作联合委员会机制下，应与以方保持密切沟通，建立简洁高效的中以联合研究项目资助与管理模式。一是优化项目征集、评审和审批流程，建立全链条项目管理数据库和以方创新资源数据库。二是加大我方项目经费资助力度，对合作效果好的项目建立稳定支持机制，遴选支持大项目。考虑到以政府用于国防和民生领域的财政预算占比较高，与中方创新合作经费有限，且以方拥有丰富的智力资源，中方可适当增加经费投入，在资助额度方面不苛求"对等投入"。三是加强知识产权管理，呼应以方对专利保护的强烈诉求。

(三) 挤出"泡沫"和"水分"，建设务实合作平台

针对目前中以创新合作平台建设名目繁多的"乱象"，应在咨询评估的基础上，规范创新合作平台模式，建立行之有效的管理和约束机制，引导错位发展，避免恶性竞争和盲目攀比。有序引导各类园区、孵化器和技术转移平台建设，鼓励双方产学研机构共建联合研究中心（联合实验室），鼓励中国企业在以设立研发中心和创新中心，充分利用当地科技创新资源和环境，提升企业创新能力。

(四) 深入研究中以优势与需求，找准合作契合点

坚持互利双赢的原则，在现有合作基础好的农业等领域，通过各种方式，与以形成"产业集群嵌入式"深度合作。重点引进种子繁育、农业物联网、无土栽培、医疗器械、健康护理、海水和苦咸水淡化、水循环利用、无人驾驶等先进适用技术；紧密围绕中方高技术产业化需求，在芯片设计制造、网络安全、高精度传感器、新能源汽车、抗癌药物研

制等领域，开展产业技术联合研发。聚焦双方共同关注的脑科学、人工智能、量子技术、纳米技术、新材料、可再生能源等前沿领域，开展基础研究合作。此外，应充分发挥以色列高层次专家在中国科技创新相关战略和规划制定中的咨询作用。

（五）探讨设立中以产业研发基金，助推创新合作

借鉴以色列与他国设立双边产业研发基金的做法，探讨建立中以产业研发基金的可能性，充分利用科技金融手段，发挥资本助推合作研究、技术孵化、成果转化和产业化的作用，拓展合作渠道，完善创新投资生态系统，助推以色列高新技术在中国落地，开花结果。

责任编辑：曹　春

封面设计：汪　莹

图书在版编目（CIP）数据

大国治理现代化的财政战略／许正中 著 . —北京：人民出版社，2021.9

ISBN 978－7－01－023679－7

I.①大…　　II.①许…　　III.①财政政策－研究－中国　　IV.① F812.0

中国版本图书馆 CIP 数据核字（2021）第 168392 号

大国治理现代化的财政战略
DAGUO ZHILI XIANDAIHUA DE CAIZHENG ZHANLÜE

许正中　著

人民出版社 出版发行

（100706　北京市东城区隆福寺街 99 号）

北京盛通印刷股份有限公司印刷　新华书店经销

2021 年 9 月第 1 版　2021 年 9 月北京第 1 次印刷

开本：710 毫米 ×1000 毫米 1/16　印张：21.25

字数：275 千字

ISBN 978－7－01－023679－7　定价：98.00 元

邮购地址 100706　北京市东城区隆福寺街 99 号

人民东方图书销售中心　电话（010）65250042　65289539